定期テスト対策

スピード
チェック

JN093957

教科書の重要語句&
重要文マスター

■英語音声について
こちらから英語音声
が聞けます。

♪ b01 …音声ファイル名

■記号について
否…(おもに)否定文で使う。
疑…(おもに)疑問文で使う。
名…名詞　　形…形容詞
副…副詞　　前…前置詞
動…動詞　　接…接続詞
※最初に出てきたものと異なる品詞で出てき
た単語についています。

英語 2年

付属の赤シートを
使ってね！

開隆堂版

「スピードチェック」は取りはずして使用できます。

PROGRAM 1 / Steps 1

重要語句 チェック ♪ b01

☑ a little bit	少し	☑ move	引っ越す
☑ almost	もう少しで	☑ nothing	何も〜ない
☑ by the way	ところで	☐ overseas	外国に，海外へ
☐ come home	家に帰る	☐ plan	名 計画，プラン
☑ cry	泣く		動 計画する
☐ do my best	最善[ベスト]をつくす	☑ sang	sing(歌う)の過去形
☐ email	(電子)メールを送る	☐ say hello to 〜	〜によろしくと言う
☑ evening	晩，夕方	☑ soon	すぐに，まもなく
☐ farewell	別れ	☐ take care	気をつける,注意する
☑ forget	忘れる	☐ won't	will not の短縮形
☑ free	自由な，ひまな	☐ worried	心配な
☑ hope	望む，希望する	☐ you'll	you will の短縮形
☐ I'll	I will の短縮形	☐ My pleasure.	喜んで。
☐ in the evening	夕方に，夜に	☐ What's up?	どうしたの。
☐ it'll	it will の短縮形		

Steps 1

☐ keep in touch	連絡を続ける
☐ local	地元の
☐ said	say(言う)の過去形・過去分詞形

重要文 チェック ♪ b02

☐ I'm going to have a concert with Joe next Sunday. 私は今度の日曜日にジョーとコンサートを開く予定です。

☐ Is Joe going to sing? ジョーは歌う予定ですか。

☐ I'll answer the phone. 私が電話に出ましょう。

☐ It'll rain in the evening. 夕方に雨が降るでしょう。

☐ When you called me, I was in the yard. あなたが電話をくれたとき，私は庭にいました。

☐ If you're free today, can you come to our concert? もし今日ひまならば，私たちのコンサートに来てくれますか。

PROGRAM 2

重要語句 チェック ♪ b03

☑	a lot	たくさん	☑	**history**	**歴史**
☑	be interested in	〜に興味がある	☑	hurry	急ぐ
☑	**believe**	**思う，信じる**	☑	mustn't	must not の短縮形
☑	**bring**	**持ってくる**	☑	nail	つめ
☑	**build**	**建てる**	☑	national	国の
☑	case	ケース	☑	pet	ペット
☑	cut down 〜	〜を切り倒す	☑	pick up 〜	〜を拾い上げる
☑	**difficult**	**難しい**	☑	protect	守る，保障する
☑	**easy**	**たやすい**	☑	rule	規則，ルール
☑	engineer	技術者，エンジニア	☑	sharpen	（つめなどを）とぐ
☑	**everything**	**すべてのこと**	☑	**should**	**〜すべきである，**
☑	exactly	正確に			**〜したほうがよい**
☑	first of all	何よりもまず	☑	trouble	困りごと，困難
☑	footprint	足跡	☑	true	ほんとうの
☑	furniture	家具	☑	turtle	カメ
☑	garbage	ごみ,(台所の)生ごみ	☑	we'll	we will の短縮形
☑	go hiking	ハイキングに行く	☑	**worry**	**心配する**
☑	go to bed	寝る	☑	Exactly.	まったくそのとおり。
☑	guide	案内する,道案内する	☑	Here we go.	さあ，行きますよ。
☑	hallway	廊下			

重要文 チェック ♪ b04

☑ I think (that) five o'clock is too early. 5時は早すぎると思います。

☑ I don't think I'll hear the phone. 私は電話の音が聞こえないと思います。

☑ We must pick up some garbage. 私たちはごみを拾わなければいけません。

☑ You mustn't pick up this flower. あなたはこの花をつんではいけません。

☑ We have to hurry. 私たちは急がなければいけません。

☑ We don't have to hurry. 私たちは急ぐ必要はありません。

Power-Up 1 / Power-Up 2

重要語句 チェック 🎵 b05

Power-Up 1	
☑ coat	コート，外とう
☑ degree	度（温度の単位）
☑ later	**あとで，後に**
☑ low	**（温度などの）最低値**
☑ minus	氷点下の，マイナスの
☑ raincoat	レインコート
☑ temperature	温度，気温
☑ windy	風のある，風の強い
☑ Good evening.	こんばんは。

Power-Up 2	
☑ be late for	〜に遅れる
☑ could	**can（〜できる）の過去形**
☑ late	**遅れた，遅い**
☑ may	**〜してよい**
☑ maybe	**たぶん，おそらく**
☑ meeting	会合，集まり
☑ moment	少しの間，一瞬
☑ sketchbook	スケッチブック
☑ wrong	**間違っている**
☑ Could you 〜?	〜していただけませんか。
☑ Good morning.	おはよう。
☑ Hold on.	（電話で）お待ちください。
☑ Just a moment.	少々お待ちください。
☑ May I 〜?	〜してもよろしいですか。
☑ See you.	またね。[じゃあね。]
☑ Who's calling?	（電話で）どちら様ですか。

電話でのやりとり
で使う表現を
しっかり覚えようね！

開隆堂版　英語 2 年

PROGRAM 3 ～ Our Project 4

重要語句 チェック ♪b06

☑ actor	役者		☑ step	〔複数形で〕（ダンスの）ステップ
☑ ~, and so on	～など		☑ taste	風味，味わい
☑ around the world	世界じゅうに[で]		☑ the Netherlands	オランダ
☑ character	登場人物,キャラクター		☑ toothpick	つまようじ
☑ come true	実現する		☑ vendor	物売り
☑ cotton candy	綿あめ		☑ voice	**声**
☑ Dutch	オランダ(人)の		☑ Go for it.	がんばって。
☑ **each**	**それぞれの**		☑ Some ~. Others	～もいれば，…もいる。
☑ **expensive**	**高価な，高い**			
☑ farm	農場		**Steps 2**	
☑ healthy	健康によい		☑ **tall**	**背の高い**
☑ in the future	将来に[は]		☑ tower	塔，タワー
☑ instead of ~	～の代わりに		**Our Project 4**	
☑ look like ~	～のように見える		☑ **among**	**～の間で[に]**
☑ machine	機械		☑ cottage	小別荘，小ロッジ
☑ noodle	めん類, ヌードル		☑ seafood	シーフード，海産物
☑ **present**	**贈り物，プレゼント**		☑ sky	空
☑ quiz	小テスト		☑ spot	場所，地点
☑ **racket**	**ラケット**		☑ tourist	旅行者，観光客
☑ soil	土壌，土		☑ up close	すぐ近くで[に]

重要文 チェック ♪b07

☑ I want to see your performance.	私はあなたが踊るところを見たいです。
☑ I enjoy dancing every day.	私は毎日踊ることを楽しんでいます。
☑ Please stop talking about the quiz.	小テストの話をするのはやめてください。
☑ I'll go to New York to study dance.	私はダンスを勉強しにニューヨークに行くつもりです。
☑ I have a lot of things to do.	私にはすることがたくさんあります。

Reading 1

重要語句 チェック ♪ b08

☑ barrel	銃身	☑ out of 〜	〜の外へ[に]
☑ basket	かご	☑ play a trick on 〜	〜にいたずらをする
☑ be sorry for 〜	〜をすまないと思う	☑ probably	たぶん，十中八九
☑ brought	bring(持ってくる)の過去形・過去分詞形	☑ ran	run(走る)の過去形
☑ clothes	衣服，着物	☑ rifle	銃
☑ come back	もどる	☑ run away	逃げる
☑ decide	決定する	☑ sank	sink(沈む)の過去形
☑ die	死ぬ	☑ say to himself	心の中で考える
☑ door	ドア，扉	☑ shout	叫ぶ
☑ drop	落とす	☑ sick	病気の
☑ eel	ウナギ	☑ sink	沈む，落ち込む
☑ fall down	倒れる	☑ sly	ずるい，悪賢い
☑ fell	fall(倒れる)の過去形	☑ smoke	煙
☑ ground	地面	☑ someone	だれか
☑ happen	起こる	☑ steal	盗む
☑ heart	心	☑ stole	steal の過去形
☑ himself	彼自身に[を]	☑ strange	奇妙な
☑ left	leave(出発する)の過去形・過去分詞形	☑ teeth	tooth(歯)の複数形
☑ line	列，行列	☑ these days	このごろ，近ごろ
☑ look around	あたりを見回す	☑ this time	今度は
☑ neighbor	隣人	☑ thought	think(考える)の過去形・過去分詞形
☑ nod	うなずく	☑ tooth	歯
☑ one day	ある日	☑ trick	いたずら
☑ one night	ある夜[晩]	☑ weakly	弱く，弱々しく
☑ out	外へ[に]	☑ I'm sorry.	すみません。

開隆堂版 英語2年

PROGRAM 4

重要語句 チェック

☑ agriculture	農業		☑ loud	（音・声が）大きな
☑ be able to 〜	〜することができる		☑ money	**金，通貨**
☑ because of 〜	〜のために		☑ noise	騒音
☑ boring	退屈な，つまらない		☑ paper clip	ペーパークリップ
☑ carry	**運ぶ**		☑ plant	植物
☑ coin	硬貨		☑ potential	可能性
☑ company	会社		☑ rainbow	虹
☑ creature	生物		☑ raindrop	雨だれ，雨つぶ
☑ effect	効果		☑ rescue	救助
☑ enter	入る		☑ search	捜索，探索
☑ friendship	親交，友情		☑ she'll	she will の短縮形
☑ gave	**give の過去形**		☑ smartphone	スマートフォン
☑ give	**与える**		☑ solve	解決する，解く
☑ hate	ひどく嫌う		☑ space	空間
☑ health	**健康**		☑ stick to 〜	〜にくっつく
☑ interview	インタビューする		☑ without	**〜なしで**
☑ leaf	葉			
☑ leaves	leaf の複数形			

重要文 チェック

☑ The gray cup is **cuter than** the yellow one. 灰色のカップは黄色のカップよりかわいいです。

☑ The gray cup is **more expensive than** the yellow one. 灰色のカップは黄色のカップより高いです。

☑ I feel June is **the longest** month of the year. 6月は1年でいちばん長い月だと感じます。

☑ I think June is **the most wonderful** month. 6月はいちばんすばらしい月だと思います。

☑ This cup is **as** big **as** hers. このカップは彼女のカップと同じくらいの大きさです。

☑ This cup is **not as** heavy **as** hers. このカップは彼女のカップほど重くありません。

PROGRAM 5 / Power-Up 3

☑ alone	ひとりで	☑ package	包み
☑ arm	腕	☑ **remember**	覚えている, 思い出す
☑ be glad to ～	～してうれしい	☑ score	得点, 成績
☑ be good at ～	～が得意である	☑ shelf	たな
☑ **become**	**～になる**	☑ shelves	shelf の複数形
☑ blame	とがめる, 責める	☑ **son**	**息子**
☑ bored	退屈した	☑ spoke	speak(話す)の過去形
☑ by mistake	誤って, 間違って	☑ **story**	**話, 物語**
☑ couldn't	could not の短縮形	☑ take action	行動を起こす
☑ **daughter**	**娘**	☑ **taught**	**teach**(教える)の
☑ **excited**	**興奮した**		**過去形・過去分詞形**
☑ find out ～	～を知る, ～に気づく	☑ treat	扱う
☑ get ～ place	(競争などで)	☑ walk up ～	歩いて～を上る
	～位になる	☑ while	～する間に
☑ goods	商品, 品物	☑ Give me five.	ハイタッチしよう。
☑ importance	重要性, 大切さ	Power-Up 3	
☑ kindly	親切に	☑ be ready to ～	～する準備ができている
☑ lend	貸す	☑ order	注文する
☑ listener	聞き手	☑ recommend	勧める
☑ lonely	さびしい	☑ Good afternoon.	こんにちは。
☑ many times	何回も	☑ Good for you.	よかったですね。
☑ **meter**	**メートル**	☑ Would you like ～?	～はいかがですか。

☑ I know how to play *kendama*.　私はけん玉の仕方を知っています。

☑ You look tired.　あなたは疲れているように見えます。

☑ You'll become a good athlete.　あなたはすばらしいアスリートになるでしょう。

☑ I'll show *you* my score.　私の点数をあなたに見せましょう。

PROGRAM 6

重要語句 チェック b13

☑	all over the world	世界じゅうで		☑	lock	閉じ込める
☑	award	賞		☑	**message**	**伝言，伝えたいこと**
☑	**built**	build(建てる)の過去形・過去分詞形		☑	millions of 〜	何百万もの 〜
☑	castle	城		☑	mutual	相互の
☑	celebrate	祝う，祝福する		☑	paint	（絵具で絵を）描く
☑	civil rights	公民権		☑	president	大統領
☑	cotton	綿（わた，めん）		☑	respect	尊敬，敬意
☑	cover	おおう		☑	**seen**	**see(見る)の過去分詞形**
☑	dedicate	ささげる		☑	set up 〜	〜を創設する
☑	fight	たたかう		☑	**sell**	**売る**
☑	fought	fightの過去形・過去分詞形		☑	sold	sell の過去形・過去分詞形
☑	greatly	大いに，非常に		☑	soybean	大豆
☑	**holiday**	**休日**		☑	sung	sing(歌う)の過去分詞形
☑	influence	影響を及ぼす		☑	tackle	取り組む
☑	issue	（議論される重大な)問題		☑	**through**	**〜を通して**
☑	**kitchen**	**台所，キッチン**		☑	wood	木材，〔複数形で〕森，林
☑	known	know(知る)の過去分詞形		☑	**written**	**write の過去分詞形**

重要文 チェック b14

☑ This chocolate **is made** in Hokkaido. このチョコレートは北海道で作られています。

☑ I think fresh cream **is used**. 生クリームが使われていると思います。

☑ Kinkakuji Temple **was built** by Ashikaga Yoshimitsu. 金閣寺は足利義満によって建てられました。

☑ **Was** the temple **built** by him? その寺は彼によって建てられたのですか。
— Yes, it **was**. / No, it **wasn't**. — はい，そうです。 / いいえ，違います。

☑ Shirakawago **is known** to people around the world. 白川郷は世界じゅうの人々に知られています。

☑ All the houses **are covered with** snow. すべての家々が雪でおおわれています。

Steps 3 / Our Project 5

重要語句 チェック ♪ b15

Steps 3	
☑ scientist	科学者

Our Project 5	
☑ afraid	**恐れている**
☑ be afraid of ～	～を恐れる
☑ challenge	挑戦する
☑ choose	**選ぶ**
☑ even	**～でさえ**
☑ fail	失敗する
☑ failure	失敗
☑ inventor	発明家，発明者
☑ keep ～ing	～し続ける
☑ kept	keep(続ける,保つ)の過去形・過去分詞形
☑ light bulb	電球
☑ patent	特許
☑ positive	前向きな，肯定的な
☑ practical	実用的な
☑ slept	sleep(眠る)の過去形・過去分詞形
☑ such	**そのような**
☑ such as ～	たとえば～など
☑ worker	仕事をする人,労働者

これまでに習った動詞の過去形と過去分詞形を確認してね！

Reading 2

重要語句 チェック ♪ b16

☑ above	〜の上に[の]		☑ mission	任務・使命
☑ airport	空港		☑ nearby	近くの
☑ ambassador	大使		☑ no-fly zone	飛行禁止地帯
☑ at war	戦争中で		☑ on the way (back) to 〜	〜へ行く(もどる)途中で
☑ **between**	**〜の間に**			
☑ bury	埋葬する，埋める		☑ one after another	次々と
☑ coast	海岸		☑ respectfully	うやうやしく
☑ **continue**	**続ける**		☑ **return**	**帰る，もどる**
☑ dead	死んでいる		☑ run short	不足する
☑ each other	おたがいに[を]		☑ sent	send(送る)の過去形・過去分詞形
☑ earthquake	地震			
☑ eastern	東部の，東の		☑ shoot down 〜	〜を撃ち落とす
☑ flew	fly(飛ぶ)の過去形		☑ suddenly	突然，急に
☑ former	(時間的に)前の		☑ survivor	生存者
☑ goodwill	親善		☑ the dead	死者
☑ **hit**	**(人・場所に)打撃を与える** [過去形・過去分詞形も同形]		☑ Turkey	トルコ
			☑ Turkish	トルコ(人)の，トルコ語[人]
☑ however	しかし			
☑ Iran	イラン		☑ typhoon	台風
☑ Iraq	イラク		☑ **understand**	**わかる，理解する**
☑ **land**	**着陸する**		☑ **village**	**村**
☑ **met**	**meet(会う)の過去形・過去分詞形**		☑ **war**	**戦争**

PROGRAM 7

重要語句 チェック　♪ b17

☑ according to ~	～によれば	☑ heard	hear（聞く）の過去
☑ already	すでに		形・過去分詞形
☑ attract	引きつける,魅了する	☑ in those days	当時，そのころ
☑ been	be の過去分詞形	☑ novel	小説
☑ between ~ and ...	～と…の間の[に]	☑ part	部分
☑ caught	catch の過去形・	☑ pop	大衆向きの
	過去分詞形	☑ professional	プロの
☑ day by day	日々，日ごとに	☑ similar	類似した
☑ done	do（する）の過去分詞形	☑ situation	情勢，状況
☑ eaten	eat（食べる）の過去分詞形	☑ taken	take（とる）の過去分詞形
☑ ending	結末	☑ twice	２度，２回
☑ Europe	ヨーロッパ	☑ unusual	ふつうでない,めずらしい
☑ ever	これまでに	☑ wing	翼，羽
☑ foreign	外国の	☑ word	ことば
☑ get home	帰宅する	☑ yet	疑 もう，否 まだ
☑ gotten	get（得る）の過去分詞形	☑ you've	you have の短縮形
☑ hear of ~	～のことを耳にする	☑ Not yet.	まだです。

重要文 チェック　♪ b18

☑ I've already read the book.　　私はもうその本を読みました。

☑ Yumi has just started reading the book. ユミはその本を読み始めたばかりです。

☑ I haven't packed my bags yet.　私はまだ荷物をまとめていません。

☑ Have you read the book yet?　あなたはもうその本を読みましたか。

　— Yes, I have. / No, I haven't.　— はい，読みました。/ いいえ，まだです。

☑ I've climbed Mt. Fuji twice.　私は富士山に２回登ったことがあります。

☑ I've never climbed Mt. Fuji.　私は富士山に登ったことがありません。

☑ Have you ever climbed Mt. Fuji?　あなたは富士山に登ったことがありますか。

☑ I've been to Australia twice.　私はオーストラリアに２回行ったことがあります。

開隆堂版　英語２年

Steps 4 / Power-Up 4

重要語句 チェック ♪ b19

Steps 4

☑	a piece of 〜	１つ［１枚］の〜
☑	beef	牛肉
☑	breeze	微風，そよ風
☑	cloth	布，布切れ
☑	eco-friendly	環境に配慮した
☑	mayonnaise	マヨネーズ
☑	pancake	パンケーキ
☑	**paper**	**紙の，紙製の**
☑	piece	１つ，１枚
☑	plastic	プラスチックの
☑	repeatedly	くり返して
☑	sauce	（料理の）ソース
☑	square	正方形の，四角い
☑	sugar	砂糖
☑	wrap	包む

Power-Up 4

☑	announcement	知らせ，発表
☑	attention	注意
☑	Beijing	北京〔中国の首都〕
☑	boarding	搭乗，(boarding gate で)搭乗口
☑	cancel	取り消す
☑	due to 〜	〜のせいで
☑	gate	門，（搭乗）口
☑	passenger	乗客，旅客

空港のアナウンスでよく使われることばや表現を覚えようね！

PROGRAM 8

重要語句 チェック ♪b20

☑ atomic	原子(力)の	
☑ belt	ベルト，帯	
☑ bomb	爆弾	
☑ burn	燃やす，焼く	
☑ clay	粘土	
☑ cost	(費用・金額が)かかる	
☑ environment	環境	
☑ every year	毎年	
☑ fold	折る	
☑ for a long time	長い間	
☑ forgot	forget(忘れる)の 過去形・過去分詞形	
☑ get well	(体調が)よくなる	
☑ hair	髪	
☑ half	半分	
☑ half an hour	30分	
☑ hang	ぶら下がる	
☑ key	かぎ	
☑ lasting	永続的な	
☑ look for ～	～をさがす	
☑ monument	記念碑	

☐ neither	～もまた…ない	
☑ pass	(人が)死ぬ， 他界する	
☐ pass away	亡くなる	
☑ peace	平和	
☑ receive	受けとる	
☑ recycle	再生利用する	
☐ renew	再び新しくする	
☑ since	㥩 ～して以来,～してから 前 ～以来，～から	
☐ soap	せっけん	
☐ souvenir	みやげ	
☐ specialty	特技，得意なこと	
☐ victim	犠牲者	
☐ we've	we have の短縮形	
☐ Absolutely.	まったくそのとおり。	
☐ Take a look.	見てください。	

重要文 チェック ♪b21

☐ I've practiced *judo* since I was ten. 私は10歳から柔道を練習しています。

☐ How long have you been a black belt? あなたは黒帯をつけてどのくらいになりますか。

　 — For one month. 　　　　　　　　 — １か月です。

☐ We've been waiting for half an hour. 私たちは30分待っています。

Steps 5 ～ Our Project 6

重要語句 チェック

Steps 5

☑	agree	**同意する**
☑	less	little(少ない)の比較級
☑	sweat	汗をかく

Power-Up 5

☑	sculpture	彫像

Our Project 6

☑	at first	はじめは
☑	besides	そのうえ，さらに
☑	chorus	合唱
☑	contest	コンクール，競技会
☑	felt	feel(感じる)の 過去形・過去分詞形
☑	in fact	実際は
☑	nervous	不安で
☑	prize	賞
☑	though	(～である)けれども

自分の意見を主張したり，
相手の意見に反論したり
するときの表現を確認
しておこうね！

Reading 3

重要語句 チェック ♪ b23

☑ against	～に反対して	☑ make up his mind	決心する
☑ anyone	否 だれも～ない	☑ mind	心，気持ち
☑ arrive	到着する	☑ not ～ any more ...	これ以上の…を～ない
☑ ask	求める	☑ obey	従う
☑ ask for ～	～を求める	☑ permission	許可
☑ Berlin	ベルリン〔ドイツの首都〕	☑ pronounce	発音する
☑ condition	条件	☑ quit	(仕事などを)やめる
☑ cry out	叫ぶ	☑ satisfy	満たす，充足させる
☑ go against ～	～に逆らう	☑ sore	痛い
☑ government	政府	☑ tear	涙
☑ hand out	～を手渡す	☑ telegram	電報
☑ in spite of ～	～にもかかわらず	☑ the Israeli Embassy	イスラエル大使館
☑ in tears	涙を流して，泣いて	☑ the Nazis	ナチ党
☑ inner	内なる，心の	☑ thousands of ～	何千もの～，数千もの～
☑ introduce	紹介する		
☑ introduce himself	自己紹介をする	☑ transit	通過，通行
☑ Jewish	ユダヤ人の	☑ truly	ほんとうに
☑ limit	限る，制限する	☑ wrote	write(書く)の過去形
☑ Lithuania	リトアニア		
☑ lives	life(命)の複数形		

使い方

◎ 英語音声

①切り離して、リングでとじてください。
②音声を聞いて、発音しましょう。
③覚えたら OK! にチェックをつけましょう。
過 過去形 ・ 過分 過去分詞
原 原級 ・ 比較 比較級 ・ 最上 最上級
複 複数形

1 abroad
go abroad

2 action
take action to clean the town

3 ago
three years ago

4 album
see an album

5 along
along the road

6 among
a house am

7 answer
answer the question

8 area
a shopping area

9 arrive
arrive at the station

10 aunt
visit my aunt

11 away
Go away!

12 back
Come back here.

13 become
become a singer

14 behind
behind the tree

15 best
my best friend

16 better
much better

17 between
between 8 to 10

18 borrow
borrow a pen

OK! ✓

2

行動、アクション

街をきれいにするための行動をとる

OK! ✓

1

外国に、海外に

外国へ行く

OK! ✓

3

（今から）〜前に

3年前に

OK! ✓

4

アルバム

アルバムを見る

OK! ✓

6

〜の中で[に]、〜の間で[に]

木々の中にある家

OK! ✓

5

〜に沿って

道に沿って

OK! ✓

7

〜に答える/答え、返事

質問に答える

OK! ✓

8

区域、地域、場所

ショッピングエリア

OK! ✓

10

おば、おばさん

おばをたずねる

OK! ✓

9

到着する

駅に到着する

OK! ✓

11

去って、はなれて

あっちへ行け！

OK! ✓

12

戻って、返して/後ろの、裏の

ここに戻っておいで。

OK! ✓

14

〜の後ろに

木の後ろに

OK! ✓

13

〜になる

歌手になる

関 became – become

OK! ✓

15

《goodの最上級》最もよい/
《wellの最上級》最もよく

私のいちばんの友人

関 good / well – better – best

OK! ✓

16

《goodの比較級》よりよい/
《wellの比較級》よりよく

ずっとよい

関 good / well – better – best

OK! ✓

18

〜を借りる

ペンを借りる

OK! ✓

17

〜（と…）の間で

8時から10時の間に

became – become

19 both
Both Lily and Meg like Tom.

20 bottle
a bottle of water

21 build
build a house

22 call
Call me Cathy.

23 camp
camp in a forest

24 careful
Be careful.

25 case
a pencil case

26 catch
catch a ball

27 change
change the color

28 choose
choose a card

29 clean
clean my room

30 clothes
change clothes

31 cold
cold drink

32 collect
collect stamps

33 contest
a chorus contest

34 continue
continue playing the video game

35 country
large countries

36 course
Can I use your eraser? — Of course.

37 decide
decide to go to university

38 drop
drop my key

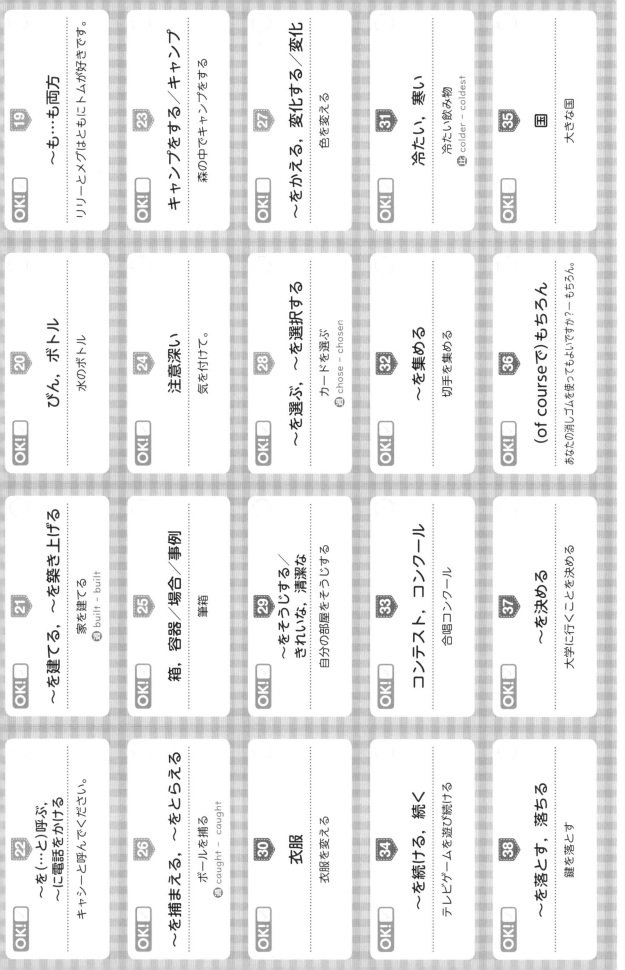

19 OK!
~も…も両方
リレーとメアはともにピアノが好きです。

20 OK!
びん、ボトル
水のボトル

21 OK!
~を建てる、~を築き上げる
家を建てる
built - built

22 OK!
~を(…と)呼ぶ、~に電話をかける
タクシーを呼んでください。

23 OK!
キャンプをする/キャンプ
森の中でキャンプをする

24 OK!
注意深い
気を付けて。

25 OK!
箱、容器/場合/事例
筆箱

26 OK!
~を捕まえる、~をとらえる
ボールを捕る
caught - caught

27 OK!
~をかえる、変化する/変化
色を変える

28 OK!
~を選ぶ、~を選択する
カードを選ぶ
chose - chosen

29 OK!
~をそうじする/きれいな、清潔な
自分の部屋をそうじする

30 OK!
衣服
衣服を変える

31 OK!
冷たい、寒い
冷たい飲み物
colder - coldest

32 OK!
~を集める
切手を集める

33 OK!
コンテスト、コンクール
合唱コンクール

34 OK!
~を続ける、続く
テレビゲームを遊び続ける

35 OK!
国
大きな国

36 OK!
(of courseで)もちろん
あなたの消しゴムを使ってもよいですか？—もちろん。

37 OK!
~を決める
大学に行くことを決める

38 OK!
~を落とす、落ちる
鍵を落とす

39 easy

It's easy for me.

40 example

show an example

41 excuse

Excuse me.

42 fan

I'm a soccer fan.

43 far

far from here

44 fever

a high fever

45 few

a few coins

46 follow

follow a rule

47 foreign

foreign countries

48 forget

forget her name

49 forward

look forward to seeing our grandchild

50 front

in front of the house

51 glad

I'm glad to see you.

52 guess

Can you guess?

53 half

half of an apple

54 hall

a concert hall

55 happen

What happened?

56 hard

work hard

57 headache

have a headache

58 hear

hear the news

39 OK! 簡単な、やさしい
それは私には簡単です。
easier - easiest

40 OK! 例
例を見せる

41 OK! ～を許す
すみません。

42 OK! ファン/扇、うちわ
私はサッカーのファンです。

43 OK! 遠くに
ここから遠くに

44 OK! 熱
高熱

45 OK! 少しの
fewer - fewest
数枚のコイン

46 OK! ～に従う、～を守る
規則に従う

47 OK! 外国の
外国

48 OK! (～を)忘れる
彼女の名前を忘れる
forgot - forgot[forgotten]

49 OK! 先へ、～に向かって
孫に会うことを楽しみにする

50 OK! 前、正面／前の
家の前で

51 OK! うれしい
あなたに会えてうれしいです。

52 OK! (～を)推測する
推測できますか？

53 OK! 半分
リンゴ半分

54 OK! 会館、ホール
コンサートホール

55 OK! 起こる、生じる
何が起きたのですか？

56 OK! 一生懸命に、熱心に
一生懸命働く
harder - hardest

57 OK! 頭痛
頭痛がする

58 OK! ～を聞く、～が聞こえる
ニュースを聞く
heard - heard

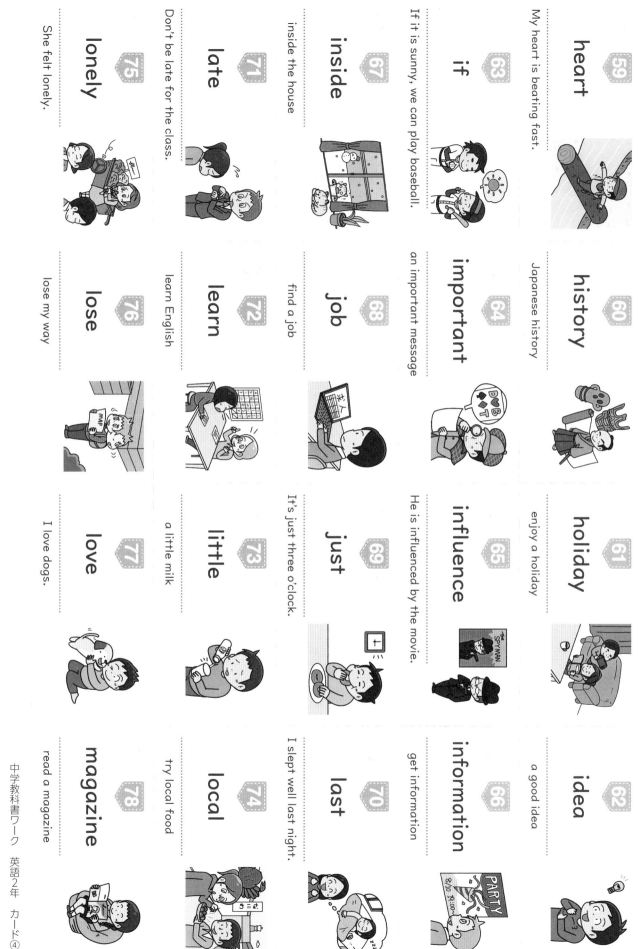

59 heart — My heart is beating fast.

60 history — Japanese history

61 holiday — enjoy a holiday

62 idea — a good idea

63 if — If it is sunny, we can play baseball.

64 important — an important message

65 influence — He is influenced by the movie.

66 information — get information

67 inside — inside the house

68 job — find a job

69 just — It's just three o'clock.

70 last — I slept well last night.

71 late — Don't be late for the class.

72 learn — learn English

73 little — a little milk

74 local — try local food

75 lonely — She felt lonely.

76 lose — lose my way

77 love — I love dogs.

78 magazine — read a magazine

59 心臓、心
私の心臓が速く打っています。

60 歴史
日本の歴史

61 休日、休暇
休日を楽しむ

62 考え、アイデア
良い考え

63 もし〜ならば
もし晴れていたら、野球をすることができます。

64 重要な、大切な
重要なメッセージ

65 〜に影響を及ぼす／影響
彼はその映画に影響されています。

66 情報
情報を得る

67 〜の内部に［で］／内側
家の中で

68 仕事、職
仕事を見つける

69 ちょうど、たった今、ただ〜だけ
ちょうど3時です。

70 この前の、昨〜、先〜
私は昨晩よく眠りました。

71 遅れた、遅刻した
授業に遅れてはいけません。
later - latest

72 (〜を)学ぶ、習う
英語を学ぶ

73 ほとんど(ない)／小さい、かわいい
少しの牛乳
less - least

74 (ある)地方の、地元の
地元の食べ物を食べてみる

75 ひとりぼっちの、さびしい
彼女はさびしく感じていました。

76 〜を失う、負ける
道に迷う
lost - lost

77 〜が大好きだ／愛
私は犬が大好きです。

78 雑誌
雑誌を読む

79	main	the main street
80	market	a fish market
81	meat	fresh meat
82	middle	the middle of a circle
83	miss	miss the train
84	most	the most popular
85	must	I must finish my homework.
86	national	a national holiday
87	nature	beautiful nature
88	need	I need some water.
89	only	children under 6 years only
90	outside	It's hot outside.
91	over	all over the world
92	pardon	Pardon me?
93	part	take part in the activity
94	party	a welcome party
95	pass	pass the exam
96	perform	perform a famous play
97	performance	an exciting performance
98	phone	on the phone

79 主要な、主な
大通り

80 市場
魚市場

81 肉
新鮮な肉

82 真ん中、中央
円の真ん中

83 ～を逃す／
～がいないのをさびしく思う
電車を逃す

84 いちばん～、最も～／たいていの／
大部分、ほとんど
いちばん人気がある
many / much - more - most

85 ～しなければならない
私は宿題を終わらせないといけません。

86 国の、国家の
国民の休日

87 自然
美しい自然

88 ～を必要とする
水が必要です。

89 ただ～だけ
6歳未満の子ども限定

90 ～の外部で[に]／外側
外は暑いです。

91 ～をこえて、～の上方に／
向こうへ
世界中で

92 許す
もう一度言っていただけますか？

93 部分／役、役目
活動に参加する

94 パーティー
歓迎会

95 (～を)通り過ぎる、
(～に)合格する、～を手渡す
試験に合格する

96 (～を)演じる、演奏する
有名な劇を演じる

97 演技、演奏、公演
わくわくするパフォーマンス

98 電話
電話で

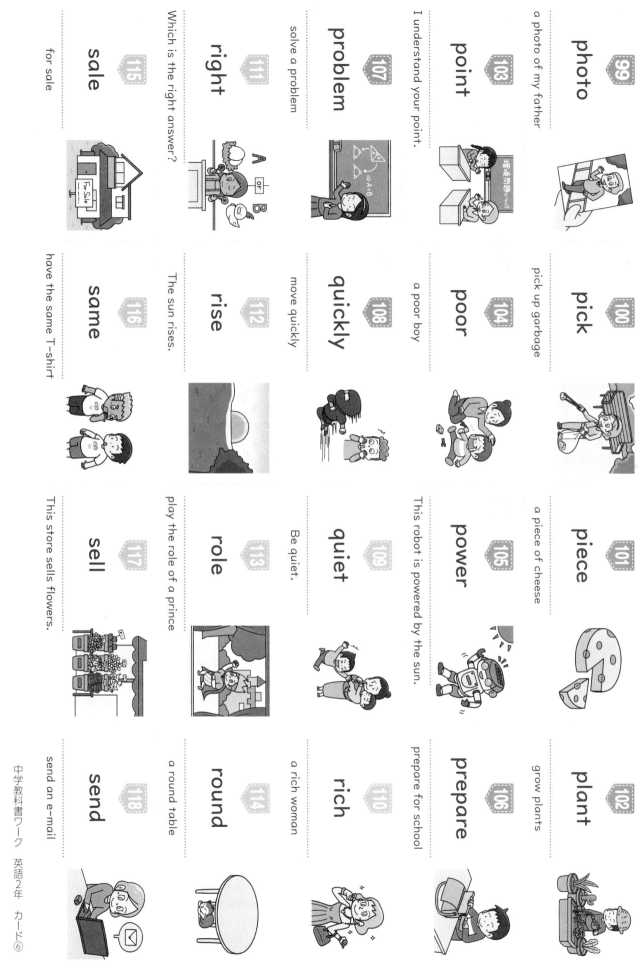

99 photo — a photo of my father

100 pick — pick up garbage

101 piece — a piece of cheese

102 plant — grow plants

103 point — I understand your point.

104 poor — a poor boy

105 power — This robot is powered by the sun.

106 prepare — prepare for school

107 problem — solve a problem

108 quickly — move quickly

109 quiet — Be quiet.

110 rich — a rich woman

111 right — Which is the right answer?

112 rise — The sun rises.

113 role — play the role of a prince

114 round — a round table

115 sale — for sale

116 same — have the same T-shirt

117 sell — This store sells flowers.

118 send — send an e-mail

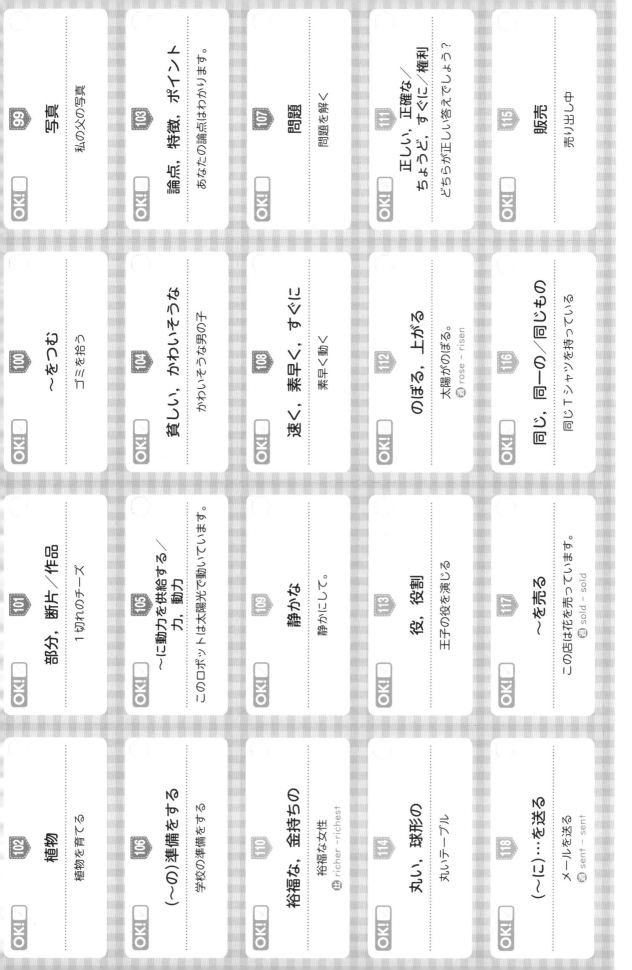

OK! **99** 写真
私の父の写真

OK! **100** ～をつむ
ゴミを拾う

OK! **101** 部分、断片／作品
1切れのチーズ

OK! **102** 植物
植物を育てる

OK! **103** 論点、特徴、ポイント
あなたの論点はわかります。

OK! **104** 貧しい、かわいそうな
かわいそうな男の子

OK! **105** ～に動力を供給する／力、動力
このロボットは太陽光で動いています。

OK! **106** (～の)準備をする
学校の準備をする

OK! **107** 問題
問題を解く

OK! **108** 速く、素早く、すぐに
素早く動く

OK! **109** 静かな
静かにして。

OK! **110** 裕福な、金持ちの
裕福な女性
richer - richest

OK! **111** 正しい、正確な／ちょうど、すぐに／権利
どちらが正しい答えでしょう？

OK! **112** のぼる、上がる
太陽がのぼる。
rose - risen

OK! **113** 役、役割
王子の役を演じる

OK! **114** 丸い、球形の
丸いテーブル

OK! **115** 販売
売り出し中

OK! **116** 同じ、同一の／同じもの
同じTシャツを持っている

OK! **117** ～を売る
この店は花を売っています。
sold - sold

OK! **118** (～に)…を送る
メールを送る
sent - sent

119	serious
	serious damage

120	set
	set the table

121	shall
	Shall we dance?

122	share
	share a cake

123	should
	You should go home.

124	show
	Show me the map.

125	shy
	a shy girl

126	snow
	It snows a lot.

127	so
	I was hungry, so I ate pizza.

128	soon
	I'll be there soon.

129	spend
	spend two hours

130	stage
	dance on a stage

131	start
	start running

132	story
	an interesting story

133	such
	such a cute cat

134	tell
	tell him the truth

135	than
	taller than Bob

136	theater
	at the theater

137	then
	I was listening to music then.

138	ticket
	buy a ticket

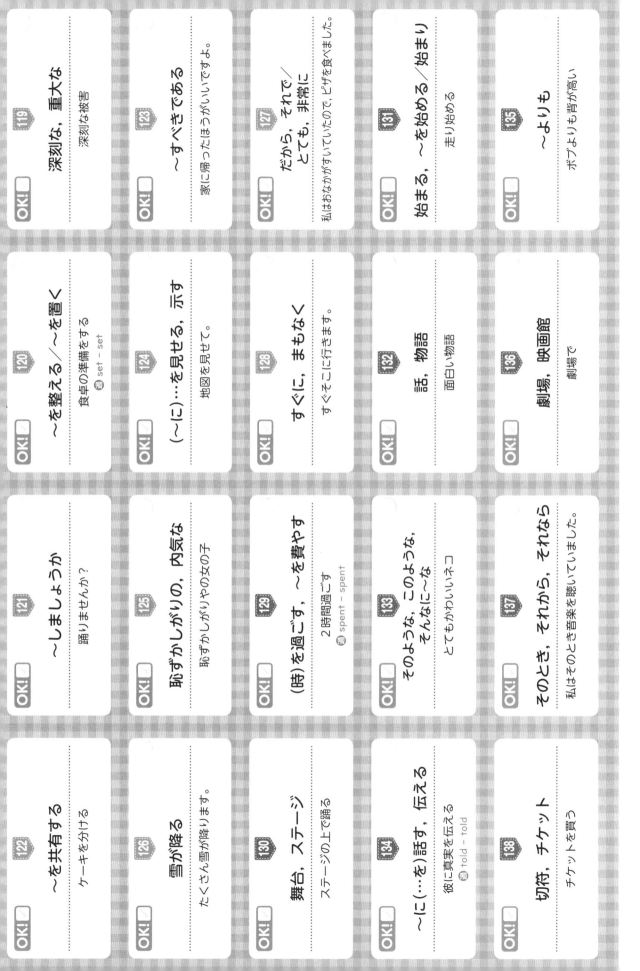

OK! 119 深刻な、重大な
深刻な被害

OK! 120 〜を整える／〜を置く
食卓の準備をする
set - set

OK! 121 〜しましょうか
踊りませんか？

OK! 122 〜を共有する
ケーキを分ける

OK! 123 〜すべきである
家に帰ったほうがいいですよ。

OK! 124 (〜に)…を見せる、示す
地図を見せて。

OK! 125 恥ずかしがりの、内気な
恥ずかしがりやの女の子

OK! 126 雪が降る
たくさん雪が降ります。

OK! 127 だから、それで／とても、非常に
私はおなかがすいていたので、ピザを食べました。

OK! 128 すぐに、まもなく
すぐそこに行きます。

OK! 129 (時)を過ごす、〜を費やす
2時間過ごす
spent - spent

OK! 130 舞台、ステージ
ステージの上で踊る

OK! 131 始まる、〜を始める／始まり
走り始める

OK! 132 話、物語
面白い物語

OK! 133 そのような、このような、そんなに〜な
とてもかわいいネコ

OK! 134 〜に(…を)話す、伝える
彼に真実を伝える
told - told

OK! 135 〜よりも
ボブよりも背が高い

OK! 136 劇場、映画館
劇場で

OK! 137 そのとき、それから、それなら
私はそのとき音楽を聴いていました。

OK! 138 切符、チケット
チケットを買う

139 tooth
a toothbrush

140 touch
touch the wall

141 towel
a hand towel

142 tower
a tall tower

143 tradition
Japanese tradition

144 travel
travel by bike

145 try
try sashimi

146 uncle
with my uncle

147 up
get up at 7:00

148 useful
useful tools

149 village
a small village

150 voice
speak in a loud voice

151 volunteer
volunteer work

152 warm
It's warm today.

153 without
without sugar

154 wonderful
What a wonderful present!

155 word
a difficult word

156 work
I work at this shop.

157 worry
Don't worry.

158 wrong
a wrong answer

OK!	139	歯
		歯ブラシ 画 teeth

OK!	140	～にさわる、ふれる
		壁にさわる

OK!	141	タオル
		ハンドタオル

OK!	142	塔、タワー
		高いタワー

OK!	143	伝統
		日本の伝統

OK!	144	旅行する
		自転車で旅行する

OK!	145	(～を)試みる、やってみる
		刺身を食べてみる

OK!	146	おじ、おじさん
		おじといっしょに

OK!	147	上に、起きて、終わって
		7時に起きる

OK!	148	役に立つ
		便利な道具

OK!	149	村
		小さな村

OK!	150	声
		大きな声で話す

OK!	151	ボランティア
		ボランティア活動

OK!	152	あたたかい
		今日はあたたかいです。

OK!	153	～なしで
		砂糖なしで

OK!	154	すばらしい、すてきな
		なんてすばらしいプレゼントでしょう！

OK!	155	言葉、語
		難しい言葉

OK!	156	働く、努力する／仕事、職
		私はこの店で働いています。

OK!	157	心配する、悩む
		心配しないで。

OK!	158	誤った、間違った／具合が悪い
		間違った答え

開隆堂版 英語2年 もくじ

ステージ1 ステージ2 ステージ3

英語音声

この本の特長と使い方
3ステップと予想問題で実力をつける!

- 文法や表現, 重要語句を学習します。
- 基本的な問題を解いて確認します。
- 基本文には音声がついています。

- ステージ1で学習したことを, さらに問題を解くことで定着させます。
- ヒントがついているので学習しやすいです。
- リスニング問題もあります。

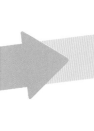

 文法のまとめ

- ここまでに学習した文法をまとめて学習します。

 Try! READING

- 教科書の長めの文章に対応するページです。読解力をつけます。

- ステージ1で学習したことが身についたかをテスト形式で確認します。
- リスニング問題もあります。

ホームページテスト

- 文理のウェブサイトからテストをダウンロード。たくさん問題を解いて，実力アップ！ リスニング問題もあります。　くわしくは巻末へ➡

アクセスコード　B064330

定期テスト対策　予想問題

- 定期テスト前に解いて，実力を確かめます。
- リスニング問題もあります。

Challenge! SPEAKING

- アプリを使って会話表現の発音練習をします。AIが採点！

くわしくはChallenge! SPEAKINGの最初のページへ➡

英語音声について

- 英語音声があるものには がついています。
- 音声はスマートフォン，タブレット，またはパソコンで聞くことができます。
- また文理のウェブサイトから音声ファイルをダウンロードすることもできます。

▶スマホで聞く　　　　　　　[使い方]

▶パソコンで聞く　https://listening.bunri.co.jp/
▶ダウンロードする　[ダウンロード方法]

※この本にはCDはついていません。

音声用アクセスコード　7RMGV

※音声配信サービスおよび「おん達Plus」は無料ですが，別途各通信会社の通信料がかかります。
※お客様のネット環境および端末によりご利用いただけない場合がございます。ご理解，ご了承いただきますよう，お願いいたします。

解答　p.1

PROGRAM 1 Start of a New School Year ①　読聞書話

教科書の 要点　未来を表す表現①（be going to 〜）　♪ a01

I'm going to have a concert with Joe next Sunday.

動詞は原形　肯定文：〈主語＋be 動詞＋going to＋動詞の原形〉

私は今度の日曜日にジョーとコンサートを開く予定です。

Is Joe ⌒ going to sing?

疑問文：〈be 動詞＋主語＋going to＋動詞の原形 〜?〉

ジョーは歌う予定ですか。

要点

● 「〜する予定です」，「〜するつもりです」と，《話す前から決めていた未来のこと》は，〈am[are, is] going to＋動詞の原形〉で表す。be 動詞は，主語によって使い分ける。

● 否定文は，be 動詞のあとに not を置く。

● 疑問文は，主語の前に be 動詞を置く。答えるときも，be 動詞を使う。

否定文 I am not going to study math.　私は数学を勉強する予定ではありません。
　　　　　　am[are, is]のあとに，not

疑問文 Are you going to study math?　あなたは数学を勉強する予定ですか。
　　　　主語の前に，am[are, is]

　　　 — Yes, I am. / No, I'm not.　はい，そうです。／いいえ，ちがいます。
　　　　　　　　　　be 動詞を使って答える

プラス 疑問詞を使った疑問文は，〈疑問詞＋be 動詞＋主語＋going to＋動詞の原形 〜?〉で表す。

What are you going to study?　あなたは何を勉強する予定ですか。
疑問詞は文の初め　　疑問文の語順を続ける

Wordsチェック 次の英語は日本語に，日本語は英語になおしなさい。

□(1) concert　　　（　　　　　　　　）　□(2) farewell　　　（　　　　　　　　）
□(3) pleasure　　 （　　　　　　　　）　□(4) 引っ越す　　 ＿＿＿＿＿＿＿
□(5) 何も〜ない　 ＿＿＿＿＿＿＿　□(6) 計画，計画する ＿＿＿＿＿＿＿

1 絵を見て例にならい，「…は〜する予定です」の文を完成させなさい。

例　visit　　　(1) clean　　　(2) make　　　(3) practice

例　She is going to visit her grandmother.

(1) My brother ＿＿＿＿＿＿ ＿＿＿＿＿＿ to clean his room.

(2) I ＿＿＿＿＿＿＿＿＿＿＿ make a cake.

(3) Sam and I ＿＿＿＿＿＿＿＿＿＿＿ soccer.

ここがポイント

be going to の be は，主語によって，am か are か is にかえる。

 going のように語の最後の ng は[ŋ]という音で，[g]はつかないよ。hungry[hʌŋɡri]と比較してみよう。

② 次の文を（　）内の指示にしたがって書きかえなさい。

(1) He walks to the station. （「～する予定です」という文に）

_____

(2) I am going to swim in the sea. （否定文に）

_____

(3) They are going to work at the library. （疑問文に）

_____

(4) Ben is going to meet Joe tomorrow. （下線部をたずねる文に）

_____

ミス注意

(1) be going to のあとの動詞は主語が何であっても原形。

ここがポイント

(2)否定文
〈主語＋be 動詞＋not going to＋動詞の原形〉
(3)疑問文
〈be 動詞＋主語＋going to＋動詞の原形 ～?〉

③ 〔　〕内の語句を並べかえて，日本文に合う英文を書きなさい。

(1) 伊藤さんは次の日曜日に絵を描く予定です。

〔 a picture / Mr. Ito / going / draw / is / to 〕 next Sunday.

_____ next Sunday.

(2) あなたは明日，何をする予定ですか。

〔 are / to / what / going / do / you 〕 tomorrow?

_____ tomorrow?

ことばメモ

draw：(鉛筆やペンで)描く
paint：(絵具で)描く

④ 次の日本文に合うように，＿＿＿に適する語を書きなさい。

(1) ところで，そのコンサートはどうだった？

_____ the _____, how was the concert?

(2) お父さん，夕食を食べなかったよ。どうしたの？

Dad didn't eat dinner. What's _____?

(3) バッグを運んでもらえますか。— 喜んで。

_____ you carry my bag? — My _____.

まるごと暗記

未来の時を表す語句
tomorrow(明日)
next ～(次の～)

表現メモ

What's up? の意味
「どうしたの？」
「最近どう？」
「よお」(あいさつ)

⑤ **WordBox** 次の表には，各人物の予定が書かれています。例にならい，「―は次の…に～する予定です」という文を書きなさい。

	人物	やること	時
例	Kumi	see a movie	next Sunday
(1)	they	have a concert	next spring
(2)	I	go shopping in Kobe	next weekend
(3)	my uncle	stay home	next Thursday

例 Kumi is going to see a movie next Sunday.

(1) They _____ a concert next spring.

(2) I _____ in Kobe next weekend.

(3) My uncle _____.

ミス注意

go shopping のあとに「場所」が続くときは，〈in [at] ＋場所〉の形。

確認のワーク ステージ1 **PROGRAM 1** Start of a New School Year ② 読聞書話

教科書の 要点 未来を表す表現②（will） ♪ a02

I'll answer the phone. 〈will＋動詞の原形〉「〜しようと思う」 私が電話に出ましょう。
I will の短縮形 動詞は原形 ▶その場で決めた未来のこと

It'll rain in the evening. 〈will＋動詞の原形〉「〜でしょう」 夕方に雨が降るでしょう。
It will の短縮形 ▶話し手の推測

要点 .....

● 「〜しようと思う」と《その場で決めた未来のこと》は，〈will＋動詞の原形〉で表す。
I **will** buy the bike. 私はその自転車を買おうと思います。
▶その場で決めた未来のこと

I **am going to** buy the bike. 私はその自転車を買う予定です。
▶話す前から決めていた未来のこと

● 「〜でしょう」と《話し手の推測》を述べるときも，〈will＋動詞の原形〉で表す。
● 否定文は，will のあとに not を置く。will not の短縮形は **won't**。
● 疑問文は，主語の前に will を出す。答えるときも，will を使う。
否定文 It will not be hot tomorrow. 明日は暑くないでしょう。
疑問文 Will it be hot tomorrow? 明日は暑いでしょうか。
— Yes, it **will**. / No, it **won't**. はい，暑いでしょう。/ いいえ，暑くないでしょう。

プラス 疑問詞を使った疑問文は，〈疑問詞＋will＋主語＋動詞の原形 〜?〉で表す。
What will you eat for lunch? あなたは昼食に何を食べますか。

Wordsチェック 次の英語は日本語に，日本語は英語になおしなさい。

□(1) worried （ ） □(2) evening （ ）
□(3) 忘れる ＿＿＿＿＿＿＿＿ □(4) 望む，希望する ＿＿＿＿＿＿＿＿

1 絵を見て例にならい，「〜しようと思う」「〜でしょう」の文を完成させなさい。

例 play (1) open (2) watch (3) be

例 We will play tennis tomorrow.

(1) I ＿＿＿＿＿＿＿＿＿＿＿ the door.

(2) We ＿＿＿＿＿＿＿＿＿＿＿ TV this afternoon.

(3) Mao ＿＿＿＿＿＿＿＿＿＿＿ free next Saturday.

ミス注意
● 「〜しようと思う」
主語は I, we, you のみ。
● 「〜でしょう」
主語は何でも使う。

won't は[wount]と発音するよ。don't[dount]とあわせて，[ou]の音に注意して発音しよう。

2 次の文を（　）内の指示にしたがって書きかえなさい。

(1) I get up at ten <u>every</u> Sunday. （下線部を next にかえて 8 語で）

_____

(2) Sam will be busy tomorrow. （5 語の否定文に）

_____

(3) She will go fishing <u>this weekend</u>. （下線部をたずねる文に）

_____

まるごと暗記

未来に関する短縮形
will not → won't
I will → I'll
you will → you'll
he will → he'll（教 p.15）
we will → we'll（教 p.22）
she will → she'll（教 p.50）
it will → it'll
they will → they'll

3 〔　〕内の語句を並べかえて，日本文に合う英文を書きなさい。

(1) 彼は明日の朝，東京を出発するでしょうか。

〔 he / Tokyo / leave / will 〕 tomorrow morning?

_____ tomorrow morning?

(2) あなたはどこで宿題をするつもりですか。

〔 you / your homework / where / will / do 〕?

_____

ミス注意

「東京を出発する」
leave Tokyo
→ from 不要
start from Tokyo
→ from 必要

4 次の対話が成り立つように，_____ に適する語を書きなさい。

A: Do you have any plans for this weekend?

B: Well, (1)_____ be at home.　How about you?

A: We're (2)_____ _____ have a *barbecue

at my house.　Can you come?

B: What time (3)_____ it _____ to start?

A: At eleven in the morning.

B: OK.　I (4)_____ come at ten thirty.　*barbecue：バーベキュー

ここがポイント

will と be going to
●その場で決めた未来の
ことや話し手の推測
→ will
●話す前から決めていた
予定→ be going to

5 次の日本文に合うように，_____ に適する語を書きなさい。

(1) 少し心配です。I'm a _____ _____ worried.

(2) 体に気をつけてね，エミ。_____ _____ , Emi.

(3) 連絡を取り続けよう。Let's _____ in _____ .

表現メモ

Take care. の意味
「気をつけてね」
「じゃあね」
（別れるときのあいさつ）

WRITING Plus

次の質問に対して，あなた自身の立場で答えを英語で書きなさい。

(1) Will it be rainy tomorrow?

_____

(2) What will you do next Sunday?

_____

 PROGRAM 1 Start of a New School Year ③

教科書の 要点 「〜のとき…」／「もし〜ならば…」 ♪ a03

<u>When</u> you called me, I was in the yard.　　　あなたが電話をくれたとき，私は庭にいました。
　「〜するとき」　文A　　　　　文B

<u>If</u> you're free today, can you come to our concert?　もし今日ひまならば，私たちのコンサートに来てくれますか。
　「もし〜ならば」　文A　　　　　文B

要点

● 「Aする[である]とき，B」は，〈When A, B.〉の形で表す。
● 「もしAならば，B」は，〈If A, B.〉の形で表す。
● when の文も if の文も，A と B には〈主語＋動詞 〜〉を置き，前後を入れかえることもできる。

　　When you called me, I was in the yard.　　　間にカンマ（,）を入れる
　　　文A　　　　　文B

　　I was in the yard when you called me.　　　間にカンマ（,）は不要

　　If you're free today, can you come to our concert?　間にカンマ（,）を入れる
　　　文A　　　　　文B

　　Can you come to our concert if you're free today?　間にカンマ（,）は不要

プラス 〈when A〉や〈if A〉の部分は未来のことを表す場合でも，will を使わず現在形で表す。
　　If it is rainy tomorrow, I will stay at home.　　　もし明日雨なら，私は家にいるつもりです。
　　　文A：未来でも現在形　　文B：未来なら will

Wordsチェック 次の英語は日本語に，日本語は英語になおしなさい。

□(1) stay[名詞]　（　　　　　）　　□(2) overseas　（　　　　　　）
□(3) miss　　　（　　　　　）　　□(4) 自由な，ひまな　＿＿＿＿＿
□(5) 泣く　　　＿＿＿＿＿　　　　□(6) sing の過去形　＿＿＿＿＿

1 例にならい，次の2つの文を（　）内の語を使って，1つの文にしなさい。

例　I visited Kyoto.　（when）／ I went to the museum.
　　When I visited Kyoto, I went to the museum.

(1) He was ten years old.　（when）／ He lived in Canada.
　　＿＿＿＿＿＿＿＿＿＿＿＿＿, he lived in Canada.

(2) I go to school.　（when）／ I use this bag.
　　I use this bag ＿＿＿＿＿＿＿＿＿＿＿.

(3) You are tired.　（if）／ You can go to bed.
　　＿＿＿＿＿＿＿＿＿＿＿＿＿, you can go to bed.

(4) You sing for her.　（if）／ She will be happy.
　　She will be happy ＿＿＿＿＿＿＿＿＿＿＿.

ここが ポイント
「A する[である]とき，B」
〈When A, B.〉
＝〈B when A.〉

ここが ポイント
「もし A ならば，B」
〈If A, B.〉
＝〈B if A.〉

wh は，who のように直後が o なら[h]，when のように直後が o 以外なら[w]と発音するよ。

2 〔 〕内の語や符号を並べかえて，日本文に合う英文を書きなさい。

(1) エリが帰宅したとき，私は手紙を書いていました。

〔 home / Eri / when / got / , 〕 I was writing a letter.

_____ I was writing a letter.

(2) もしベンが忙しいのなら，私たちが彼を手伝います。

〔 busy / will / we / is / help / Ben / if / , 〕 him.

_____ him.

(3) 彼女が東京に来たら，私に電話をかけてもらえますか。

Can 〔 call / if / me / she / you / comes 〕 to Tokyo?

Can _____ to Tokyo?

思い出そう

「〜していました」
〈was[were]＋動詞の
-ing形〜〉で表す。

表現メモ

「〜してもらえますか」
〈Can you＋動詞の原形
〜?〉で表す。
【比較】
〈Can I＋動詞の原形〜
?〉
「〜してもよいですか」

3 次の日本文に合うように，____ に適する語を書きなさい。

(1) その歌を歌ったとき，私たちは幸せでした。

_____ we _____ the song, we were happy.

(2) 宿題をするとき，私は音楽を聞きません。

I _____ listen to music _____ I do my

homework.

(3) 今，出発しなければ，彼は遅刻するでしょう。

He'll _____ late _____ he

_____ leave now.

ミス注意

〈When A, B.〉，〈if A,
B.〉の A の動詞
→未来でも「現在形」
→主語が三人称単数なら，
　否定文には doesn't
　を使う。

4 次のとき英語でどう言いますか。____ に適する語を書きなさい。

(1) 試験でベストをつくしなさい。

_____ your _____ on the exam.

(2) リクはお祭りですばらしい時を過ごしました。

Riku _____ a great _____ at the festival.

(3) ご両親によろしくと言ってください。

Please _____ _____ to your parents.

ことばメモ

have の意味
「〜を持っている」
「〜を飼う」
「〜を食べる[飲む]」
「〜がいる[ある]」
「〜の時を過ごす」

5 右のナナミのメモを見て，例にならい，「もし〜なら，ナナミは…するでしょう」という文を書きなさい。

例 If it is cool, Nanami will go hiking.

(1) If it is hot, Nanami _____

_____ at the library.

(2) If it is rainy, _____

_____ at home.

(3) If Kenta _____

_____ with him.

今度の日曜日の予定
●涼しければ，ハイキングに行く。
●暑ければ，図書館で勉強する。
●雨なら，家でテレビを見る。
●ケンタがひま(free)なら，彼とサッカーを練習する。

 **文法** のまとめ① 英語のしくみ 未来表現(be going to / will)・接続詞(when / if)

解答 p.3 読 聞 書 話

まとめ

① 未来表現(be going to / will)

●〈be going to＋動詞の原形〉：「～する予定です」，「～するつもりです」

肯定文　　　He is going to stay home.　　彼は家にいる予定です。

※否定文は，be動詞のあとに not を置く。疑問文は，主語の前に be 動詞を出す。

否定文　　　He is not going to stay home.

疑問文　　Is he　　going to stay home? — Yes, he is. / No, he isn't.

●〈will＋動詞の原形〉：① 「～しようと思う」，② 「～でしょう」

肯定文　　　① I'll see Bob this afternoon.　　私は今日の午後ボブに会おうと思います。

　　　　② It will be rainy tomorrow.　　明日は雨でしょう。

※否定文は，will のあとに not を置く。疑問文は，主語の前に will を出す。

否定文　　　It will not be rainy tomorrow.

疑問文　　Will it　　be rainy tomorrow? — Yes, it will. / No, it will not[won't].

短縮形　I will → I'll,　you will → you'll,　we will → we'll,　he will → he'll,　she will → she'll,

　　　it will → it'll,　they will → they'll

●〈be going to＋動詞の原形〉と〈will＋動詞の原形〉のちがい

・〈be going to＋動詞の原形〉→ 話す前から決めていた未来のこと

・〈will＋動詞の原形〉　　　→ その場で決めた未来のことや話し手の推測

② 接続詞(when / if)

●〈When A, B.〉＝〈B when A.〉：「Aする[である]とき，B」

カンマ ← when ～が文の前半のとき, カンマが必要

When I came home, Sam was watching TV.　　私が家に帰ったとき，サムはテレビを見ていました。

　　　Sam was watching TV when I came home.

●〈If A, B.〉＝〈B if A.〉：「もしAすれば[であれば]，B」

カンマ ← if ～が文の前半のとき, カンマが必要

If you are free today, let's see a movie.　　あなたが今日ひまなら，映画を見ましょう。

　　　Let's see a movie if you are free today.

●〈when A〉や〈if A〉の部分は未来のことを表す場合でも，動詞は現在形を使う。

If he comes here, I'll tell him about it.　　彼がここに来たら，私はそれについて彼に話しましょう。

└未来でも現在形

練習

よく出る [1] 次の文の（ ）内から適する語を選び，○で囲みなさい。

(1) Mr. Miller (am / is / are) going to talk about his family.

(2) (When / If / So) he was in Canada, he worked as a volunteer.

(3) You'll be hungry (but / for / if) you don't have breakfast.

(4) They (aren't / don't / won't) going to sing *karaoke*.

(5) (Where / When / Why) will Aya move to Sydney? — Next month.

2 次の対話が成り立つように，＿＿＿に適する語を書きなさい。

(1) A : What ＿＿＿＿＿＿ you doing ＿＿＿＿＿＿ I called you?

     B : I ＿＿＿＿＿＿ surfing the internet then.

(2) A : Will the game start at six?

     B : No, it ＿＿＿＿＿＿. ＿＿＿＿＿＿ start at seven.

(3) A : Are they ＿＿＿＿＿＿ to leave Japan next week?

     B : ＿＿＿＿＿＿, they ＿＿＿＿＿＿. They're going to leave tomorrow.

3 次の文を（ ）内の指示にしたがって書きかえなさい。

(1) Mao cleans her room every Saturday. （下線部を next にかえて，7 語で）

＿＿＿＿＿＿＿＿＿＿＿＿＿＿＿＿＿＿＿＿＿＿＿＿

(2) Let's go out for coffee. You aren't busy. （if を文頭に用いて 1 つの文に）

＿＿＿＿＿＿＿＿＿＿＿＿＿＿＿＿＿＿＿＿＿＿＿＿

(3) He was writing a letter. （「私が新聞を読んでいたとき」の意味を加え，カンマを使わずに）

＿＿＿＿＿＿＿＿＿＿＿＿＿＿＿＿＿＿＿＿＿＿＿＿

(4) He's going to bake cookies. （下線部をたずねる文に）

＿＿＿＿＿＿＿＿＿＿＿＿＿＿＿＿＿＿＿＿＿＿＿＿

4 〔 〕内の語句や符号を並べかえて，日本文に合う英文を書きなさい。

(1) 明日，晴れたら，私たちは野球の練習をしようと思います。

     〔 it / practice / we / is / will / sunny / tomorrow / if / , 〕 baseball.

＿＿＿＿＿＿＿＿＿＿＿＿＿＿＿＿＿＿＿＿ baseball.

(2) 彼女は来春，コンサートを開く予定です。

     〔 a concert / going / she / have / is / to 〕 next spring.

＿＿＿＿＿＿＿＿＿＿＿＿＿＿＿＿＿＿ next spring.

(3) 父が車を洗うとき，私は彼を手伝います。

     〔 him / washes / his car / I / when / help / my father / , 〕.

＿＿＿＿＿＿＿＿＿＿＿＿＿＿＿＿＿＿＿＿＿＿＿＿

5 次の日本文を英語になおしなさい。

(1) マキはそのパーティーには来ないでしょう。 （will を使って）

＿＿＿＿＿＿＿＿＿＿＿＿＿＿＿＿＿＿＿＿＿＿＿＿

(2) 彼が訪ねてきたとき，私は昼食をとっていました。 （8 語で，カンマを使って）

＿＿＿＿＿＿＿＿＿＿＿＿＿＿＿＿＿＿＿＿＿＿＿＿

(3) あなたはどこでその腕時計を買うつもりですか。 （8 語で）

＿＿＿＿＿＿＿＿＿＿＿＿＿＿＿＿＿＿＿＿＿＿＿＿

(4) おなかがすいているのなら，お好み焼きを作ってあげますよ。 （7語で，カンマを使わずに）

＿＿＿＿＿＿＿＿＿＿＿＿＿＿＿＿＿＿＿＿＿＿＿＿

解答　p.4

定着のワーク　ステージ2　PROGRAM 1 〜 Steps 1　読 聞 書 話

🎧 **1 LISTENING** 対話と質問を聞いて，その答えとして適する絵を 1 つ選び，記号で答えなさい。

♪ l01

ア　イ　ウ　エ

（　　　）

2 次の文を（　）内の指示にしたがって書きかえなさい。

よく出る (1) He gets up at five. （文末に tomorrow を加えて 8 語で）

_____

(2) Take care. You ride a bike. （when を使って 1 文に）

_____

レベルUP (3) The train will arrive at seven. （下線部をたずねる文に）

_____

3 〔　〕内の語句や符号を並べかえて，日本文に合う英文を書きなさい。

よく出る (1) 私が彼女を見たとき，彼女は泣いていました。
〔 crying / I / she / her / was / when / saw / , 〕.

_____

(2) 私たちは今日，彼らと会う予定はありません。
〔 going / we / meet / to / them / not / are 〕 today.

_____ today.

(3) 日本に来るのなら，これらの本を読みなさい。
〔 you / Japan / these books / come / read / to / if 〕.

_____

_____

4 次の日本文に合うように，　　に適する語を書きなさい。

(1) 昨日は最善をつくしたの？
Did you _____ your _____ yesterday?

よく出る (2) ところで，明日は雪が降るよ。
_____ the _____, it'll snow tomorrow.

(3) 連絡を取り続けましょう。— そうしましょう。
Let's _____ in _____. — Yes, let's.

重要ポイント

2 (2) when のあとは〈主語＋動詞 〜〉の形。

(3)「何時に〜」という文に。

3 (1)「〜していました」は〈was[were]＋動詞の -ing 形 〜〉の形。

テストに◎出る!

「A する[である]とき，B」
①〈When＋A（主語＋動詞 〜）, B（主語＋動詞 ....）〉
②〈B（主語＋動詞 ...）when＋A（主語＋動詞 〜）.〉

(2) be going to 〜 の否定文は，be 動詞のあとに not。

(3) 語群にカンマ (,) がないことに着目。

4

得点力をUP

「天気」の表し方
●動詞
rain（雨が降る）
snow（雪が降る）
●形容詞
sunny（晴れの）
cloudy（くもりの）
rainy（雨の）
snowy（雪の）

5 次の対話文を読んで，あとの問いに答えなさい。

Mao : Miki ①(be) going to move to Canada.

Daniel : Really? ②〔 is / going / when / leave / she / to 〕?

Mao : Next week. I'm planning a farewell party for her.
③(　　　　)(　　　　) join me?

Daniel : Sure. ④(喜んで。)

(1) ①の(　)内の語を適する形にかえなさい。　　　＿＿＿＿＿

(2) 下線部②の〔　〕内の語を並べかえて，「彼女はいつ出発する予定ですか。」という意味の英文にしなさい。

＿＿＿＿＿＿＿＿＿＿＿＿＿＿＿＿＿＿＿＿＿＿＿

(3) 下線部③が「(私に)参加してもらえますか。」という意味になるように(　)に適する語を書きなさい。

＿＿＿＿＿＿＿　＿＿＿＿＿＿＿

(4) 下線部④を 2 語の英語になおしなさい。

＿＿＿＿＿＿＿　＿＿＿＿＿＿＿.

(5) 真央たちはどんなことを計画していますか。(　)に適する日本語を書きなさい。

(　　　　　　　　)のために(　　　　　　　　)を開くこと。

6 次の対話が成り立つように，＿＿に適する語を書きなさい。

(1) A : ＿＿＿＿＿＿＿＿ ＿＿＿＿＿＿＿＿ New Year's cards are you going to write?

B : About seventy.

(2) A : ＿＿＿＿＿＿＿＿ it be cold next Monday?

B : No. ＿＿＿＿＿＿＿ ＿＿＿＿＿＿＿ warm.

(3) A : What does Ken usually do ＿＿＿＿＿＿ he is free?

B : He usually listens ＿＿＿＿＿＿ music in his free time.

7 次の日本文を英語になおしなさい。

(1) 姉は今日の午後は忙しくないでしょう。 （7 語で）

(2) 青森に行けば，おいしいリンゴが食べられますよ。

(3) 若いころ，彼はどこに住んでいましたか。

(4) 彼らはどちらの部屋を使う予定ですか。 （7 語で）

重要ポイント

5 (1) be 動詞は主語によって使い分ける。

(2) 文の初めに疑問詞を置き，疑問文の語順を続ける。

(3) 主に親しい人に使う気軽な依頼表現。

(4) Thank you. などへの受け答えとして「どういたしまして。」の意味でも使う。

6 (1) 答えの文で B が「数」を述べていることに着目。

(2) B は空所の数から，短縮形を使う。

(3) 「ケンはひまなときたいてい何をしますか」

7

(1) 短縮形を使う。「今日の午後」は this afternoon。

(2) 「おいしい」は delicious。

テストに◎出る！

when / if の位置とカンマ

●when [if] の文が前半 → カンマが必要

●when [if] の文が後半 → カンマは不要

ちょっと BREAK　なぞなぞです。What is the end of the future?　　➡答えは次のページ

 **実力判定テスト** ステージ **3** PROGRAM 1 〜 Steps 1 **30**分 /100 解答 p.6 読 聞 書 話

🎧 **1** LISTENING ショウタのスピーチと質問を聞いて，その答えとして適するものを1つずつ選び，記号で答えなさい。 🎵 l02 2点×3(6点)

(1) ア　20 years old. 　　イ　23 years old.
　　ウ　30 years old. 　　エ　75 years old. 　　（　　）

(2) ア　This spring. 　　イ　Next Saturday.
　　ウ　In France. 　　エ　In Osaka. 　　（　　）

(3) ア　One. 　　イ　Two. 　　ウ　Three. 　　エ　Four. 　　（　　）

2 次の日本文に合うように，＿＿＿に適する語を書きなさい。 3点×5(15点)

(1) 明日富士山に登るんだ。― 気をつけて。

I'll climb Mt. Fuji tomorrow. ― ＿＿＿＿＿＿ ＿＿＿＿＿＿.

(2) このカレーは少し辛いです

This curry is ＿＿＿＿＿＿ ＿＿＿＿＿＿ ＿＿＿＿＿＿ spicy.

(3) どうしたの？　疑問点がありますか。

＿＿＿＿＿＿ ＿＿＿＿＿＿?　Do you have a question?

(4) 鈴木さんによろしく言ってね。

＿＿＿＿＿＿ ＿＿＿＿＿＿ ＿＿＿＿＿＿ Ms. Suzuki.

(5) 今夜，夕食を作ってくれる？― 喜んで。

＿＿＿＿＿＿ you cook dinner tonight? ― ＿＿＿＿＿＿ ＿＿＿＿＿＿.

3 次の文の（　）内から適する語句を選び，〇で囲みなさい。 2点×4(8点)

(1) (Are / Do / Is) they going to move to Sydney? ― Yes, they (are / do / is).

(2) Let's go and see fireworks (but / and / if) you are free this Saturday.

(3) The phone is *ringing. ― (I'll / I'm going to) answer it. 　　*ring：(電話が)鳴る

(4) If it (rained / rains / raining) this afternoon, we'll stay home.

4 次の文を（　）内の指示にしたがって書きかえなさい。 3点×4(12点)

(1) She doesn't wear a *yukata* at the festival. 　（文末に tomorrow をつけて，9語で）

＿＿＿＿＿＿＿＿＿＿＿＿＿＿＿＿＿＿＿＿

(2) He'll be in Kobe at six. 　（「今，彼が東京を出発すれば」の意味を加えて）

＿＿＿＿＿＿＿＿＿＿＿＿＿＿＿＿＿＿＿＿

(3) You called me.　I was taking a bath. 　（「あなたが電話してきたとき〜」という1文に）

＿＿＿＿＿＿＿＿＿＿＿＿＿＿＿＿＿＿＿＿

(4) Kota is going to stay here for two weeks. 　（下線部をたずねる疑問文に）

目標
● 未来を表す2つの表現を理解する。
● 2つの文を結ぶ接続詞の使い方を理解する。

自分の得点まで色をぬろう!
0   60   80   100点

5 次は美希が書いたメールです。これを読んで,あとの問いに答えなさい。 (計24点)

I had a great time at the farewell party.　When everyone sang a song for me, I almost cried.　I'll miss everyone.
This will be my first long stay overseas.　I will ①(　　　)(　　　)(　　　) at my new school.
②〔 have / you / me / if / about / time / tell / , 〕 your new class.
Please say hello to everyone.

(1) 下線部①が「最善をつくす」という意味になるように(　)に適する語を書きなさい。 (6点)
_____ _____ _____

(2) 下線部②の〔　〕内の語や符号を並べかえて,意味の通る英文にしなさい。 (6点)
_____ your new class.

(3) みんなが美希のために歌ったとき,美希はどうなりましたか。日本語で答えなさい。(6点)
(　　　　　　　　　　　　　　　　　　　　　　　　　　　　　　　)

(4) 本文と質問の答えに合うように,____に適する語を書きなさい。 (6点)
Did Miki enjoy the party? — _____, she _____.

6 (　)内の指示にしたがい,次の日本文を英語になおしなさい。 5点×4(20点)

(1) 医者になりたいのなら,熱心に勉強しなさい。 (be とカンマを使って)

(2) 眠ることができないとき,私はマンガ(manga)を読みます。(sleep を使い,カンマを使わずに)

(3) 明日のロンドン(London)の天気はどうでしょうか。 (how を使い,8語で)

(4) 今週末,だれがキャンプに行く予定ですか。 (weekend を使い,8語で)

7 次の質問に,あなた自身の答えをそれぞれ3語以上の英語で書きなさい。 5点×3(15点)

(1) When you were in elementary school, what subject did you like?

(2) Where are you going to go during summer vacation?

(3) If it rains this Saturday, what will you do?

  **PROGRAM 2** Leave Only Footprints ①

解答　p.7

教科書の 要点 「〜だと思う」 ♪ a04

I think（that）<u>five o'clock is too early.</u>　　5時は早すぎると思います。
　　　　　〜と(いうこと)　　　〈主語＋動詞〜〉の形

I don't think <u>I'll hear the phone.</u>　　私は電話の音が聞こえないと思います。
　　　　　that の省略　　〈主語＋動詞〜〉の形

要点

● 「〜だと思う」は，〈人＋think(s)（that）〜〉で表す。that のあとには，〈主語＋動詞〜〉を置く。
● この that は接続詞で，省略することもできる。
● 「〜ではないと思う」は，〈人＋don't[doesn't] think（that）〜〉で表す。

　I think　　　（that）this food is good.　　私はこの料理はおいしいと思います。
　I don't think（that）this food is good.　　私はこの料理はおいしくないと思います。
　　　　　think を否定形にする

プラス この形をとる動詞には，think のほか，know，hope，hear，say などがある。

Mai knows（that）he is from Canada.　　マイは彼がカナダ出身だと知っています。
　　　　　know（that）〜「〜だと知っている」

We hope（that）it will be sunny tomorrow.　　私たちは明日晴れることを希望しています。
　　　　　hope（that）〜「〜だと希望している」

I hear（that）you like movies.　　私はあなたが映画が好きだと聞いています。
　　　　　hear（that）〜「〜だと聞いている」

Wordsチェック　次の英語は日本語に，日本語は英語になおしなさい。

□(1)　case　　　　（　　　　　　　）　□(2)　history　　　（　　　　　　　）
□(3)　easy　　　　（　　　　　　　）　□(4)　難しい　　　＿＿＿＿＿＿＿＿
□(5)　心配する　　＿＿＿＿＿＿＿＿　□(6)　案内する，道案内する　＿＿＿＿＿＿

1 絵を見て例にならい，「私は〜だと思う」の文を完成させなさい。

例	(1)	(2)	(3)
 this book / interesting	the picture / beautiful	the movie / exciting	 your rackets / nice

例　I think that this book is interesting.
(1)　I ＿＿＿＿＿＿＿ ＿＿＿＿＿＿＿ the picture is beautiful.
(2)　I think ＿＿＿＿＿＿＿＿＿＿＿＿＿＿＿ exciting.
(3)　＿＿＿＿＿＿＿＿＿＿＿＿＿＿＿＿＿＿ nice.

ミス注意
(3)ラケットは複数なので，
動詞の形に注意する。

th のつづりは[θ]または[ð]と読むよ。think は[θ]で，that は[ð]だね。

2 次の文を（ ）内の指示にしたがって書きかえなさい。

(1) He wants to be a teacher. （Tom says で始まる 8 語の文に）

_____

(2) It will rain tomorrow. （I hear で始まる 7 語の文に）

_____

(3) We think that she will come. （「来ないと思う」という文に）

_____

ミス注意
(3)「〜ないと思う」think を否定して，don't think 〜とするのがふつう。

3 〔 〕内の語を並べかえて，日本文に合う英文を書きなさい。

(1) 彼にまた会えたらいいなと思います。

I 〔 see / I / him / hope / can 〕again.

I _____ again.

(2) あなたはミキが大阪に引っ越したことを知っていますか。

〔 know / you / Miki / do / moved 〕to Osaka?

_____ to Osaka?

ここがポイント
〈人＋think(s)(that)〜〉などの文の疑問文
ふつうの一般動詞の文と同様に，Do[Does / Did]を主語の前に置く。

4 次の日本文に合うように，＿＿＿に適する語を書きなさい。

(1) ジュンは毎週末ハイキングに行きます。

Jun _____ _____ every weekend.

(2) トムは宇宙飛行士なんだ。―それはほんとうですか。

Tom is an astronaut.

― _____ that _____?

(3) いっしょに昼食を食べませんか。

_____ _____ _____ have lunch?

(4) あなたは日本映画に興味がありますか。

_____ you _____ _____ Japanese movies?

表現メモ
go -ing「〜しに行く」
go shopping（買い物）
go camping（キャンプ）
go fishing（つり）
go dancing（ダンス）

ミス注意
(4) be interested in の be は主語に合わせて形をかえる。

5 次の表には，各人物が知っていることや望んでいることなどが書かれています。例にならい，「―は〜だと知っています」などの文を書きなさい。

	人物	事柄	内容
例	I	知っていること	Kaito plays tennis well.
(1)	we	聞いていること	Sam lives near the park.
(2)	Ms. Ito	知らないこと	We're planning a party for her.
(3)	Mike	望んでいること	He can become a singer.

例 I know that Kaito plays tennis well.

(1) We hear _____ near the park.

(2) Ms. Ito _____ a party for her.

(3) Mike _____ a singer.

ミス注意
主語が三人称単数のときは that の前の動詞の形に注意。

 **PROGRAM 2** Leave Only Footprints ②

解答 p.8

教科書の **要点** 「〜しなければならない」（must）　🎵 a05

We **must** pick up some garbage.　　　私たちはごみを拾わなければなりません。
　　　「〜しなければならない」…〈must＋動詞の原形〉

You **mustn't** pick this flower.　　　あなたはこの花をつんではいけません。
　　　「〜してはいけない」…〈must not＋動詞の原形〉

要点 ‥‥‥‥‥‥‥‥‥‥‥‥‥‥‥‥‥‥‥‥‥‥‥‥‥‥‥‥‥‥‥‥‥‥‥‥‥‥

●「〜しなければならない」は，〈must＋動詞の原形〉で表せる。
●否定文は，must のあとに not を置き，〈must not＋動詞の原形〉の形で「〜してはいけない」の意味を表す。must not の短縮形は **mustn't**。
●疑問文は，主語の前に must を置く。
　・yes で答えるとき → must を使う。
　・no で答えるとき → don't[doesn't] have to を使う。（教科書 p.18 の Scenes 3 で学習）
　肯定文 They must use this room.　　　彼らはこの部屋を使わなければなりません。
　否定文 They must not use this room.　彼らはこの部屋を使ってはいけません。
　疑問文 Must they use this room?　　　彼らはこの部屋を使わなければなりませんか。
　　　— Yes, they must.　　　　　　　はい，使わなければなりません。
　　　— No, they don't have to.　　　いいえ，使う必要はありません。

プラス 疑問詞を使った疑問文は，〈疑問詞＋must＋主語＋動詞の原形 〜?〉で表す。
When must he come?　　彼はいつ来なければなりませんか。

Wordsチェック 次の英語は日本語に，日本語は英語になおしなさい。
□(1) protect　　　　（　　　　　　　）　□(2) hallway　　　　（　　　　　　　）
□(3) 持ってくる　　＿＿＿＿＿＿＿＿　□(4) 困りごと，困難　＿＿＿＿＿＿＿＿

1 絵を見て例にならい，「〜しなければならない」の文を完成させなさい。

例	(1)	(2)	(3)
I / practice	they / work	Emily / clean	Sam / study math

例　I must practice soccer.

(1)　They ＿＿＿＿＿＿＿ ＿＿＿＿＿＿＿ on Sundays.

(2)　Emily ＿＿＿＿＿＿＿＿＿＿＿＿ her room.

(3)　Sam ＿＿＿＿＿＿＿＿＿＿＿＿＿＿＿＿＿＿＿.

ここがポイント
主語が何であっても
●must に s はつかない。
●must のあとの動詞は原形。

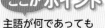 mustn't は[mʌsnt]と発音するよ。mustn't の最初の t は発音しないから注意してね。

2 次の文を（　）内の指示にしたがって書きかえなさい。

(1) Shota does his homework.　（「～しなければならない」という文に）
Shota _____ .

(2) Don't play baseball here.　（ほぼ同じ内容の 5 語の文に）
_____

(3) She must help her mother.　（①疑問文にして，②No で答える）
① _____
② _____

3 〔　〕内の語句を並べかえて，日本文に合う英文を書きなさい。

(1) マイは 5 時 30 分までに学校を出なければなりません。
〔 leave / must / school / Mai 〕 by five thirty.
_____ by five thirty.

(2) あなたはこのケーキを食べてはいけません。
〔 not / this cake / you / eat / must 〕.
_____

(3) なぜ私が佐藤さんに電話しなければならないのですか。
〔 Mr. Sato / I / call / must / why 〕?
_____

4 次の日本文に合うように，_____ に適する語を書きなさい。

(1) 何よりもまず手を洗ってください。
_____ of _____ , wash your hands.

(2) 鉛筆を拾ってくれますか。
Can you _____ my pencil _____ ?

(3) さあ，行きますよ。
_____ we _____ .

(4) 私たちは 5 時までに学校を出るでしょう。
We'll _____ school _____ five o'clock.

(5) 公園の近くにすてきなレストランがあります。
_____ _____ nice restaurant near the park.

WRITING Plus ✏

must と右の□内の動詞を使って，あなたが今日しなければならないことを 2 つ英語で書きなさい。

(1) I must _____ today.
(2) I must _____ today.

clean, finish, do, write,
practice, call, read,
wash, cook, help, study

解答　p.9

確認のワーク　ステージ 1　**PROGRAM 2** Leave Only Footprints ③　読 聞 書 話

📖 教科書の 要点　「〜しなければならない」（have［has］to 〜）🎵 a06

We **have to** hurry.　　　　　　　　　　　　　私たちは急がなければなりません。

「〜しなければならない」…〈have to＋動詞の原形〉

We **don't have to** hurry.　　　　　　　　　　私たちは急ぐ必要はありません。

「〜する必要はない」…〈don't［doesn't］have to＋動詞の原形〉

要点

● 「〜しなければならない」は，〈have to＋動詞の原形〉でも表せる。

● 主語が三人称単数のときは，〈has to＋動詞の原形〉で表す。

● 否定文は，〈do［does］not have to＋動詞の原形〉の形で「〜する必要はない」の意味を表す。

● 疑問文は，主語の前に do［does］を置く。答えるときも，do［does］を使う。

肯定文 He **has to** hurry.　　　　　　　彼は急がなければなりません。

否定文 He **doesn't** have to hurry.　　　彼は急ぐ必要はありません。

疑問文 Does he have to hurry?　　　　　彼は急がなければなりませんか。

　　　— Yes, he does.　　　　　　　　はい，急がなければなりません。

　　　— No, he **doesn't** (have to).　　いいえ，急ぐ必要はありません。

プラス 過去の文は，〈had to＋動詞の原形〉で表し，否定文・疑問文では did を使う。

　　He had to hurry.　　彼は急がなければなりませんでした。

Words チェック 次の英語は日本語に，日本語は英語になおしなさい。

□(1)　exactly　　　　　　（　　　　　　　　）　□(2)　dam　　　　　　（　　　　　　　　）

□(3)　national　　　　　（　　　　　　　　）　□(4)　a lot　　　　　（　　　　　　　　）

□(5)　技術者　　　　　_____　□(6)　we will の短縮形　_____

□(7)　思う，信じる　　_____　□(8)　建てる　　　　　_____

1 絵を見て例にならい，「〜しなければならない」の文を完成させなさい。

例	(1)	(2)	(3) ○△□駅
get up at six	wash our dog	finish her homework	walk to the station

例　I have to get up at six.

(1)　We _____ _____ wash our dog.

(2)　Jane _____ to _____ her homework.

(3)　My brother _____ to the station.

ここが ポイント

● 主語が三人称単数
〈has to＋動詞の原形〉

● それ以外
〈have to＋動詞の原形〉

🗨 have to は［hǽftə］，［hǽftu］，has to は［hǽstə］，［hǽstu］と続けて発音するのが基本だよ。

2 次の文を（ ）内の指示にしたがって書きかえなさい。

(1) Eric must call Ms. Green. （「～する必要はない」という文に）

_____

(2) You are kind to your sister.
（「～しなければならない」という 8 語の文に）

_____ to your sister.

3 次の対話が成り立つように，＿＿＿に適する語を書きなさい。

(1) A : _____ Miho have to help Mr. Kubo?

B : Yes, she _____ . He's very busy now.

(2) A : Must I buy the dictionary?

B : No, you _____ .

4 〔 〕内の語を並べかえて，日本文に合う英文を書きなさい。

(1) あなたは私のことを心配する必要はありません。

〔 don't / to / worry / you / have 〕 about me.

_____ about me.

(2) 彼は昨日，東京に行かなければなりませんでした。

〔 to / to / he / Tokyo / go / had 〕 yesterday.

_____ yesterday.

5 次の日本文に合うように，＿＿＿に適する語を書きなさい。

(1) あなたは早く寝るべきです。

You _____ _____ to _____ early.

(2) なんて美しいんでしょう。だれがこの写真をとったの？

_____ beautiful! Who _____ this picture?

(3) 私たちはこの大きな木を切り倒さなければなりません。

We must _____ this big tree.

6 右は，ユイが書いたメモです。例にならい，「ユイは～しなければなりません[する必要はありません]」という文を書きなさい。must は用いないこと。

例 Yui has to clean the park.

(1) Yui _____

_____ tennis.

(2) Yui doesn't have to _____

_____ .

(3) Yui _____

_____ English.

《しなければならないこと》
● 公園の清掃
● テニスの練習
《今日する必要がないこと》
● 夕食の料理
● 英語の勉強

文法のまとめ❷ 〈英語のしくみ〉 接続詞 that, must, have[has] to

解答 ▶ p.9

読 聞 書 話

まとめ

① 接続詞 that

●「〜だと思う」は，〈人＋think(s)（that）〜〉で表す。that は省略可能。

肯定文 I think（that）this cat is cute.　　私はこのネコはかわいいと思います。

※「〜ではないと思う」は，〈人＋don't[doesn't] think（that）〜〉で表す。

否定文 I don't think（that）this cat is cute.　　私はこのネコはかわいくないと思います。

●この形をとる動詞には，think のほか，know, hope, hear, say などがある。

・He knows（that）Meg likes baseball.　　彼はメグが野球が好きだと知っています。

・We hope（that）he will win the game.　　私たちは彼が試合に勝つことを望んでいます。

・I hear（that）you sing well.　　私はあなたが歌がじょうずだと聞いています。

② must

●「〜しなければならない」は，〈must＋動詞の原形〉で表せる。

●否定文は，〈must not[mustn't]＋動詞の原形〉の形で「〜してはいけない」の意味。

肯定文 She must call Ken.　　彼女はケンに電話しなければなりません。

否定文 She must not call Ken.　　彼女はケンに電話してはいけません。

疑問文 Must she call Ken?　　彼女はケンに電話しなければなりませんか。

—— Yes, she must.　　はい，電話しなければなりません。

—— No, she doesn't have to.　　いいえ，電話する必要はありません。

③ have[has] to

●「〜しなければならない」は，〈have[has] to＋動詞の原形〉でも表せる。

●否定文は，〈do[does] not have to＋動詞の原形〉の形で「〜する必要はない」の意味。

肯定文 She has to call Ken.　　彼女はケンに電話しなければなりません。

否定文 She doesn't have to call Ken.　　彼女はケンに電話する必要はありません。

疑問文 Does she have to call Ken?　　彼女はケンに電話しなければなりませんか。

—— Yes, she does.　　はい，電話しなければなりません。

—— No, she doesn't（have to）.　　いいえ，電話する必要はありません。

●過去の文は，〈had to＋動詞の原形〜〉で表す。

She had to call Ken.　　彼女はケンに電話しなければなりませんでした。

She didn't have to call Ken.　　彼女はケンに電話する必要はありませんでした。

練習

よく出る [1] 次の文の（　）内から適する語を選び，〇で囲みなさい。

(1) My sister must (buy / buys / bought) a new bike.

(2) I think (that / so / when) Mr. Brown liked the present.

(3) Yuta (isn't / don't / doesn't) have to wash the car.

(4) You have to (are / do / be) quiet at the library.

2 次の対話が成り立つように，＿＿＿に適する語を書きなさい。

(1) A : Must they clean the park?

B : No, they ＿＿＿＿＿ ＿＿＿＿＿ ＿＿＿＿＿ .

(2) A : Can I take pictures at the museum?

B : No. You ＿＿＿＿＿ ＿＿＿＿＿ take pictures there.

(3) A : ＿＿＿＿＿ ＿＿＿＿＿ he have to meet Mr. White?

B : Every Friday.

3 次の文を（ ）内の指示にしたがって書きかえなさい。

(1) The movie is very funny. （「私は〜と聞いています」という文に）

(2) You are kind to other people. （「〜でなければならない」という7語の文に）

(3) He writes a letter to Miki. （「〜する必要はない」という文に）

(4) Shota is a good baseball player. （「あなたは〜と思いますか」という疑問文に）

4 〔 〕内の語句を並べかえて，日本文に合う英文を書きなさい。

(1) 生徒たちはごみを家に持ち帰らなければなりませんか。

〔 the students / their garbage / bring / must 〕 home?

＿＿＿＿＿ home?

(2) 今度の日曜日は晴れたらいいなと思います。

I 〔 be / hope / it / sunny / will 〕 next Sunday.

I ＿＿＿＿＿ next Sunday.

(3) 夕食後にテレビを見てはいけません。

〔 TV / not / you / watch / must 〕 after dinner.

＿＿＿＿＿ after dinner.

5 次の日本文を英語になおしなさい。

(1) トム(Tom)は6時に起きなければなりません。 （6語で）

(2) 私たちは，エリック(Eric)は日本語を話さないと思います。

(3) あなたたちはここで待つ必要はありません。

(4) 彼は昨日，働かなければならなかったのですか。

ステージ **1**　**Power-Up 1**　天気予報を聞こう

読 聞
書 話

教科書の 要点　天気予報で使う表現　 a07

In Osaka, it'll **be windy** in the evening.　　大阪では，夕方は風が強いでしょう。
　　　　主語は it　　be 動詞＋形容詞

We'll **have showers** this afternoon.　　今日の午後はにわか雨が降るでしょう。
　主語は we　　　have＋名詞

The low will be 15 **degrees**, and **the high** will be 22 **degrees** tomorrow.
　最低気温　　　　　　　　　　最高気温
　　　　　　　　　明日は，最低気温は 15 度，（そして）最高気温は 22 度でしょう。

要点 ┈┈┈

● 天気を表すときは，it を主語にする。この it は「それは」と訳さない。
　・〈be 動詞＋形容詞〉の言い方
　　It will **be rainy** tomorrow.　　明日は雨でしょう。
　　　　　　　〈be 動詞＋形容詞〉
　・一般動詞を使った言い方
　　It will **rain** tomorrow.　　明日は雨が降るでしょう。
　　　　　　一般動詞(rain)
● 天気は，主語に we を，動詞に have を使って表すこともできる。この we は，《自分を含む人々
　一般》を指す。自分を含まず相手を含むときは you，自分も相手も含まないときは they を使う。
　　We **have** a lot of **rain** in June.　　6 月はたくさん雨が降ります。
　　　　　　　　　　　　〈have＋名詞(rain)〉
● 「最高気温は〜度です」は〈The high is＋数字＋degree(s).〉，「最低気温は〜度です」は〈The
　low is＋数字＋degree(s).〉で表す。

Wordsチェック　次の英語は日本語に，日本語は英語になおしなさい。
□(1)　temperature　　（　　　　　　　）　□(2)　minus　　（　　　　　　　）
□(3)　コート，外套（とう）　＿＿＿＿＿＿　□(4)　こんばんは。＿＿＿＿＿＿

1 次の日本文に合うように，＿＿に適する語を書きなさい。

よく出る (1)　札幌は，今度の日曜日は雪でしょう。
　＿＿＿＿＿＿＿ be ＿＿＿＿＿＿＿ in Sapporo next Sunday.

(2)　夕方は，にわか雨が降るでしょう。
　We'll ＿＿＿＿＿＿＿＿＿＿＿ in the evening.

(3)　明日の最低気温は 10 度，（そして）最高気温は 20 度でしょう。
　The ＿＿＿＿＿＿ will be 10 ＿＿＿＿＿＿, and
　the ＿＿＿＿＿＿ will be 20 ＿＿＿＿＿＿ tomorrow.

まるごと暗記
天気に関する形容詞
sunny「晴れの」
windy「風の強い」
cloudy「くもりの」
rainy「雨の」
snowy「雪の」

degree[digríː], temperature[témpərətʃər], tomorrow[təmɔ́ːrou]のアクセントに注意してね。

解答 p.11

確認のワーク ステージ1　Power-Up 2 電話をかけよう　Word Web 1 スープの材料　読聞書話

教科書の 要点　電話での表現 / 依頼の表現　♪a08

Hello. This is Miku. May I speak to Bob? — Hold on, please.
こちらは～です　　～さんをお願いします　　本人以外が出たときの応答

もしもし。ミクです。ボブさんをお願いします。　　　— お待ちください。

要点1
●電話で，「(こちらは)～です」は，This is ～. で表す。
●電話で，「～さんをお願いします」は，May I speak to ～? で表す。
●電話で，「お待ちください」は，Hold on[Just a moment], please. で表す。

Could you bring your racket tomorrow? — Sure.
～していただけませんか　　　　依頼に応じるときの返答

明日ラケットを持ってきていただけませんか。　　　— いいですよ。

要点2
●「～していただけませんか」とていねいに依頼するときは，〈Could you＋動詞の原形 ～?〉で表す。
●相手の依頼に応じるときは，Sure.「いいですよ」，All right.「いいですよ」などと言う。

Wordsチェック 次の英語は日本語に，日本語は英語になおしなさい。
□(1) See you.　(　　　　)　□(2) Just a moment.　(　　　　)
□(3) 間違っている　_____　□(4) 遅れた，遅い　_____

1 次の日本文に合うように，＿に適する語を書きなさい。
(1) ［電話で］ もしもし。ナナミです。
　_____. _____ is Nanami.
(2) ［電話で］ 少々お待ちください。
　_____ _____, please.
(3) 窓を開けていただけませんか。
　_____ _____ open the windows?

2 次のようなとき，英語でどのように言うか，＿に適する語を書きなさい。
(1) ケンの家に電話をかけて，ケンと話したいとき。
　_____ I _____ to Ken?
(2) 朝，あいさつするとき。
　_____.

表現メモ
依頼の表現
●Please ～.「～してください」
●Can[Will] you ～?「～してくれますか?」
●Could you ～?「～していただけませんか」
※Could you ～? はていねいに依頼するときの表現。

解答　p.11

定着のワーク　ステージ2　PROGRAM 2 〜 Word Web 1　読聞書話

1 LISTENING 対話と質問を聞いて，その答えとして適する絵を1つ選び，記号で答えなさい。

103

ア　イ　ウ　エ

（　　　）

2 次の文を（　）内の指示にしたがって書きかえなさい。

(1) Yuki must stay home today. （ほぼ同じ内容の6語の文に）

_____

(2) The test will be easy. （Do you hope で始まる9語の文に）

_____

よく出る (3) Don't watch TV. （ほぼ同じ内容の4語の文に）

_____

3 〔　〕内の語句を並べかえて，日本文に合う英文を書きなさい。

(1) 彼は留学できればいいなと思っています。

He 〔 can / he / study / that / hopes 〕 abroad.

He _____ abroad.

(2) ドアを閉めていただけませんか。

〔 you / the door / could / close 〕?

_____

レベルUP (3) 私は昨日，昼食を作らなければなりませんでした。

〔 had / lunch / I / cook / to 〕 yesterday.

_____ yesterday.

よく出る **4 次の日本文に合うように，_____ に適する語を書きなさい。**

(1) 私たちは日本の文化に興味があります。

We're _____ Japanese culture.

(2) まず最初に，教科書を開きなさい。

_____ of _____, open your textbooks.

(3) この木を切り倒さないで。

Don't _____ _____ this tree.

(4) お電話ありがとう。

_____ for _____.

重要ポイント

2 (1)主語が三人称単数であることに注意。

(2)指定語数から，接続詞 that を省略するかどうかを考える。

(3)助動詞を使う。

3 (1)「〜いいなと思う」は「〜ということを希望している」と考える。

テストに出る！

「〜していただけませんか」
〈Could you＋動詞の原形 〜?〉の形にする。

得点力をUP

have[has] to 〜 の表し方

● 現在：「〜しなければならない」
have[has] to 〜

● 過去：「〜しなければならなかった」
had to 〜

● 未来：「〜しなければならないでしょう」
will have to 〜

5 次の対話文を読んで，あとの問いに答えなさい。

Tom : Hi, Miki.　How's your new life?
Miki : ①[everything / I / fine / think / is].　Thanks.
Tom : Well, I hear you like hiking.　Is ②that true?
Miki : Yes.　I sometimes went hiking ③(　　　) I was in Japan.
Tom : Then, ④(　　　)(　　　) we go hiking next Saturday?　My uncle Eric will guide us.

PROGRAM 2 ～ Word Web 1

(1) 下線部①の〔 〕内の語を並べかえて，「私はすべてうまくいっていると思います。」という意味の英文にしなさい。

(2) 下線部②の内容を表すように，(　)に適する日本語を書きなさい。
ミキが(　　　　　　　　　　　)が好きであるということ。

(3) ③の(　)に適する語を下から選び，記号で答えなさい。
　ア which　　イ where　　ウ when　　　　(　　)

(4) 下線部④が「今度の土曜日にいっしょにハイキングに行きませんか。」という意味になるように(　)に適する語を書きなさい。

(5) 本文と質問の答えに合うように，＿＿に適する語を書きなさい。
Who will go hiking with Tom and Miki?
—　＿＿＿＿＿＿＿＿ will.

重要ポイント

5 (1)接続詞 that が省略されている形。
(2)直前の文参照。
(3)文末がピリオドなので，疑問詞ではなく接続詞として考える。
(4)「～しませんか」と提案するときの言い方。
(5)「だれがトムとミキといっしょにハイキングに行きますか。」という質問。

6 (　)内の日本語を参考に，＿＿に適する語を書いて，電話での対話を完成させなさい。
(1) *A :* ＿＿＿＿ I ＿＿＿＿ to Ai?
　　　　（アイさんをお願いします）
　B : Hold on.
(2) *A :* Hello.　＿＿＿＿ is Bob.　（ボブです）
　B : ＿＿＿＿.　（私です）

6 (1) I would like to speak to ～, please. などとも言う。
(2)「私です」は This is he [she]. などとも言う。

7 次の日本文を英語になおしなさい。
(1) 彼らはその部屋を掃除する必要はありません。　（7語で）

(2) [電話で] どちら様ですか。　（2語で）

(3) 私は彼女はじょうずに泳げないと思います。　（7語で）

(4) あなたは友人に親切にしなければなりません。　（7語で）

7
テストに出る!
have to と must の否定形
●don't[doesn't] have to ～
「～する必要はない」
●must not ～
「～してはいけない」
(4) be 動詞の原形は？

ちょっとBREAK アルファベットのうち，どの文字で始まる語が最も多い？　　➡答えは次のページ

実力判定テスト ステージ3 PROGRAM 2 〜 Word Web 1 30分 /100

解答 p.12

読 聞 書 話

1 LISTENING 対話と質問を聞いて，その答えとして適するものを1つずつ選び，記号で答えなさい。

104 3点×3(9点)

(1) ア Nancy did.　　　　　イ Nancy's mother did.
　　ウ Tom did.　　　　　　エ Tom's mother did.　　（　　　）

(2) ア At one thirty.　　　　イ At two.
　　ウ At two thirteen.　　　エ At two thirty.　　　　（　　　）

(3) ア They'll see a movie.　　イ They'll do their homework.
　　ウ They'll go to Nancy's house.　エ They'll have dinner.　（　　　）

2 次の日本文に合うように，＿＿＿に適する語を書きなさい。　3点×5(15点)

(1) あなたはふつう何時に寝ますか。
　　What time do you usually ＿＿＿＿＿＿ ＿＿＿＿＿＿ ＿＿＿＿＿＿ ?

(2) 今日は遠足です。さあ，行きますよ。
　　We have a field trip today. ＿＿＿＿＿＿ we ＿＿＿＿＿＿ .

(3) 私は学校に遅れました。
　　I was ＿＿＿＿＿＿ ＿＿＿＿＿＿ school.

(4) 私の家族は昨日ハイキングに行きました。
　　My family ＿＿＿＿＿＿ ＿＿＿＿＿＿ yesterday.

(5) クミは定規を見つけて，それを拾い上げました。
　　Kumi found a ruler and ＿＿＿＿＿＿ ＿＿＿＿＿＿ ＿＿＿＿＿＿ .

3 次の文の（　）内から適する語句を選び，〇で囲みなさい。　3点×3(9点)

(1) Mr. Green says (and / so / that) his father is a scientist.

(2) (When / How / Where) do you have to wait? — At the station.

(3) Can I use this bike? — No, you (must not / don't have to).

4 次の文を（　）内の指示にしたがって書きかえなさい。　3点×4(12点)

(1) Judy is going to move to Chiba. （「あなたは〜と知っていますか」という文に）

(2) He helps his sister with her homework. （「〜しなければならない」という8語の文に）

(3) You keep in touch with your parents. （「〜すべきだ」という文に）

レベルUP (4) Bob has to buy a new computer. （下線部をたずねる疑問文に）

ちょっとBREAKの答え　s, c, p が多いとされています。soccer, cup, play など。

目標
- must と have to の使い方を理解する。
- 接続詞の that の使い方を理解する。

自分の得点まで色をぬろう!

| 0 | | 60 | 80 | 100点 |

5 次の対話文を読んで，あとの問いに答えなさい。　　5点×5(25点)

Miki : You know a lot about beavers?

Tom : Yes.　They're one of Canada's national animals.

Miki : ① Are they?　They build dams and lodges, right?

Tom : ② Exactly.　They're great engineers.

Miki : ③ Do you think we'll see any beavers?

Tom : ④ I don't think so.　They sleep in their lodges during the day.

Miki : Then, ⑤ (私たちは静かにしなければなりません).

(1) 下線部①の具体的な内容を表すように，（　）に適する日本語を書きなさい。

　　（　　　　　　　）はカナダの（　　　　　　　　　　）の１つなのですか。

(2) 下線部②を日本語になおしなさい。

　　（　　　　　　　　　　　　　　　　　　　　　　　　　　　　　　　）

(3) 下線部③の英文で省略されている１語を答えなさい。　＿＿＿＿＿＿＿

(4) トムが下線部④のように言った理由を日本語で答えなさい。

　　（　　　　　　　　　　　　　　　　　　　　　　　　　　　　　　　）

(5) 下線部⑤を５語の英語になおしなさい。

6 〔　〕内の語を並べかえて，意味の通る英文にしなさい。　　5点×3(15点)

(1) 〔don't / to / you / have / work〕on Saturdays.

　　＿＿＿＿＿＿＿＿＿＿＿＿＿＿＿＿＿＿＿＿＿ on Saturdays.

(2) 〔eat / I / lunch / must〕here?

　　＿＿＿＿＿＿＿＿＿＿＿＿＿＿＿＿＿＿＿＿＿＿ here?

(3) I 〔be / the low / will / hear〕8 degrees tomorrow.

　　I ＿＿＿＿＿＿＿＿＿＿＿＿＿＿＿＿ 8 degrees tomorrow.

7 次の日本文を英語になおしなさい。　　5点×3(15点)

(1) 私のために写真を１枚とっていただけませんか。　（for を使って７語で）

(2) 私たちはこの問題(problem)は難しくないと思います。　（接続詞を使って８語で）

(3) あなたは５時に起きなければならなかったのですか。

 **PROGRAM 3** Taste of Culture ①　読聞書話

教科書の要点　「～すること」（不定詞）　♪a09

〈to＋動詞の原形〉

I want **to see** your performance.　　あなたが踊るところ[演技]を見たいですね。

主語　動詞　　　　　目的語

あなたが踊るところ[演技]を見ること

要点

●「～すること」は，〈to＋動詞の原形〉で表す。〈to＋動詞の原形〉の形を不定詞という。
●「～すること」を表す不定詞を名詞的用法といい，文の中で名詞と同じ働きをする。

I like tennis.　　　　　私はテニスが好きです。
　　名詞

I like to practice tennis.　私はテニスを練習することが好きです。
　　　不定詞

プラス　名詞的用法の不定詞は，動詞の目的語になるほか，文の補語や主語にもなる。

She likes to play the guitar.　彼女はギターをひくことが好きです。
　　　　likes の目的語

Her hobby is to play the guitar.　彼女の趣味はギターをひくことです。
　　　　　　補語

To play the guitar is interesting.　ギターをひくことはおもしろいです。
　　主語

Wordsチェック　次の英語は日本語に，日本語は英語になおしなさい。

□(1) cotton candy（　　　　）　□(2) performance（　　　　）
□(3) taste（　　　　）　□(4) 贈り物,プレゼント＿＿＿
□(5) ラケット＿＿＿　□(6) 高価な,高い＿＿＿

1 絵を見て例にならい，「～したい」，「～することが好きだ」の文を完成させなさい。

例	(1)	(2)	(3)
 want / buy	like / play	 like / make	 want / be

例　I want to buy a computer.
(1) I like ＿＿＿＿ soccer.
(2) Ken ＿＿＿＿ a cake.
(3) My brother ＿＿＿＿ a teacher.

ミス注意　主語が何であっても，to のあとの動詞は原形。

to は「トゥー」のほか，前後の語との関係で「タ」，「ダ」，「ア」と発音することがあるよ。

2 次の日本文に合うように，＿＿に適する語を書きなさい。

(1) あなたはこの本を読む必要があります。

You ＿＿＿＿＿＿ to ＿＿＿＿＿＿ this book.

(2) あなたはそのお寺を訪れたいですか。

＿＿＿＿＿＿ you ＿＿＿＿＿＿ ＿＿＿＿＿＿ visit the temple?

(3) エリックは日本語を話そうとしました。

Eric ＿＿＿＿＿＿ ＿＿＿＿＿＿ speak Japanese.

3 〔 〕内の語句を並べかえて，日本文に合う英文を書きなさい。

(1) 2時間前に雨が降り始めました。

〔 started / rain / it / to 〕 two hours ago.

＿＿＿＿＿＿＿＿＿＿＿＿＿＿ two hours ago.

(2) 私は皿を洗うのが好きではありません。

〔 do / I / to / wash / like / not 〕 the dishes.

＿＿＿＿＿＿＿＿＿＿＿＿＿＿ the dishes.

(3) あなたの弟さんは何になりたいのですか。

〔 your brother / be / what / want / does / to 〕?

＿＿＿＿＿＿＿＿＿＿＿＿＿＿＿＿＿

4 ( )内の日本語を参考に，＿＿に適する語を書きなさい。

(1) ＿＿＿＿＿＿ ＿＿＿＿＿＿ many beautiful flowers here.
（たくさんの美しい花がある）

(2) He wants ＿＿＿＿＿＿ ＿＿＿＿＿＿. （何か冷たいもの）

(3) Penguins are birds. — Oh, I didn't know ＿＿＿＿＿＿.
（そのことは知りませんでした）

5 次の表には，各人物がしたいことや，したかったことが書かれています。例にならい，「－は～したいです[したかったです]」という文を書きなさい。

	人物	したいこと，したかったこと	
例	we	したいこと	英語を勉強する
(1)	my sister	したいこと	買い物に行く
(2)	I	したかったこと	イヌと遊ぶ
(3)	Daniel	したかったこと	映画を見る

例 We want to study English.

(1) My sister ＿＿＿＿＿＿＿＿＿＿ shopping.

(2) I wanted ＿＿＿＿＿＿＿＿＿＿ with my dog.

(3) Daniel ＿＿＿＿＿＿＿＿＿＿ a movie.

まるごと暗記

〈動詞＋不定詞〉
● want to ～
「～したい」
● like to ～
「～することが好きだ」
● need to ～
「～する必要がある」
● start[begin] to ～
「～し始める」
● try to ～
「～しようとする」

思い出そう

天気の表し方
it を主語にする。

ここが ポイント

「～になる」
be 動詞(am, are, is)
の原形 be で表す。

表現メモ

「何か～なもの」
〈something＋形容詞〉
（例） something new
（何か新しいもの）

ミス注意

現在の文でも，過去の文
でも，to のあとの動詞
はいつも原形。

PROGRAM 3

教科書の 要点　「〜すること」(動名詞)　♪ a10

踊ること …〈enjoy＋動詞の -ing 形〉「〜することを楽しむ」

I enjoy **dancing** every day.　　　　　　　私は毎日，踊ることを楽しんでいます。

動詞の -ing 形

Please stop **talking** about the quiz.　　　小テストの話をするのはやめてください。

話すこと …〈stop＋動詞の -ing 形〉「〜することをやめる」

要点

● 「〜すること」は，〈動詞の -ing 形〉で表すこともできる。この形を動名詞という。

● 動名詞は名詞と同じ働きをし，目的語・補語・主語になるほか，前置詞のあとにも置ける。

　目的語：She likes playing the guitar.　　　彼女はギターをひくことが好きです。
　補　語：Her hobby is playing the guitar.　彼女の趣味はギターをひくことです。
　主　語：Playing the guitar is interesting.　ギターをひくことはおもしろいです。
　前置詞のあと：Thank you for playing the guitar.　ギターをひいてくれてありがとう。

プラス　● 目的語として，動名詞と不定詞のどちらを使うか動詞によって異なる。

動名詞だけを使う動詞	enjoy, finish, stop, practice など
不定詞だけを使う動詞	want, hope など
不定詞も動名詞も使う動詞	like, begin, start など

※前置詞のあとには，不定詞は置けず，動名詞のみ置くことができる。

Wordsチェック　次の英語は日本語に，日本語は英語になおしなさい。

□(1)　vendor　　　（　　　　　　　）　　□(2)　character　　　（　　　　　　　）
□(3)　小テスト　＿＿＿＿＿＿　　　　　　□(4)　めん類，ヌードル　＿＿＿＿＿＿

1 絵を見て例にならい，「〜することが好きだ」，「〜して楽しむ」の文を完成させなさい。

| 例 | (1) | (2) | (3) |
| like / cook | like / run | enjoy / take | enjoy / read |

例　I like cooking.

(1)　We ＿＿＿＿＿＿ ＿＿＿＿＿＿ in the park.

(2)　Sue ＿＿＿＿＿＿ ＿＿＿＿＿＿ pictures.

(3)　Mr. Kudo ＿＿＿＿＿＿＿＿＿＿ books.

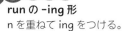

ミス注意
run の -ing 形
n を重ねて ing をつける。

🐧 ea のつづりは，eat の[iː]，weather の[e]，break の[ei]のように発音するよ。

2 次の日本文に合うように，＿＿＿に適する語を書きなさい。

(1) 彼は去年の冬，テニスを練習し始めました。

He ＿＿＿＿＿＿ ＿＿＿＿＿＿ tennis last winter.

(2) 数学を勉強することはおもしろいです。

＿＿＿＿＿＿ ＿＿＿＿＿＿ is interesting.

(3) 私の計画は，映画を見ることです。

My plan ＿＿＿＿＿＿ ＿＿＿＿＿＿ a movie.

ここがポイント

動名詞の働き
- 主語 → **2**(2)
- 補語 → **2**(3)
- 動詞の目的語 → **2**(1)
- 前置詞のあと → **3**(4)

よく出る 3 次の文の（ ）内から，適する語句を選び，記号を〇で囲みなさい。どちらも適するときは，両方を〇で囲みなさい。

(1) I love（ ア visiting イ to visit ）old temples.

(2) Do you want（ ア living イ to live ）in Tokyo?

(3) It stopped（ ア raining イ to rain ）an hour ago.

(4) Thanks for（ ア calling イ to call ）.

まるごと 暗記

目的語と不定詞・動名詞
- 動名詞だけ OK！
  enjoy, finish, stop, practice など
- 不定詞だけ OK！
  want, hope など
- 動名詞も不定詞も OK！
  like, begin, start など
※前置詞のあとは，動名詞だけ OK！

4 〔 〕内の語を並べかえて，日本文に合う英文を書きなさい。

(1) あなたは宿題をやり終えましたか。

〔 you / doing / did / finish 〕your homework?

＿＿＿＿＿＿＿＿＿＿＿＿ your homework?

(2) ミホは中国語を習うことに興味があります。

〔 in / Miho / learning / interested / is 〕Chinese.

＿＿＿＿＿＿＿＿＿＿＿＿ Chinese.

よく出る(3) 英語を話すことは簡単ではありません。

〔 isn't / speaking / easy / English 〕.

＿＿＿＿＿＿＿＿＿＿＿＿

表現メモ

「～することに興味がある」
〈be interested in＋動名詞～〉

5 （ ）内の日本語を参考に，＿＿＿に適する語を書きなさい。

(1) I like rabbits, pigs, and ＿＿＿＿＿＿ ＿＿＿＿＿＿ .（～など）

(2) He studied Japanese ＿＿＿＿＿＿ ＿＿＿＿＿＿ English.
（英語の代わりに）

(3) ＿＿＿＿＿＿ interesting. （おもしろそうだね）

ことばメモ

sound の使い方
- 名詞：「音」
- 動詞：〈sound＋形容詞〉で「～に聞こえる[思える]」

WRITING Plus

例にならい，あなたの家族や友人がするのを楽しんでいることを２つ英語で書きなさい。

例 My sister enjoys playing basketball.

(1) ＿＿＿＿＿＿＿＿＿＿＿＿＿＿＿＿＿＿

(2) ＿＿＿＿＿＿＿＿＿＿＿＿＿＿＿＿＿＿

PROGRAM 3 Taste of Culture ③

解答 p.15

教科書の 要点 「～するために」/「～するための」 ♪ a11

動詞 〈to＋動詞の原形〉
I'll go to New York **to study** dance. 私はダンスを勉強しにニューヨークに行くつもりです。
目的 ダンスを勉強するために

要点1
●「～するために」は，〈to＋動詞の原形〉で表す。
●「～するために」を表す不定詞を副詞的用法といい，動作の目的を表す。

名詞 〈to＋動詞の原形〉
I have a lot of things **to do** today. 私には今日，することがたくさんあります。
説明 するための

要点2
●「～するための…，～すべき」は，〈(代)名詞＋to＋動詞の原形〉で表す。
●上記の意味を表す不定詞を形容詞的用法といい，あとから前の(代)名詞を説明する。

プラス －thing の形の語を，形容詞と不定詞で説明するときは，〈-thing＋形容詞＋不定詞〉の語順。
I want something cold to drink. 私は何か冷たい飲みものがほしいです。
-thing 形容詞 不定詞

Words チェック 次の英語は日本語に，日本語は英語になおしなさい。
□(1) toothpick ( ) □(2) healthy ( )
□(3) それぞれの _____ □(4) 声 _____
□(5) がんばって。（3語） _____.

1 絵を見て例にならい，「～するために…しました」の文を完成させなさい。

例 Ann went to the store to buy some apples.
(1) He came to Japan _____ English.
(2) I used a computer _____ my homework.
(3) Aki visited her grandpa _____ him.

ここが ポイント
主語が何であっても，現在でも過去でも，to のあとの動詞は原形。

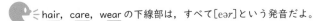
hair, care, wear の下線部は，すべて[eər]という発音だよ。

2 次の英文の意味を表すように，（　）に適する日本語を書きなさい。

(1) I have three books to read.

私は 3 冊の（　　　　　　　　　　　　　　　）を持っています。

(2) There are many places to visit in Kumamoto.

熊本にはたくさんの（　　　　　　　　　　　　　）があります。

(3) We want something to eat.

私たちは（　　　　　　　　　　　　　　　）がほしいです。

3 次の日本文に合うように，　　　に適する語を書きなさい。

(1) 私はよい選手になるために毎日テニスを練習しています。

I practice tennis every day ＿＿＿＿ ＿＿＿＿ a good player.

(2) 彼は伊藤先生と話す機会を得ました。　　　　*chance：機会

He got a *chance ＿＿＿＿＿＿ with Mr. Ito.

(3) あなたはなぜ札幌を訪れたのですか。— 兄に会うためです。

＿＿＿＿＿＿ did you visit Sapporo?

— ＿＿＿＿＿ ＿＿＿＿＿ my brother.

4 〔　〕内の語を並べかえて，日本文に合う英文を書きなさい。

(1) あなたは朝食を作るために早く起きたのですか。

〔 you / up / early / to / did / get / make 〕 breakfast?

＿＿＿＿＿＿＿＿＿＿＿＿ breakfast?

(2) 私にはテレビを見るための時間がありません。

I 〔 have / to / TV / no / watch / time 〕.

I ＿＿＿＿＿＿＿＿＿＿ .

(3) 彼は英語を勉強するためにロンドンに行く予定です。

He's going to 〔 study / to / English / London / go / to 〕.

He's going to ＿＿＿＿＿＿＿＿ .

(4) 彼女は何か甘い食べものをほしがっています。

She 〔 sweet / wants / something / eat / to 〕.

She ＿＿＿＿＿＿＿＿ .

5 （　）内の日本語を参考に，　　　に適する語を書きなさい。

(1) ＿＿＿＿＿ babies cry a lot. ＿＿＿＿＿ are quiet. （～もいれば，…もいる）

(2) Daniel ＿＿＿＿＿ an actor. （～のように見える）

(3) My dream is to travel ＿＿＿＿＿ world. （世界じゅうに［で］）

(4) What do you want to try ＿＿＿＿ the ＿＿＿＿ ? （将来に［は］）

(5) Finally, her dream ＿＿＿＿ ＿＿＿＿ . （実現した）

ここがポイント 形容詞的用法の不定詞 (代)名詞をあとから説明する。

思い出そう 〈There is[are] ～.〉は「～があります」。

思い出そう 「～になる」be 動詞の原形 be で表す。

ここがポイント Why ～?「なぜ～」への答え方 ●〈Because＋主語＋動詞 ～.〉「なぜなら～なので」 ●〈To＋動詞の原形 ～.〉「～するために」（不定詞の副詞的用法）

ミス注意 -thing の形の代名詞を，形容詞と不定詞で説明するときは，〈-thing＋形容詞＋不定詞〉の語順。

PROGRAM 3

英語のしくみ　不定詞〈to＋動詞の原形〉

解答　p.16

読 聞
書 話

まとめ

① **名詞的用法：「～すること」**
● 名詞と同じ働きをし，文の主語，補語，動詞の目的語になる。

To read books is interesting.　　　　　本を読むことはおもしろいです。
　主語

My hobby is to read books.　　　　　私の趣味は本を読むことです。
　　　　　　　補語

Nao likes to read books.　　　　　ナオは本を読むことが好きです。
　　　　　目的語

② **副詞的用法：「～するために」**
● 副詞と同じ働きをし，動詞の動作の目的を表す。

　　動詞
I went to the U.S.A. to study English.　　私は英語を勉強するためにアメリカに行きました。
　　　　　　　　　　　　目的

③ **形容詞的用法：「～するための…，～するべき…」**
● 形容詞と同じ働きをし，あとから前の(代)名詞を説明する。

　　　　　　　　　　　名詞
My mother has a lot of emails to write today.　母は今日，書く ための メールがたくさんあります。
　　　　　　　　　　　　　説明　　　　　　　　　　　　　　→書かなければならないメール

※ –thing の形の代名詞を，形容詞と不定詞の両方で説明するとき
　→〈-thing＋形容詞＋不定詞〉の語順。

They need something hot to eat.　　　　彼らには何か温かい食べ物が必要です。
　　　　　　代名詞　形容詞 不定詞

練習

1 次の日本文に合うように，＿＿＿に適する語を書きなさい。

(1) 昨日，ボブが私に会いに来ました。
　Bob ＿＿＿＿＿ ＿＿＿＿＿ ＿＿＿＿＿ me yesterday.

(2) 母は音楽を聞くことが好きです。
　My mother likes ＿＿＿＿＿ ＿＿＿＿＿ to music.

(3) 私には洗わなくてはならない何枚かの皿があります。
　I have some dishes ＿＿＿＿＿ ＿＿＿＿＿.

(4) なぜ山田先生は 4 時に起きたのですか。— つりに行くためです。
　＿＿＿＿＿ ＿＿＿＿＿ Mr. Yamada get up at four?
　— ＿＿＿＿＿ ＿＿＿＿＿ fishing.

(5) サッカーの試合を見ることはわくわくします。
　＿＿＿＿＿ ＿＿＿＿＿ soccer games ＿＿＿＿＿ exciting.

2 次の英文に to を入れて正しい文にするとき，適切な位置の記号を○で囲みなさい。

(1) Ms. Ito will go to Tokyo get a job.
　　　　　ア　イ　　　　　ウ　エ

(2) His hobby is take pictures of flowers.
　　　　ア　　イ ウ　エ

(3) We have some letters write to our members.
　　　　ア　イ　　ウ　　　エ

3 下線部に注意して，次の英文の意味を表すように，（　）に適する日本語を書きなさい。

(1) My brother started to do his homework.
　　弟は（　　　　　　　　　　　　　　　　　　　　　　　　　　）。

(2) I have no time to clean my room.
　　私には（　　　　　　　　　　　　　　　　　　　　　）がありません。

(3) He came to Italy to study music.
　　彼は（　　　　　　　　　　　　　　　　　　　　）イタリアに来ました。

4 〔　〕内の語句を並べかえて，日本文に合う英文を書きなさい。

(1) 彼らには英語を話す機会がたくさんありますか。
　　〔 speak / they / many / to / English / do / have / chances 〕?

(2) 私は中国語を学ぶために毎週，リー先生に会います。
　　〔 to / I / Chinese / Mr. Lee / learn / meet 〕 every week.
　　　　　　　　　　　　　　　　　　　　　　　　　every week.

(3) 彼女の計画は午前中に買い物に行くことです。
　　〔 is / go / to / shopping / her plan 〕 in the morning.
　　　　　　　　　　　　　　　　　　　　　　　　in the morning.

5 （　）内の語句と不定詞を使って，次の日本文を英語になおしなさい。

(1) その川で泳ぐことは危険です。　（ river, dangerous ）

(2) 福岡には訪れるべき場所がたくさんあります。　（ a lot of, there ）

(3) あなたは今週末，何をしたいですか。　（ this weekend ）

(4) トム(Tom)はおかあさんを手伝うために早く家に帰りました。　（ home ）

(5) あなたは何か温かい食べ物がほしいですか。　（ hot ）

文法のまとめ④　英語のしくみ　動名詞

解答　p.17

まとめ

① 動名詞
- ●〈動詞の -ing 形〉(動名詞)は「〜すること」の意味を表し、名詞と同じ働きをする。
- ●動名詞は、文の主語、補語、動詞の目的語になるほか、前置詞のあとでも使う。

主 語：Visiting Hokkaido is fun.　　　　　北海道を訪れることは楽しいです。
補 語：My plan is visiting Hokkaido.　　　私の計画は北海道を訪れることです。
目的語：I enjoyed visiting Hokkaido.　　　私は北海道を訪れることを楽しみました。
前置詞のあと：He's interested in visiting Hokkaido.　彼は北海道を訪れることに興味があります。

② 動詞による動名詞と不定詞の使い分け
- ●動名詞のみ目的語　　　　　enjoy, finish, stop, practice など
- ●不定詞のみ目的語　　　　　want, hope など
- ●動名詞も不定詞も目的語　　like, begin, start など
  ※前置詞のあとに置けるのは動名詞のみ。不定詞は不可。

練習

1 次の日本文に合うように、＿＿＿に適する語を書きなさい。

(1) 長野でのスキーを楽しみましたか。
Did you ＿＿＿＿＿＿ ＿＿＿＿＿＿ in Nagano?

(2) 鳥を見ることはとてもおもしろいです。
＿＿＿＿＿＿ ＿＿＿＿＿＿ is very interesting.

(3) 父の趣味は、花を栽培することです。
My father's hobby is ＿＿＿＿＿＿ ＿＿＿＿＿＿.

2 次の文の( )内から適する語句を選び、○で囲みなさい。どちらも適するときは、両方を○で囲みなさい。

(1) Did you finish (to eat / eating) breakfast?
(2) When I went into the room, the baby started (to cry / crying).
(3) We hope (to see / seeing) you again.
(4) How about (to climb / climbing) Mt. Fuji next summer?

3 次の日本文を英語になおしなさい。

(1) 彼女はテレビゲームをするのが好きではありません。 （6 語で）

(2) 私を助けてくれてありがとう。 （4 語で）

教科書の 要点　スピーチの構成　♪ a12

(導入) **We think that 〜.**　私たちは〜と思います。

(展開) **First, 〜.　Second, 〜.　Lastly, 〜.**　第1に, 〜。第2に, 〜。最後に, 〜。

(まとめ) **How do you like 〜?　Thank you for listening.**

あなたは〜をどう思いますか。お聞きいただきありがとうございました。

要点
- 最初に, **We think that 〜.**「私たちは〜と思います。」と結論を述べる。
- 次に, **First, 〜.**「第1に, 〜」, **Second, 〜.**「第2に, 〜」, **Lastly, 〜.**「最後に, 〜」などの表現を使って, 結論を導く理由を1つずつ述べていく。
- 最後に, **How do you like 〜?**「あなたは〜をどう思いますか。」と, 自分の意見への聞き手の感想を求め, **Thank you for listening.**「お聞きいただきありがとうございました。」とお礼を述べる。

Words チェック　次の英語は日本語に, 日本語は英語になおしなさい。

□(1)　up close　(　　　　　　　)　　□(2)　spot　(　　　　　　　)

□(3)　背の高い　(　　　　　　　)　　□(4)　〜の間に　_____

□(5)　旅行者, 観光客　_____　　□(6)　空　_____

1　次は, アヤカたちが行った「夢の旅行」についての構想メモとスピーチ文です。構想メモを参考に, (　)に適する英語を下から選んで記号を入れ, スピーチ文を完成しなさい。

> 構想メモ
> ■日光→訪れるのにすばらしい場所
> ■楽しめること
> ①有名な寺への訪問, ②中禅寺湖でのつり, ③とてもおいしいイチゴ

We think that (1)(　　　). First, you can visit famous temples.
Second, (2)(　　　) at Lake Chuzenji. Lastly, (3)(　　　). How
do you like our plan?　(4)(　　　).

ア　Thank you for listening

イ　you can enjoy delicious strawberries

ウ　you can enjoy fishing

エ　Nikko is a wonderful place to visit

ここがポイント
スピーチの構成
- 導入：Beginning
　結論を端的に述べる。
　↓
- 展開：Body
　理由を1つずつ述べる。
　↓
- まとめ：Ending
　聞き手の感想を聞き, お礼を述べる。

表現メモ
「〜してくれてありがとう」
〈Thank you for＋動名詞(動詞の -ing形)〜.〉

英語のしくみ 〜 Our Project 4

Reading 1 **Gon, the Little Fox**

読 聞
書 話

● 以下の文を読み，あとの問いに答えなさい。

That night, Gon（ ① ）, "②When Hyoju's mother was sick, she wanted to eat eel. But I（ ③ ）it. ④Ah, I'm sorry, Hyoju." Gon's heart（ ⑤ ）.

From the next day, Gon brought many chestnuts and left them at Hyoju's house. ⑥(ある夜), Hyoju said to his neighbor. "⑦(近ごろ) ⑧strange things are happening. Every day I find chestnuts at my door. ⑨[at / brings / I'm / someone / when / not / them] home. If ⑩you don't believe me, come to my house tomorrow."

5

10

Question

(1) ①, ③, ⑤の（ ）に適する語を，下から選んで答えなさい。ただし，必要があれば適する形(1語)にかえること。

〔 steal sink think 〕

① ＿＿＿＿＿＿＿ ③ ＿＿＿＿＿＿＿ ⑤ ＿＿＿＿＿＿＿

(2) 下線部②の英文を日本語になおしなさい。

（ ）

(3) ゴンが下線部④のように思った理由になるように，（ ）に適する日本語を書きなさい。

兵十の（ ）が食べたがっていた（ ）をゴンが（ ）してしまったから。

(4) 下線部⑥, ⑦を，それぞれ2語の英語になおしなさい。

⑥ ＿＿＿＿＿＿ ＿＿＿＿＿＿

⑦ ＿＿＿＿＿＿ ＿＿＿＿＿＿

(5) 下線部⑧の具体的内容を表すように，（ ）に適する日本語を書きなさい。

毎日，扉のところで（ ）を（ ）こと。

(6) 下線部⑨の〔 〕内の語を並べかえて，意味の通る英文にしなさい。

＿＿＿＿＿＿＿＿＿＿＿＿＿＿＿＿＿＿＿ home.

(7) 下線部⑩の指す内容を，本文中から2語で抜き出して答えなさい。

＿＿＿＿＿＿ ＿＿＿＿＿＿

WordBox BIG

1 次の英語は日本語に，日本語は英語になおしなさい。

(1) eel （　　　　　　） (2) sly （　　　　　　）

(3) probably （　　　　　　） (4) shout （　　　　　　）

(5) nod （　　　　　　） (6) weakly （　　　　　　）

(7) smoke （　　　　　　） (8) barrel （　　　　　　）

(9) 決定する ＿＿＿＿＿ (10) かご ＿＿＿＿＿

(11) 地面 ＿＿＿＿＿ (12) 衣服，着物 ＿＿＿＿＿

(13) 歯の複数形 ＿＿＿＿＿ (14) 落とす ＿＿＿＿＿

(15) 死ぬ ＿＿＿＿＿ (16) fall の過去形 ＿＿＿＿＿

2 次の日本文に合うように，＿＿＿＿に適する語を書きなさい。

(1) ある日，新しい書店がオープンしました。
＿＿＿＿＿＿＿＿＿＿, a new bookstore opened.

(2) コウタにいたずらしてやろう。
Let's ＿＿＿＿ a ＿＿＿＿ ＿＿＿＿ Kota.

(3) おとうさんは昨夜遅くもどってきました。
Dad ＿＿＿＿ ＿＿＿＿ late last night.

(4) 私の友人がくると，私のネコはいつも逃げてしまいます。
When my friends visit, my cat always ＿＿＿＿ ＿＿＿＿.

(5) 私は「これはいい機会だ！」と心の中で考えました。
I ＿＿＿＿ ＿＿＿＿ ＿＿＿＿, "This is a good chance!"

(6) 今度は，彼は何か新しいことをやりたいと思っています。
＿＿＿＿ ＿＿＿＿, he wants to do something new.

(7) その鳥はあたりを見回して，1匹のアリを見つけました。
The bird ＿＿＿＿ ＿＿＿＿ and found an ant.

(8) 彼女は彼の名前を忘れたことを申しわけなく思いました。
She ＿＿＿＿ ＿＿＿＿ ＿＿＿＿ forgetting his name.

(9) ぼくの消しゴムを拾ってくれますか。
Can you ＿＿＿＿ ＿＿＿＿ my eraser?

(10) ボブは走っているときに倒れました。
Bob ＿＿＿＿ ＿＿＿＿ when he was running.

3 次の日本文を英語になおしなさい。

(1) そのとき私は浴衣(a yukata)を着ていました。（6語で）

(2) 彼は魚を捕まえるために川に行きました。

解答　p.18

定着のワーク　ステージ **2**　PROGRAM 3 〜 Word Web 2　読｜聞｜書｜話

🎧 **1** LISTENING　対話と質問を聞いて，その答えとして適する絵を１つ選び，記号で答えなさい。

🎵 105

ア　yesterday today

イ

ウ

エ

（　　　）

2 各組の文が同じ内容を表すように，＿＿＿に適する語を書きなさい。

(1) { The baby started to walk yesterday.
　　{ The baby started ＿＿＿＿＿＿＿＿＿＿ yesterday.

(2) { I must do a lot of things today.
　　{ I have a lot of things ＿＿＿＿＿＿＿＿ ＿＿＿＿＿＿＿＿ today.

レベルUP (3) { We had no food.
　　{ We had ＿＿＿＿＿＿＿＿ to ＿＿＿＿＿＿＿＿ .

(4) { Let's play tennis after school.
　　{ How about ＿＿＿＿＿＿＿＿ ＿＿＿＿＿＿＿＿ after school?

3 〔　〕内の語を並べかえて，日本文に合う英文を書きなさい。

(1) 私は朝食を食べたくありません。
〔 do / I / to / have / want / not 〕 breakfast.
＿＿＿＿＿＿＿＿＿＿＿＿＿＿＿＿＿＿＿＿ breakfast.

(2) あなたにとって数学を勉強することは難しいですか。
〔 difficult / studying / is / math 〕 for you?
＿＿＿＿＿＿＿＿＿＿＿＿＿＿＿＿＿＿＿＿ for you?

(3) 私たちはホワイトさんと会う機会がもう一度必要です。
We 〔 chance / meet / another / need / to 〕 Mr. White.
We ＿＿＿＿＿＿＿＿＿＿＿＿＿＿＿＿＿＿＿＿ Mr. White.

よく出る **4** 次の日本文に合うように，＿＿＿に適する語を書きなさい。

(1) 彼はどんな種類のフルーツが好きですか。
What ＿＿＿＿＿＿＿＿ ＿＿＿＿＿＿＿＿ fruit does he like?

(2) イルカは魚のように見えますが，魚ではありません。
Dolphins ＿＿＿＿＿＿＿＿ ＿＿＿＿＿＿＿＿ fish, but they are not.

(3) 私の夢がかなえばいいなと思います。
I hope my dream will ＿＿＿＿＿＿＿＿ ＿＿＿＿＿＿＿＿ .

重要ポイント

2 (1) start は目的語として，名詞的用法の不定詞，動名詞，いずれも置ける動詞。
(2)形容詞的用法の不定詞。
(3)「食べ物」→「食べるための何か」と考える。
(4)〈前置詞＋動名詞〉の形を使う。

3 (2)現在進行形ではないことに注意。

得点力を UP

動名詞の働き
●主語
　→ **3** (2)
●補語
●動詞の目的語
　→ **2** (1)の下の文
●前置詞のあと
　→ **2** (4)

4 (1)「親切な」という形容詞と同じ語を使う。
(2)この熟語のあとには名詞が来る。
(3) I hope 〜. で「私は〜であることを望んでいます」。

5 次の対話文を読んで，あとの問いに答えなさい。

Daniel : Wow, ①(＿＿＿＿)(＿＿＿＿) so many food stands here.

Mao : Yes.　I want to eat an "American dog."

Daniel : An "American dog"?　Ah, you mean a corn dog!

Mao : A corn dog!　②I see.　③[to / do / have / want / what / you]?

Daniel : I want to have something sweet.

Mao : ④Then, how about *wata-ame*?

Daniel : Ah, it's cotton candy in English.

(1)　下線部①が「ここにはとてもたくさんの食べ物の屋台があります ね」という意味になるように，（ ）に適する語を書きなさい。

＿＿＿＿＿＿＿＿＿　＿＿＿＿＿＿＿＿＿

(2)　下線部②の内容を表すように，（ ）に適する日本語を書きなさい。 （　　　　　　　　）は英語では（　　　　　　　　）と言うんですね。

(3)　下線部③の〔 〕内の語を並べかえて，「あなたは何を食べたい ですか。」という意味の英文にしなさい。

＿＿＿＿＿＿＿＿＿＿＿＿＿＿＿＿＿＿＿＿＿

(4)　下線部④のように真央が言った理由を表すように，（ ）に適す る日本語を書きなさい。

ダニエルが（　　　　　　　　　　　　　）と言ったから。

重要ポイント

5 (1) stands は「売店，屋 台」の意味の名詞 stand の複数形。

(2) I see.「なるほど[そう ですか]。」

(3)「〜したい」は〈want to ＋動詞の原形〉。

(4)直前の文を参照。

6 次の文の＿＿＿に適する語句をア〜ウから選び，記号で答えなさい。 ただし，同じ語句は選べません。

(1)　Nancy went to the art museum ＿＿＿＿＿＿＿.　(　　)

(2)　My dream is ＿＿＿＿＿＿＿.　(　　)

(3)　Mike has some dishes ＿＿＿＿＿＿＿.　(　　)

ア　to be a math teacher

イ　to see some beautiful pictures

ウ　to wash before lunch

6 (1) art museum「美術 館」に着目。

(2) be 動詞のあとなので， 〈to＋動詞の原形〉は補語。

(3)直前が dishes（名詞）で あることに着目。

7 ( )内の語句を使って，次の日本文を英語になおしなさい。

(1)　午後には雪が降りやみました。　(it)

＿＿＿＿＿＿＿＿＿＿＿＿＿＿＿＿＿＿＿＿＿

(2)　彼はケーキを作るためにいくつかの卵を買いました。　(a cake)

＿＿＿＿＿＿＿＿＿＿＿＿＿＿＿＿＿＿＿＿＿

(3)　あなたは何か冷たい飲み物を持っていますか。　(to)

＿＿＿＿＿＿＿＿＿＿＿＿＿＿＿＿＿＿＿＿＿

7 (1)目的語に不定詞を使 うか動名詞を使うかに注 意。

(2)まず「〜するために」の 部分以外を作り，「〜す るために」をあとに置く。

テストに◎出る！

-thing の形の代名詞を， 形容詞と不定詞の両方 で説明するときは， 〈-thing＋形容詞＋ 不定詞〉 の語順。

ちょっと**BREAK**　「私は」を表すIを大文字にするわけは？

➡答えは次のページ

PROGRAM 3 〜 Word Web 2

解答 ▶ p.19

実力判定テスト　ステージ3　PROGRAM 3 〜 Word Web 2　30分　/100　読聞書話

1 LISTENING　対話と質問を聞いて，その答えとして適するものを1つずつ選び，記号で答えなさい。

♪ 106　3点×3(9点)

(1)　ア　Pizza.　　　　　　　　イ　Curry and rice.

　　ウ　*Tempura.*　　　　　　エ　*Sukiyaki.*　　　　　（　　　）

(2)　ア　Yes, she is.　　　　　　イ　No, she isn't.

　　ウ　Yes, she does.　　　　　エ　No, she doesn't.　　（　　　）

(3)　ア　Last Saturday.　　　　イ　Last month.

　　ウ　Last week.　　　　　　エ　Yesterday.　　　　　（　　　）

2 次の日本文に合うように，＿＿＿に適する語を書きなさい。

3点×5(15点)

(1)　私のお気に入りのスポーツはサッカーやテニスなどです。

　　My favorite sports are soccer, tennis, ＿＿＿＿＿＿＿＿＿ ＿＿＿＿＿＿＿＿＿.

(2)　おとうさんは今日，車の代わりにバスで仕事に行きました。

　　Dad went to work by bus ＿＿＿＿＿＿＿ ＿＿＿＿＿＿＿ by car today.

(3)　将来，私はアメリカの車を買いたいです。

　　I hope to buy an American car ＿＿＿＿＿＿＿ ＿＿＿＿＿＿＿ ＿＿＿＿＿＿＿.

(4)　その男はお金を取って，逃げていきました。

　　The man took the money and ＿＿＿＿＿＿＿ ＿＿＿＿＿＿＿.

(5)　「ぼくにはこれができる！」と彼は心の中で考えました。

　　He ＿＿＿＿＿＿＿ ＿＿＿＿＿＿＿ ＿＿＿＿＿＿＿, "I can do this!"

3 次の文の（　）内から適する語句を選び，〇で囲みなさい。

2点×5(10点)

(1)　I'll soon finish (to write / writing / will write) this email.

(2)　Why did you go to the station? — (To / For / By) meet my friend.

(3)　Learning *foreign languages (is / am / are) interesting.　　*foreign language：外国語

(4)　Mr. Green is interested in (to take / taking / takes) videos.

(5)　My brother decided (to study / studying / studied) abroad.

4 〔　〕内の語句を並べかえて，意味の通る英文にしなさい。

3点×4(12点)

(1)　〔 a Broadway dancer / to / was / be 〕 his dream.

　　＿＿＿＿＿＿＿＿＿＿＿＿＿＿＿＿＿＿＿＿ his dream.

(2)　Nancy 〔 something / to / cooked / hot 〕 eat for her brother.

　　Nancy ＿＿＿＿＿＿＿＿＿＿＿＿＿＿＿＿ eat for her brother.

(3)　〔 about / dinner / how / having 〕 at the Korean restaurant?

　　＿＿＿＿＿＿＿＿＿＿＿＿＿＿＿＿＿ at the Korean restaurant?

ちょっとBREAKの答え　小文字のⅰだと目立たないので，大文字で書くようになったと言われています。

目標
- 不定詞の３つの用法と動名詞を理解する。
- 不定詞と動名詞の使い分けを理解する。

自分の得点まで色をぬろう！
⊕がんばろう ⊕もう一歩 ⊕合格！
0　　　　　　　　60　　80　100点

5 次は，真央がクラスで発表した英文の一部です。これを読んで，あとの問いに答えなさい。
6点×4（24点）

　This is a traditional Dutch food.　①(　⑦　) people use toothpicks to eat it.　(　④　) enjoy it in "the Dutch way."
　②(世界じゅうで) ③there are [to / kinds / street food / many / of / try].　I think street food shows each country's food culture.

(1) 下線部①の２つの文が，「～もいます。…もいます。」という意味になるように，⑦と④の(　)に適する語を書きなさい。
　　⑦ ＿＿＿＿＿＿　　④ ＿＿＿＿＿＿

(2) 下線部②を３語の英語になおしなさい。
　　＿＿＿＿＿＿　＿＿＿＿＿＿　＿＿＿＿＿＿

(3) 下線部③の〔　〕内の語句を並べかえて，意味の通る英語にしなさい。
　　there are ＿＿＿＿＿＿＿＿＿＿＿＿.

(4) 本文の内容に合うように，(　)に適する日本語を書きなさい。
　　真央は，ストリートフードはそれぞれの国の(　　　　　　　　)を
　　(　　　　　　　　)と思っています。

6 (　)内の語句を使って，次の日本文を英語になおしなさい。
5点×4（20点）

(1) テレビを消すのを忘れないで。　(the TV)
＿＿＿＿＿＿＿＿＿＿＿＿＿＿＿＿＿＿

(2) 英語を学ぶための最善の方法は何ですか。　(the, way)
＿＿＿＿＿＿＿＿＿＿＿＿＿＿＿＿＿＿

(3) あなたは花火を見て楽しみましたか。　(fireworks)
＿＿＿＿＿＿＿＿＿＿＿＿＿＿＿＿＿＿

(4) 私は病気の人々を助けるために看護師になりたいです。　(sick, nurse)
＿＿＿＿＿＿＿＿＿＿＿＿＿＿＿＿＿＿

7 次の質問に，あなた自身の立場で英語で答えなさい。
5点×2（10点）

(1) When did you start studying English?
＿＿＿＿＿＿＿＿＿＿＿＿＿＿＿＿＿＿

(2) Where do you want to go next Saturday?
＿＿＿＿＿＿＿＿＿＿＿＿＿＿＿＿＿＿

定期テスト対策　予想問題　第3回，第4回 p.126～129

 **PROGRAM 4** High-Tech Nature ①

 解答 p.20

 教科書の 要点　2つの比較「…よりも〜」(-er, more) ♪ a13

比較級 →原級に -(e)r

The gray cup is **cuter than** the yellow one.　灰色のカップは黄色のカップよりかわいいです。

…よりも　比べる対象

The gray cup is **more expensive than** the yellow one.　灰色のカップは黄色のカップより高いです。

比較級 →原級の前に more

要点

● 2つを比べて「…よりも〜」と言うときは，〈形容詞[副詞]の比較級＋than …〉で表す。
● 比較級の作り方

ふつうの語	原級(もとの形)に -er をつける	old → older
e で終わる語	原級に -r をつける	large → larger
big, hot など	最後の文字を重ねて -er	big → bigger
〈子音字＋y〉で終わる語	y を i にかえて -er	happy → happier
つづりが長い語	原級の前に more を置く	interesting → more interesting
good と well など	不規則変化	good → better, well → better

プラス　「A と B ではどちら[だれ]がより〜か」は，〈Which[Who] … 比較級, A or B?〉で表す。
Which is larger, Canada or Australia?　カナダとオーストラリアではどちらが大きいですか。
Who is older, Tom or Bob?　トムとボブではどちらが年上ですか。

Wordsチェック　次の英語は日本語に，日本語は英語になおしなさい。

☐(1) raindrop （　　　　　）　☐(2) effect （　　　　　）

☐(3) leaf （　　　　　）　☐(4) 会社 ＿＿＿＿＿

☐(5) ふた ＿＿＿＿＿　☐(6) leaf の複数形 ＿＿＿＿＿

1 絵を見て例にならい，「…よりも〜」の文を完成させなさい。

例 Aki / Lisa
small

(1)
new

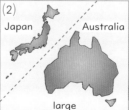
(2) Japan / Australia
large

(3) Yumi / Miki
busy

例　Aki's bag is smaller than Lisa's one.

(1)　This camera is ＿＿＿＿＿ ＿＿＿＿＿ that one.

(2)　Australia ＿＿＿＿＿ ＿＿＿＿＿ Japan.

(3)　Miki ＿＿＿＿＿ Yumi.

　ミス注意
比較級にかえるときは，原級(もとの形)の最後の文字に注意。

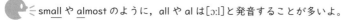 small や almost のように，all や al は[ɔːl]と発音することが多いよ。

2 （　）内の語を参考に，次の日本文に合うように，＿＿に適する語を書きなさい。

(1) この箱は私のよりも大きいです。　（ big ）

This box is ＿＿＿＿＿＿＿＿＿＿＿＿＿＿ mine.

(2) 彼にとって数学は英語よりも難しいです。　（ difficult ）

Math is ＿＿＿＿＿＿＿＿ ＿＿＿＿＿＿＿＿ than English for him.

(3) 私は母よりも早く起きます。　（ early ）

I get up ＿＿＿＿＿＿＿＿ ＿＿＿＿＿＿＿＿ my mother.

(4) この車とあの車ではどちらが速いですか。　（ fast ）

＿＿＿＿＿＿＿＿ is ＿＿＿＿＿＿＿＿, this car or that one?

3 〔　〕内の語を並べかえて，日本文に合う英文を書きなさい。

(1) この本はあの本よりも役に立ちました。

This book 〔 more / than / that / one / useful / was 〕.

This book ＿＿＿＿＿＿＿＿＿＿＿＿＿＿＿＿＿＿＿＿＿＿.

(2) 私は冬よりも夏のほうが好きです。

〔 summer / than / like / better / I 〕 winter.

＿＿＿＿＿＿＿＿＿＿＿＿＿＿＿＿＿＿＿＿ winter.

4 次の日本文に合うように，＿＿に適する語を書きなさい。

(1) 明日は雨が降るかもしれません。

It ＿＿＿＿＿＿＿＿ ＿＿＿＿＿＿＿＿ tomorrow.

(2) このキャンディーは歯にくっつきますよ。

This candy will ＿＿＿＿＿＿＿＿ ＿＿＿＿＿＿＿＿ your teeth.

(3) 電車に乗り遅れた。— 問題ありません。すぐ次のが来ます。

We missed the train! — ＿＿＿＿＿＿＿＿ ＿＿＿＿＿＿＿＿.

There's another ＿＿＿＿＿＿＿＿ soon.

5 次の表を見て，例にならい，「AはBよりも〜です」という文を書きなさい。

	A	B	形容詞
例	Saki	Ayaka	old
(1)	this question	that one	easy
(2)	Wakaba Park	Midori Park	famous
(3)	Yuta	my brother	popular

例　Saki is older than Ayaka.

(1) This question ＿＿＿＿＿＿＿＿＿＿＿＿＿＿＿＿ that one.

(2) Wakaba Park ＿＿＿＿＿＿＿＿＿＿＿＿＿＿＿＿ Midori Park.

(3) Yuta ＿＿＿＿＿＿＿＿＿＿＿＿＿＿＿＿ my brother.

ここがポイント

比較級の文の形
- 形容詞の文
〈主語＋be動詞＋比較級＋than …〉が基本。
- 副詞の文
〈主語＋一般動詞（＋目的語）＋比較級＋than …〉が基本。

ことばメモ

one の意味
- 名詞：「1，1つ」
- 形容詞：「1つの」
- 代名詞：「(…)なもの」
(前に出た名詞のくり返しをさけるために使う)

まるごと暗記

「AよりもBのほうが好きだ」
〈like B better than A〉

思い出そう

may の用法
・「〜してよい」
・「〜かもしれない」

ミス注意

easy は〈子音字＋y〉で終わる語
→ y を i にかえて -er をつける。

PROGRAM 4

解答 p.21

確認のワーク ステージ **1** PROGRAM 4 High-Tech Nature ②

教科書の 要点 3つ以上の比較「もっとも〜」(-est, most) ♪ a14

最上級 →原級に -est 範囲

The Shinkansen is **the fastest** train **in** Japan.

前に the を置く

…の中で 同類

I think a kingfisher is **the most beautiful** bird **of** all.

最上級 →原級の前に most

新幹線は日本でもっとも速い列車です。

カワセミはすべての中でもっとも美しい鳥だと思います。

要点

● 3つ以上を比べて「…の中でもっとも〜」と言うときは、〈the＋形容詞[副詞]の最上級＋in[of] …〉で表す。
● 最上級の作り方

ふつうの語	原級(もとの形)に -est をつける	old → oldest
e で終わる語	原級に -st をつける	large → largest
big, hot など	最後の文字を重ねて -est	big → biggest
〈子音字＋y〉で終わる語	y を i にかえて -est	happy → happiest
つづりが長い語	原級の前に most を置く	interesting → most interesting
good と well など	不規則変化	good → best, well → best

プラス 「…の中で何[どれ / だれ]がもっとも〜か」は、〈What[Which / Who] … 最上級 〜?〉で表す。
What is the longest river in Japan? 日本でもっとも長い川は何ですか。
Who sings the best of the three? 3人の中でだれがもっとも上手に歌いますか。

Wordsチェック 次の英語は日本語に、日本語は英語になおしなさい。

□(1) without （ 　　　　　 ） □(2) loud （ 　　　　　 ）

□(3) 解決する、解く ＿＿＿＿＿＿＿ □(4) give の過去形 ＿＿＿＿＿＿＿

1 絵を見て例にならい、「…の中でもっとも〜」の文を完成させなさい。

Tom(16歳) Judy(14歳) Meg(8歳) Bob(13歳)

ここが ポイント

最上級の文の形
● 形容詞の文
〈主語＋be動詞＋the＋最上級＋(名詞)＋in[of] …〉が基本。
● 副詞の文
〈主語＋一般動詞(＋目的語)＋the＋最上級＋in[of] …〉が基本。

例 Tom is the tallest of the four.

(1) Tom is ＿＿＿＿＿＿＿ ＿＿＿＿＿＿ of the four.

(2) Meg ＿＿＿＿＿＿＿＿＿ ＿＿＿＿＿＿＿ of the four.

(3) Judy has ＿＿＿＿＿＿＿ ＿＿＿＿＿＿ hair of the four.

most は[moust]と発音するよ。「モスト」じゃないから注意してね。

2 次の文に（ ）内の意味を加えて，最上級の文に書きかえなさい。

(1) Yuta is strong. （彼のクラスで）

Yuta is _____ .

(2) This book is interesting. （3冊の中で）

_____

(3) She came home early. （彼女の家族の中で）

She came _____ .

(4) Aya played the piano well. （すべての生徒の中で）

_____

ここがポイント

「…の中で」
● 〈in＋場所・範囲〉
ふつう単数がくる。
● 〈of＋仲間・同類〉
ふつう複数がくる。
★ほかに以下の表現もおさえておこう。
of all「すべての中で」
of them all
「彼らすべての中で」

3 〔 〕内の語を並べかえて，日本文に合う英文を書きなさい。

(1) 富士山は日本でもっとも高い山です。

Mt. Fuji 〔 in / highest / Japan / is / mountain / the 〕.

Mt. Fuji _____ .

(2) 私はすべての科目の中で英語がもっとも好きです。

I like 〔 the / the / of / subjects / English / all / best 〕.

I like _____ .

(3) カナダでもっとも有名な都市はどこですか。

〔 is / city / most / what / the / famous 〕 in Canada?

_____ in Canada?

ここがポイント

〈最上級＋名詞〉の形
● 最上級のみ
Miho is the cutest
in my class.
● 〈最上級＋名詞〉
Miho is the cutest
girl in my class.

まるごと暗記

「Aがもっとも好きだ」
〈like A the best〉

4 次の日本文に合うように，____に適する語を書きなさい。

(1) 伊藤さんが試合に勝ったよ。— 勝ったの？

Mr. Ito won the game. — _____ _____ ?

(2) この機械は家を建てるのに役立ちます。

This machine is _____ _____ build houses.

(3) 東京タワーを手本にしてそのタワーを作りましょう。

Let's _____ the tower _____ Tokyo Tower.

(4) 雨のせいで電車が止まりました。

The train stopped _____ _____ the rain.

思い出そう

did の用法
・一般動詞の過去の否定文や疑問文を作る。
・「～する」という一般動詞 do の過去形。
・前文（過去の文）の動詞のくり返しをさけるために使う。

WRITING Plus

次の質問に対して，あなた自身の立場で答えを英語で書きなさい。

(1) Who swims the fastest in your class?

_____

(2) What is the most exciting sport for you?

_____

PROGRAM 4

確認のワーク　ステージ 1　**PROGRAM 4**　High-Tech Nature ③　読聞書話

教科書の 要点　「…と同じくらい〜」（as 〜 as …）　♪ a15

…と同じくらい〜 →〈as＋原級＋as …〉

This cup is **as big as** hers.　このカップは彼女のカップと同じくらいの大きさです。

原級　　比べる対象

This cup is **not as heavy as** hers.　このカップは彼女のカップほど重くありません。

…ほど〜ない →〈not as＋原級＋as …〉

要点

● 2 つのものや人を比べて「…と同じくらい〜」と言うときは，〈as＋形容詞[副詞]の原級＋as …〉で表す。

形容詞の文　This box is **as big as** that one.　この箱はあの箱と同じくらいの大きさです。
副詞の文　He can sing **as well as** Judy.　彼はジュディと同じくらい上手に歌えます。

● この形を否定文にして〈not as＋形容詞[副詞]の原級＋as …〉とすると，「…ほど〜ない」という意味を表す。

形容詞の文　This box is **not as big as** that one.　この箱はあの箱ほど大きくありません。
副詞の文　He **cannot** sing as well as Judy.　彼はジュディほど上手に歌えません。

Words チェック　次の英語は日本語に，日本語は英語になおしなさい。

□(1)　potential　（　　　　　　）　□(2)　pollen　（　　　　　　）
□(3)　rescue　（　　　　　　）　□(4)　creature　（　　　　　　）
□(5)　agriculture　（　　　　　　）　□(6)　金，通貨　＿＿＿＿＿
□(7)　運ぶ　＿＿＿＿＿　□(8)　植物　＿＿＿＿＿
□(9)　捜索，探索　＿＿＿＿＿　□(10)　空間　＿＿＿＿＿

1 絵を見て例にならい，「A は B と同じくらい〜だ」の文を完成させなさい。

| 例　Moe　Aya |
| small |

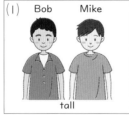

| (1)　Bob　Mike |
| tall |

| (2) Riku(14 歳)　Shota(14 歳) |
| old |

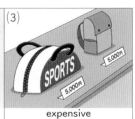

| (3) |
| expensive |

例　Moe's cat is as small as Aya's.

(1)　Bob is ＿＿＿＿＿＿ tall ＿＿＿＿＿＿ Mike.

(2)　Riku is as ＿＿＿＿＿＿＿＿＿ Shota.

(3)　This bag ＿＿＿＿＿＿＿＿＿＿＿＿ that one.

ここが ポイント

as と as の間の形容詞[副詞]は，原級（＝もとの形）。

interview や ágriculture のアクセントの位置に注意してね。

2 次の英文の意味になるように，（　）に適する日本語を書きなさい。

(1) This *anime* is as interesting as that one.

このアニメは（　　　　　　　　　　　　　　）おもしろいです。

よく出る (2) I don't get up as early as my sister.

私は妹ほど（　　　　　　　　　　　　　　　　　　　　）。

(3) My pen is not as long as yours.

私のペンは（　　　　　　　　　　　　　　　　　　　　）。

まるごと暗記
● 〈as＋形容詞［副詞］の原級＋as …〉「…と同じくらい〜」
● 〈not as＋形容詞［副詞］の原級＋as …〉「…ほど〜ない」

3 （　）内の語を参考に，次の日本文に合うように，＿＿に適する英語を書きなさい。

(1) その赤い帽子は青いのと同じくらいかわいいです。　（ cute ）

The red cap is ＿＿＿＿＿＿＿＿＿ as the blue one.

(2) 彼はトムと同じくらい熱心に練習しました。　（ hard ）

He practiced ＿＿＿＿＿＿＿＿＿ Tom.

(3) この地図はあなたのものほど役に立ちません。　（ useful ）

This map ＿＿＿＿＿＿＿＿＿ as yours.

(4) アヤカはあなたほど上手に踊れません。　（ well ）

Ayaka ＿＿＿＿＿＿＿＿＿ you.

ここがポイント
as 〜 as の文の語順
● 形容詞の文
〈主語＋be動詞＋as＋原級＋as …〉が基本。
● 副詞の文
〈主語＋一般動詞（＋目的語）＋as＋原級＋as …〉が基本。

PROGRAM 4

4 〔　〕内の語を並べかえて，日本文に合う英文を書きなさい。

(1) テニスはサッカーと同じくらいわくわくしますか。

〔 as / as / tennis / exciting / is 〕 soccer?

＿＿＿＿＿＿＿＿＿ soccer?

(2) この車は彼の車と同じくらい速く走ります。

This car 〔 fast / his / as / as / runs 〕.

This car ＿＿＿＿＿＿＿＿＿ .

よく出る (3) 私たちは，英語は数学ほど難しくないと感じます。

We feel 〔 English / not / difficult / as / as / is 〕 math.

We feel ＿＿＿＿＿＿＿＿＿ math.

思い出そう
接続詞の that
● 〈think (that) 〜〉「〜と思う」
● 〈hope (that) 〜〉「〜と望む」
● 〈feel (that) 〜〉「〜と感じる」

5 次の日本文に合うように，＿＿に適する語を書きなさい。

(1) ホセとぼくはメキシコ出身なんだ。—そうなの？

Jose and I are from Mexico. — ＿＿＿＿＿＿＿＿＿ ?

よく出る (2) 彼らは4つの言語を話すことができます。

They are ＿＿＿＿＿＿＿＿＿ speak four languages.

(3) なぜそう思うの。—彼は最強の水泳選手だと思うからだよ。

＿＿＿＿＿＿＿＿＿ do you think so?

— ＿＿＿＿＿＿＿ I ＿＿＿＿＿＿＿ he's the strongest swimmer.

ここがポイント
聞き返すときは，相手の発言の〈主語＋（助）動詞〉に合わせる。
That monkey can use a computer. — Can it?
（あのサルはコンピュータが使えるんだよ。—使えるの？）

文法のまとめ⑤

英語のしくみ　比較級・最上級・as 〜 as …

解答　p.23

読聞書話

まとめ

《比較級・最上級の作り方》

ふつうの語	原級に -er，-est をつける	hard → harder → hardest
e で終わる語	原級に -r，-st をつける	cute → cuter → cutest
big，hot など	最後の文字を重ねて -er，-est	hot → hotter → hottest
〈子音字＋y〉で終わる語	y を i にかえて -er，-est	busy → busier → busiest
つづりが長い語	原級の前に more，most を置く	useful → more useful → most useful
good と well など	不規則変化	good / well → better → best

① 比較級「…よりも〜」：〈形容詞[副詞]の比較級＋than …〉

形容詞　Kei is **younger than** Natsu.　　ケイはナツよりも若いです。
〈比較級＋than〉

副詞　Aya can swim **faster than** Kazu.　　アヤはカズよりも速く泳げます。
〈比較級＋than〉

② 最上級「…の中でもっとも〜」：〈the＋形容詞[副詞]の最上級＋in[of] …〉

形容詞　Soccer is **the most popular in** my class.　サッカーは私のクラスでもっとも人気があります。
〈the＋最上級＋in〉→〈in＋場所・範囲〉

副詞　I like tennis **the best of** all sports.　私はすべてのスポーツの中でテニスがもっとも好きです。
〈the＋最上級＋of〉→〈of＋仲間・同類〉

③ 原級「…と同じくらい〜」：〈as＋形容詞[副詞]の原級＋as …〉

形容詞　My bag is **as big as** yours.　私のバッグはあなたのものと同じくらいの大きさです。
〈as＋原級＋as〉

副詞　Jun can sing **as well as** Mai.　ジュンはマイと同じくらい上手に歌えます。
〈as＋原級＋as〉

※否定文は，「…ほど〜ない」という意味を表す。

形容詞　My bag is **not** as big as yours.　私のバッグはあなたのものほど大きくありません。
副詞　Jun **cannot** sing as well as Mai.　ジュンはマイほど上手に歌えません。

練習

1 次の日本文に合うように，＿＿＿に適する語を書きなさい。

(1) 母は私の家族の中でもっとも忙しいです。
My mother is ＿＿＿＿＿ ＿＿＿＿＿ ＿＿＿＿＿ my family.

(2) ジョンはあなたのお兄さんと同じくらいの背の高さです。
John is ＿＿＿＿＿ ＿＿＿＿＿ ＿＿＿＿＿ your brother.

(3) 私の自転車はこの自転車ほど新しくありません。
My bike ＿＿＿＿＿ ＿＿＿＿＿ new ＿＿＿＿＿ this one.

(4) テッドはベンよりも速く泳ぎます。
Ted swims ＿＿＿＿＿ ＿＿＿＿＿ Ben.

2 次の各組の文がほぼ同じ内容を表すように, ____ に適する語を書きなさい。

(1) { My pencil is longer than yours.
      Your pencil _____ _____ _____ mine.

(2) { This bag isn't as heavy as that one.
      That bag is _____ _____ this one.

(3) { Ken plays the guitar better than Hiro.
      Hiro _____ play the guitar _____ well _____ Ken.

3 次の文を( )内の指示にしたがって書きかえなさい。

(1) This is an exciting game. （「それらすべての中で」を加えて最上級の文に）

_____

(2) Ms. White is kind. （「Mr. Brown と同じくらい〜」という文に）

_____

(3) Shota likes yellow. （「青色よりも好きだ」という文に）

_____

(4) This dictionary isn't new. （「あなたの辞書ほど新しくない」という文に）

_____

4 〔 〕内の語や符号を並べかえて, 日本文に合う英文を書きなさい。

(1) シドニーでは 7 月はもっとも寒い月です。
    〔 is / month / coldest / July / the 〕 in Sydney.

_____ in Sydney.

(2) 英語を書くことは話すことと同じくらい重要ですか。
    〔 writing / speaking / as / as / is / English / important 〕 it?

_____ it?

(3) カナダと中国ではどちらが大きいですか。
    〔 larger / Canada / which / or / is / , 〕 China?

_____ China?

5 次の日本文を英語になおしなさい。

(1) 理科は数学よりも難しいですか。

_____

(2) ユキは 6 人の中でもっとも一生懸命に勉強しました。

_____

(3) この写真はあの写真ほど古くありません。

_____

(4) あなたは何の科目がもっとも好きですか。

_____

英語のしくみ

解答　p.23

定着のワーク　ステージ2　PROGRAM 4 〜 Word Web 3　読聞書話

🎧 **1 LISTENING** ユリのスピーチと質問を聞いて，その答えとして適する絵を１つ選び，記号で答えなさい。　♪ 107

ア	イ	ウ	エ
好きなスポーツ	好きなスポーツ	好きなスポーツ	好きなスポーツ
1位 サッカー	1位 サッカー	1位 バスケットボール	1位 バスケットボール
2位 テニス	2位 バスケットボール	2位 テニス	2位 サッカー
3位 バスケットボール	3位 テニス	3位 サッカー	3位 テニス

（　　　）

2 次の文の（ ）内から適する語を選び，〇で囲みなさい。

(1) Hokkaido is (large　larger　largest) than Shikoku.

(2) Aki dances as (well　better　best) as Hiromi.

(3) This cup is the cutest (in　to　of) the four.

(4) *Udon* is (much　more　most) popular than *soba* in my class.

3 〔 〕内の語句を並べかえて，日本文に合う英文を書きなさい。

(1) このネコは私のと同じくらいの大きさです。

This cat 〔 as / as / big / mine / is 〕.

This cat _____.

(2) あなたの弟はあなたよりも一生懸命に勉強しますか。

〔 study / does / than / your brother / harder 〕 you?

_____ you?

UP (3) どの本がもっともおもしろかったですか。

〔 most / which / interesting / was / book / the 〕?

_____?

4 次の日本文に合うように，　　　に適する語を書きなさい。

(1) 英語を学ぶことは職探しの役立ちます。

Learning English is _____ _____ find a job.

(2) 私はそのサッカーの試合を見ました。—見たの？

I watched the soccer game. — _____ _____ ?

(3) 私はこのごろ忙しすぎると感じています。

_____ _____ I'm too busy these days.

(4) 彼は食べものなしで７日間生きました。

He lived for seven days _____ food.

(5) ぼくはスポーツカーを手本にしてゴーカートを作りました。

I _____ my go-cart _____ a sports car.

重要ポイント

2

得点力をUP

比較の選択問題
- than がある
  比較級の文
- the, in[of] がある
  最上級の文
- as がある
  原級の文

3 (1)「私のと同じくらい大きい」と考える。

(2)まず，「あなたの弟は一生懸命に勉強しますか。」を作ってから比較級の文にする。

(3)〈疑問詞＋名詞〉で始める疑問文。

4 (1)「仕事を探すために」と考える。

(2)前の文は一般動詞の過去の文。主語にも注意。

(3)接続詞の that が省略された文。

(4)「〜なしで」を前置詞で表す。反意語は with。

(5)「ゴーカート」go-cart

5 次の対話文を読んで，あとの問いに答えなさい。

Jack : Can you see that bird?

Emily : Yes, it's a kingfisher. ①I 〔 of / the / think / it's / beautiful / bird / most 〕 all.

Jack : The bird gave a hint to a Shinkansen ②engineer.

Emily : ③It did? How?

Jack : Well, the Shinkansen is the fastest train in Japan. But it made a loud noise when it entered tunnels.

(1) 下線部①の〔 〕内の語を並べかえて，「私はそれはすべての中でもっとも美しい鳥だと思います。」という意味の英文にしなさい。

I _____ all.

(2) 下線部②の最も強く発音する部分を〇で囲みなさい。en-gi-neer

(3) 下線部③の内容を表すように，( )に適する日本語を書きなさい。

( )が新幹線の技術者に( )を与えたのですか。

(4) 新幹線が大きな騒音を立てたのはどんなときですか。( )に適する日本語を書きなさい。

新幹線が( )とき。

(5) 本文と質問の答えに合うように，____に適する語を書きなさい。

What is the fastest train in Japan?

— _____ is.

6 次の文を( )内の指示にしたがって書きかえなさい。

(1) The museum is famous. （「中国でもっとも〜」という文に）

_____

(2) I got up early. （「妹よりも〜」という文に）

_____

(3) Ren isn't busy. （「ナナミほど忙しくない」という文に）

_____

7 ( )内の語を使って，次の日本文を英語になおしなさい。

(1) これが5つの中でもっとも高価な腕時計です。 （ expensive ）

_____

(2) ケンとショウタは同じ年ですか。 （ old ）

_____

(3) あなたは数学と英語では，どちらがより好きですか。 （ do ）

_____

重要ポイント

5 (1)「〜だと思います」の「〜」に最上級の文を入れる。

(2)日本語の発音と異なるので注意。

(3) did は前の文の gave の代わりに使われている。

(4)最後の文に着目。

6

テストに◎出る！

●「…よりも〜」〈形容詞［副詞］の比較級＋than …〉

●「…の中でもっとも〜」〈the＋形容詞［副詞］の最上級＋in［of］…〉

●「…と同じくらい〜」〈as＋形容詞［副詞］の原級＋as …〉

●「…ほど〜ない」〈not as＋形容詞［副詞］の原級＋as …〉

7 (1)最上級を使った文。

(2)〈as＋原級＋as〉を使った文。

(3)比較級を使った文。

PROGRAM 4 〜 Word Web 3

ちょっとBREAK reuse, recycle, remember などの語のはじめの re はどんな意味？　　➡答えは次のページ

実力判定テスト　ステージ3　PROGRAM 4 〜 Word Web 3　30分　/100　読聞書話

🎧 **1** LISTENING　下の絵について，(1)〜(3)の質問をします。質問の答えとして適するものを1つずつ選び，記号で答えなさい。　♪ 108　3点×3(9点)

シロ(2歳) クロ(5歳) ココ(3歳)

(1)　ア　Yes.　Shiro is bigger.　イ　No.　Shiro is bigger.
　　　ウ　No.　Shiro is smaller.　　　　　　　　　（　　　）

(2)　ア　Yes, he does.　　　　　　イ　No, he doesn't.
　　　ウ　Yes, he is.　　　　　　　　　　　　　　（　　　）

(3)　ア　Coco is.　　　　　　　　イ　Kuro is.
　　　ウ　Shiro is.　　　　　　　　　　　　　　　（　　　）

2 次の日本文に合うように，＿＿に適する語を書きなさい。　4点×3(12点)

(1)　雨のために，昨日は私は家にいました。
　　　I stayed home yesterday ＿＿＿＿＿＿ ＿＿＿＿＿＿ the rain.

(2)　この車は水中を走れるんだ。― 走れるの？
　　　This car can drive in water. ― ＿＿＿＿＿＿ ＿＿＿＿＿＿?

レベルUP (3)　そのスマホを使えばきれいな写真がとれますよ。
　　　The smartphone ＿＿＿＿＿＿ ＿＿＿＿＿＿ ＿＿＿＿＿＿ take beautiful pictures.

3 各組の文がほぼ同じ内容を表すように，＿＿に適する語を書きなさい。　4点×3(12点)

(1)　{ Mr. Brown is older than Ms. Green.
　　　{ Ms. Green is ＿＿＿＿＿＿ ＿＿＿＿＿＿ Mr. Brown.

(2)　{ This question is more difficult than that one.
　　　{ This question is ＿＿＿＿＿＿ ＿＿＿＿＿＿ as that one.

レベルUP (3)　{ Mt. Fuji is the highest mountain in Japan.
　　　{ Mt. Fuji is ＿＿＿＿＿＿ than ＿＿＿＿＿＿ other ＿＿＿＿＿＿ in Japan.

4 〔　〕内の語句を並べかえて，日本文に合う英文を書きなさい。　5点×3(15点)

(1)　トムは彼らすべての中でもっともよい選手です。
　　　Tom 〔 best / is / all / player / of / them / the 〕.
　　　Tom ＿＿＿＿＿＿＿＿＿＿＿＿＿＿＿＿＿＿＿.

(2)　このラケットは私のより軽いかもしれません。
　　　〔 may / this racket / than / lighter / be 〕 mine.
　　　＿＿＿＿＿＿＿＿＿＿＿＿＿＿＿＿＿＿ mine.

レベルUP (3)　私はテニスはサッカーほどわくわくしないと感じます。
　　　I 〔 as / as / tennis / feel / exciting / not / is 〕 soccer.
　　　I ＿＿＿＿＿＿＿＿＿＿＿＿＿＿＿＿＿ soccer.

ちょっとBREAKの答え　これらの re は，「繰り返して」「再び」「さらに」などの意味を表しています。

目標 ●原級・比較級・最上級の形と，それらを使った英文の使い方を理解する。

自分の得点まで色をぬろう!

0	60	80	100点

5 次の対話文を読んで，あとの問いに答えなさい。 (計20点)

Emily : These lotus leaves are so big!

Jack : Yes. That leaf is ①(big) than my hat.

Emily : Look! The leaves are not wet. Raindrops are running off them. But why?

Jack : They are unique leaves. A Japanese company is using this effect with yogurt lids.

Emily : So yogurt doesn't ②(＿＿＿)(＿＿＿) them!

Jack : That's right. People can get new ideas from nature. I know another example. ③It may be more interesting than yogurt lids.

(1) 下線部①の（ ）内の語を適する形にかえなさい。 ＿＿＿＿ (3点)

(2) 下線部②が「〜にくっつく」という意味になるように（ ）に適する語を書きなさい。 (5点)

＿＿＿＿　＿＿＿＿

(3) 下線部③を it の指す内容を明らかにして，日本語になおしなさい。 (6点)

（ ）

(4) 本文の内容に合うように，（ ）に適する日本語を書きなさい。 (6点)

エミリーは，なぜ（ ）がハスの葉を滴り落ちて，葉が（ ）のかをジャックにたずねました。

6 （ ）内の語を参考に，次の日本文を英語になおしなさい。 5点×4(20点)

(1) 昨日，アヤカはモエと同じくらい早く起きました。 （ early ）

(2) このカメラとあのカメラでは，どちらがより重いですか。 （ heavy ）

(3) 彼は日本でもっとも人気がある歌手の１人です。 （ popular ）

(4) 私はあなたほどたくさんの本を持っていません。 （ many ）

7 次の質問に，あなた自身の立場で英語で答えなさい。 6点×2(12点)

(1) Which do you like better, apples or oranges?

(2) Who can speak English the best in your class?

  PROGRAM 5　Work Experience ①

解答 p.25

教科書の **要点**　「どのように〜するか，〜の仕方」 ♪ a16

I　know　**how to play** kendama.　　　私はけん玉の仕方を知っています。

主語　動詞　　　　　　　　目的語

how to＋動詞の原形 → 「〜の仕方」

要点

● 「どのように〜するか」，「〜の仕方」は，〈how to＋動詞の原形 〜〉で表す。
● 〈how to＋動詞の原形 〜〉は，know などの動詞のあとにきて，その動詞の**目的語**となる。

プラス how 以外の疑問詞も，〈疑問詞＋to＋動詞の原形〉の形で以下のような意味を表す。

what to＋動詞の原形〜	何を〜したらよいか
which to＋動詞の原形〜	どちら[どれ]を〜したらよいか
when to＋動詞の原形〜	いつ〜したらよいか
where to＋動詞の原形〜	どこで[へ]〜したらよいか
what＋名詞＋to＋動詞の原形〜	何の…を〜したらよいか
which＋名詞＋to＋動詞の原形〜	どちらの[どの]…を〜したらよいか

Words チェック　次の英語は日本語に，日本語は英語になおしなさい。

□(1)　treat　　　（　　　　　　　　）　　□(2)　blame　　　（　　　　　　　　）

□(3)　shelf の複数形　＿＿＿＿＿＿＿　　□(4)　商品，品物　＿＿＿＿＿＿＿

1 絵を見て例にならい，「〜は…の仕方を知っています」の文を完成させなさい。

run

dance

play

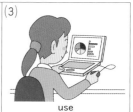
use

例　Eita knows how to run fast.

(1)　Kota knows ＿＿＿＿＿＿ ＿＿＿＿＿＿ dance well.

(2)　Taku knows ＿＿＿＿＿ to ＿＿＿＿＿ baseball.

(3)　My sister ＿＿＿＿＿＿＿＿＿＿＿ a computer.

ミス注意
主語が三人称単数でも，
to のあとの動詞は原形。

2 下線部に注意して，次の英文を日本語になおしなさい。

(1)　I don't know what to say.

私は（　　　　　　　　　　　　　）わかりません。

(2)　Do you know when to start?

あなたは（　　　　　　　　　　　　　）知っていますか。

ここが ポイント
〈how など＋to＋動詞の
原形 〜〉
全体で「名詞と同じ働き」
をし，know などの動詞
の目的語になる。

 say の三人称・単数・現在形は says[sez]，過去形は said[sed]だよ。どちらも発音に注意。

③ （　）内の語を参考に，次の日本文に合うように，＿＿＿に適する語を書きなさい。

(1) 彼はケーキの作り方を学んでいます。　（ make ）

　　He learns how ＿＿＿＿＿ ＿＿＿＿＿ a cake.

(2) 私はどこに行けばよいのかわかりません。　（ go ）

　　I don't know ＿＿＿＿＿＿＿＿＿＿＿＿.

よく出る (3) あなたはどちらのカメラを買えばよいか決めましたか。(buy)

　　Did you decide ＿＿＿＿＿ ＿＿＿＿＿

　　to ＿＿＿＿＿＿?

よく出る **④** 〔　〕内の語句を並べかえて，日本文に合う英文を書きなさい。

(1) 彼女はいつ電話すればよいか知っていますか。

　　Does 〔 to / she / call / when / know 〕?

　　Does ＿＿＿＿＿＿＿＿＿＿＿＿＿?

(2) 彼らはインターネットの使い方を知りません。

　　They 〔 know / use / to / don't / how 〕 the internet.

　　They ＿＿＿＿＿＿＿＿＿＿＿ the internet.

⑤ 次の日本文に合うように，＿＿＿に適する語を書きなさい。

(1) あなたは歌うのが得意ですね。

　　You are ＿＿＿＿＿＿＿＿＿＿＿＿＿.

(2) 私はパーティーをとても楽しみました。—よかったですね。

　　I really enjoyed the party. — ＿＿＿＿＿ for ＿＿＿＿＿.

(3) 間違って，イヌにキャットフードを与えてしまいました。

　　I gave cat food to the dog ＿＿＿＿＿ ＿＿＿＿＿.

(4) 雨が降っていたので，彼女は花火が見られませんでした。

　　It was raining, so she ＿＿＿＿＿ see the fireworks.

⑥ （Word Box）次の表を見て，例にならい，「AはBを知っていますか」という文を書きなさい。

	A	B
例	you	お好み焼きの作り方
(1)	they	ギターのひき方
(2)	your sister	一輪車の乗り方
(3)	Mr. Green	漢字でカニ(kani)の書き方

例　Do you know how to cook *okonomiyaki*?

(1) Do they know ＿＿＿＿＿＿＿＿＿ the guitar?

(2) Does your sister ＿＿＿＿＿＿＿＿ a unicycle?

(3) Does Mr. Green ＿＿＿＿＿＿＿＿ *kanji*?

ことばメモ

cake
● 切り分ける前のケーキ（大小問わず）
　→数えられる名詞
● 切り分けたケーキ
　→数えられない名詞

ここがポイント

〈疑問詞＋to＋動詞の原形 ～〉の用法
●「何を～したらよいか」
　〈what to＋動詞の原形〉
●「どちらを～したらよいか」
　〈which to＋動詞の原形〉
●「いつ～したらよいか」
　〈when to＋動詞の原形〉
●「どこで～したらよいか」
　〈where to＋動詞の原形〉

PROGRAM 5

ミス注意

could の用法
「(過去に)～する能力があった」の意味。
※ふつう，肯定文では「(あるときに)1回～できた」という意味では使わない。

表現メモ

「(言語・文字)～で」は〈in＋言語・文字〉で表す。
(例)
in English「英語で」
in *hiragana*「ひらがなで」

 PROGRAM 5 Work Experience ②

解答 p.26

教科書の 要点 「〜に見える」「〜になる」 ♪ a17

形容詞
You look tired.
look＋形容詞 →「〜に見える」

あなたは疲れているように見えます。

名詞
You'll become a good athlete.
become＋名詞 →「〜になる」

あなたはすばらしいアスリートになるでしょう。

要点

● 「〜に見える」は，〈look＋形容詞〉で表す。

You look happy.　　　あなたは幸せそうに見えます。
　　　　形容詞

● 「〜になる」は，〈become＋名詞[形容詞]〉で表す。

He became a scientist.　彼は科学者になりました。
　　　　　名詞

He became famous.　　彼は有名になりました。
　　　　　形容詞

	＋形容詞	＋名詞
look	○	×
become	○	○
get	○	×
feel	○	×

プラス ・〈一般動詞＋形容詞〉の形になるものには，他に以下のようなものがある。
〈get＋形容詞〉「〜になる」，〈feel＋形容詞〉「〜と感じる」，〈sound＋形容詞〉「〜に聞こえる」
・look のあとに名詞がくるときは，〈look like＋名詞〉「〜のように見える」の形にする。
The cat looks like a tiger.　そのネコはトラのように見えます[トラに似ています]。

Wordsチェック 次の英語は日本語に，日本語は英語になおしなさい。

□(1) meter （　　　　　） □(2) listener （　　　　　）
□(3) lonely （　　　　　） □(4) waiting room （　　　　　）
□(5) 行動 ＿＿＿＿＿ □(6) 覚えている ＿＿＿＿＿

1 絵を見て例にならい，「〜に見える」の文を完成させなさい。

例 happy

(1) cute

(2) exciting

(3) lonely

例　The girl looks happy.

(1) The cat ＿＿＿＿＿ ＿＿＿＿＿ .

(2) These movies ＿＿＿＿＿ ＿＿＿＿＿ .

(3) That boy ＿＿＿＿＿＿＿＿＿＿ .

ミス注意
主語が三人称単数で現在
の文→〈looks＋形容詞〉
の形にする。

listener の t は発音しないよ。write や knife など，発音しない文字を含む語を探してみよう。

② （　）内の語を参考に，次の日本文に合うように，＿＿＿＿に適する語を書きなさい。

(1) 彼のスピーチはおもしろそうです。　（ sound ）

His speech ＿＿＿＿＿＿＿＿＿＿＿＿＿＿＿ ．

(2) ダニエルは看護師になりませんでした。　（ become ）

Daniel ＿＿＿＿＿＿＿＿＿＿ ＿＿＿＿＿＿＿＿＿＿ a nurse.

よく出る (3) その動物はイヌのように見えました。　（ look ）

The animal ＿＿＿＿＿＿＿＿＿＿＿＿＿＿＿＿ a dog.

(4) 夕方にはとても寒くなりました。　（ get ）

It ＿＿＿＿＿＿＿＿＿＿ very cold in the evening.

> **ことばメモ**
>
> **look の用法**
> ● 〈look at＋名詞〉
> 　「～を見る」
> ● 〈look＋形容詞〉
> 　「～に見える」
> ● 〈look like＋名詞〉
> 　「～のように見える」

> **思い出そう**
>
> **天気・明暗・寒暖の表現**
> it を主語にして表す。この it は「それは」と訳さない。

③ 〔　〕内の語句を並べかえて，日本文に合う英文を書きなさい。

(1) 昨日，私の父は忙しそうに見えました。

〔 looked / my father / busy 〕 yesterday.

＿＿＿＿＿＿＿＿＿＿＿＿＿＿＿＿＿＿＿＿＿＿ yesterday.

(2) 私はとても寒く感じます。　I 〔 very / cold / feel 〕．

I ＿＿＿＿＿＿＿＿＿＿＿＿＿＿＿＿＿＿＿＿＿＿ ．

(3) その歌手は有名になったのですか。

〔 the singer / famous / did / become 〕？

＿＿＿＿＿＿＿＿＿＿＿＿＿＿＿＿＿＿＿＿＿＿

> **表現メモ**
>
> **get と become**
> ・あとに名詞がくるときは become のみ可。
> ・get のほうが口語的。

よく出る **④** 次の日本文に合うように，＿＿＿＿に適する語を書きなさい。

(1) 先生が話している間は静かにしなさい。

Be quiet ＿＿＿＿＿＿＿＿＿ the teacher is talking.

(2) 私たちは今度の夏に行動を起こすつもりです。

We'll ＿＿＿＿＿＿＿＿＿ ＿＿＿＿＿＿＿＿＿ this summer.

(3) だれが1位になりましたか。

Who ＿＿＿＿＿＿＿＿＿ first ＿＿＿＿＿＿＿＿＿ ？

(4) 私たちにはすべてが新しいことでした。

Everything ＿＿＿＿＿＿＿＿＿ ＿＿＿＿＿＿＿＿＿ to us.

> **表現メモ**
>
> **接続詞 while**
> 「～する間に」の意味で，あとに〈主語＋動詞 ～〉の形が続く。

WRITING Plus 🖊

次のようなとき何と言いますか。英語で書きなさい。

(1) マオが悲しそうに見えたと伝えるとき。

＿＿＿＿＿＿＿＿＿＿＿＿＿＿＿＿＿＿＿＿＿＿

(2) 自分の兄は獣医(vet)になったと伝えるとき。　※ become の過去形は became。

＿＿＿＿＿＿＿＿＿＿＿＿＿＿＿＿＿＿＿＿＿＿

PROGRAM 5

 **PROGRAM 5** Work Experience ③

📖 教科書の **要点**　　「～(人)に…(もの)を見せる」　　🎵 a18

人　　もの
I'll **show** you my score.　　　　　　　　　私の点数をあなたに見せましょう。

show＋人＋もの → 「(人)に(もの)を見せる」

要点

● 「～(人)に…(もの)を―する」は，〈動詞＋人＋もの〉で表す。

● この形で使う主な動詞には，以下のものがある。

give「(人)に(もの)を与える」　　　　 tell「(人)に(もの)を教える，言う」
send「(人)に(もの)を送る」　　　　　 teach「(人)に(もの)を教える」
buy「(人)に(もの)を買う」　　　　　　 make「(人)に(もの)を作る」
cook「(人)に(もの)を料理する」　　　 get「(人)に(もの)を買う」

プラス　〈動詞＋人＋もの〉の形は，〈動詞＋もの＋to[for]＋人〉の形に書きかえることができる。

to を使う動詞　give, tell, send, teach, show　など

〈人＋もの〉　　　　 I showed him my score.　　　　私は彼に点数を見せました。

〈もの＋to＋人〉　　 I showed my score to him.

for を使う動詞　buy, make, cook, get　など

〈人＋もの〉　　　　 He bought me a watch.　　　　彼は私に腕時計を買いました。

〈もの＋for＋人〉　　 He bought a watch for me.

Words チェック　次の英語は日本語に，日本語は英語になおしなさい。

□(1) lend　　　　　　（　　　　　　　）　□(2) son　　　　　　（　　　　　　　）

□(3) 話，物語　　　＿＿＿＿＿＿＿　　□(4) 娘　　　　　　　＿＿＿＿＿＿＿

1 絵を見て例にならい，「～に…を見せました」の文を完成させなさい。

me / his dog

(1) him / a picture

(2) Koji / my racket

(3) Ms. Ito / her notebook

例　Ken showed me his dog.

(1)　Aya ＿＿＿＿＿＿＿ ＿＿＿＿＿＿＿ a picture.

(2)　I showed Koji ＿＿＿＿＿＿＿ ＿＿＿＿＿＿＿ .

(3)　My sister ＿＿＿＿＿＿＿＿＿＿＿＿＿＿＿＿ .

ミス注意
「～(人)に…(もの)を見せる」→「人」が代名詞の場合は目的格を使う。

🔍 ch の発音は，much, teach などの[tʃ]と，school, Christmas などの[k]の2つをおさえておこう。

2 〔 〕内の語句を並べかえて，日本文に合う英文を書きなさい。

(1) ブラウン先生は私たちに英語を教えてくれます。
〔 us / Mr. Brown / English / teaches 〕.

_____

(2) あなたにこのペンをあげましょう。
〔 this pen / I'll / you / give 〕.

_____

(3) このカメラの使い方を教えてくれますか。
Can you 〔 tell / how / use / to / me 〕 this camera?
Can you _____ this camera?

3 次の文を（ ）内の指示にしたがって書きかえなさい。

(1) He made a cake for Aya. （for を使わず同じ内容の文に）

_____

(2) Ann showed them her new house. （7 語で同じ内容の文に）

_____

(3) Please buy me a computer. （6 語で同じ内容の文に）

_____

4 次の日本文に合うように， に適する語を書きなさい。

(1) 私は，彼が私の手紙を読んでいないことに気づきました。
I _____ _____ he didn't read my letter.

(2) 私たちはこのような機会を持ててうれしいです。
We are _____ _____ have this chance.

(3) 頂上まで歩いて登っていきたいですか。
Do you want to _____ _____ to the top?

(4) 彼らは何度もホワイトさんを訪れました。
They visited Ms. White _____ _____.

5 右下はアヤカの先週の行動です。これを見て，例にならい，アヤカになったつもりで「私は〜に…を—しました」という文を書きなさい。（to や for は使わないこと）

例 I showed Aki my new bike.

(1) I gave _____
_____ a pen.

(2) I _____
_____ dinner.

(3) I *lent _____
_____ .

ここが ポイント
「〜(人)に…(もの)を—する」
〈動詞＋人＋もの〉の語順にする。

ことばメモ
● teach
「(学問・技術・芸など)を教える」
● tell
「(情報[道順・電話番号など])を教える」

まるごと 暗記
to か for か
● to を使う動詞
give, tell, send, teach, show など
● for を使う動詞
buy, make, cook, get など

ここが ポイント
be glad to 〜
to よりあとの部分が，glad の原因を表していることに注意。

アヤカの先週の行動
● アキに新しい自転車を見せた。
● 弟にペンをあげた。
● 父に夕食を作った。
● ユウタに何冊かの本を貸した。
*lent：lend の過去形

PROGRAM 5

解答 p.27

読 聞
書 話

まとめ

① 〈疑問詞＋to＋動詞の原形 ～〉

〈疑問詞＋to＋動詞の原形 ～〉は，以下のような意味を表し，動詞の目的語になる。

how to＋動詞の原形 ～	どのように～するか，～の仕方
what to＋動詞の原形～	何を～したらよいか
which to＋動詞の原形～	どちら[どれ]を～したらよいか
when to＋動詞の原形～	いつ～したらよいか
where to＋動詞の原形～	どこで[へ]～したらよいか
what＋名詞＋to＋動詞の原形～	何の…を～したらよいか
which＋名詞＋to＋動詞の原形～	どちらの[どの]…を～したらよいか

I know **how to play** *igo*.　　私は囲碁の仕方を知っています。
　　〈how to＋動詞の原形〉

I know **what to do** for you.　　私はあなたに何をしたらよいかを知っています。
　　〈what to＋動詞の原形〉

② 〈look＋形容詞〉／〈become＋名詞[形容詞]〉

● 〈look＋形容詞〉：「～に見える」「～のようだ」
Naoto **looks** sad.　　ナオトは悲しそうに見えます。
　　　　　形容詞

● 〈become＋名詞[形容詞]〉：「～になる」
Eita **became** a popular writer.　　エイタは人気のある作家になりました。
　　　　　　　　名詞

Yuka **became** famous.　　ユカは有名になりました。
　　　　　　形容詞

③ 〈主語＋動詞＋人＋もの〉

● 「～(人)に…(もの)を－する」は，〈動詞＋人＋もの〉で表す。
● 〈動詞＋人＋もの〉は，〈動詞＋もの＋to[for]＋人〉に書きかえることができる。

to を使う動詞 give, tell, send, teach, show　など
　〈人＋もの〉　　I'll **give** you my racket.　　私はあなたに私のラケットをあげます。
　〈もの＋to＋人〉　I'll **give** my racket **to** you.

for を使う動詞 buy, make, cook, get　など
　〈人＋もの〉　　My aunt **bought** me a bike.　　おばは私に自転車を買ってくれました。
　〈もの＋for＋人〉　My aunt **bought** a bike **for** me.

練習

1 次の文の（　）から適する語句を選び，〇で囲みなさい。

(1) The camera (looks　looks at) very old.

(2) He made a chair (to　for) his son.

(3) John didn't know what (to write　write to).

(4) She (became　looks) a famous musician.

2 次の日本文に合うように，_____に適する語を書きなさい。

(1) アミは私たちにその写真を見せてくれました。

Ami showed _____ _____ _____ .

(2) この自転車はとてもかっこよく見えます。

This bike _____ _____ _____ .

(3) 私たちはすき焼きの作り方がわかりません。

We don't know _____ _____ _____ *sukiyaki*.

(4) お兄さんはあなたに数学を教えてくれますか。

Does your brother _____ ?

(5) どこに行けばよいのか私に教えてください。

Please tell _____ _____ to _____ .

3 次の文を（ ）内の指示にしたがって書きかえなさい。

(1) My father cooked us dinner. （6語でほぼ同じ内容の文に）

_____

(2) Tom's idea is interesting. （「～に聞こえる」という文に）

_____

(3) He didn't know what to study. （「何の科目を勉強すればよいのか」という文に）

_____

4 〔 〕内の語句を並べかえて，日本文に合う英文を書きなさい。

(1) ボブはカナダにいたとき病気になりました。

〔 sick / Bob / when / got 〕 he was in Canada.

_____ he was in Canada.

(2) アヤは彼にメールを送りませんでした。

Aya 〔 send / him / didn't / an email 〕.

Aya _____ .

(3) 彼女はいつホワイトさんに電話すればよいか知っていますか。

〔 know / call / to / when / does / she 〕 Mr. White?

_____ Mr. White?

5 （ ）内の語を使って，次の日本文を英語になおしなさい。

(1) 私たちは彼らにたくさんのオレンジをあげました。 （ a lot of，7語で）

_____

(2) その少年はおなかがすいているように見えました。 （ hungry ）

_____

(3) どのドレスを着ればよいか私に教えてください。 （ tell，dress，6語で）

_____

解答 p.27

ステージ 1 **Power-Up 3** レストランで食事をしよう 読 聞 書 話

📖 **教科書の 要点** レストランで使う表現 ♪ a19

How many in your party? — **Three.**
　何人〜　　　　　　　　　一行，一団　　人数を答える

何名様でしょうか。　　　　　　　— 3人です。

要点 1 ....

●入店した際には，次のような表現がよく使われる。

店員 May I help you?　　　　　　いらっしゃいませ。
　　 Come this way.　　　　　　こちらにどうぞ。
客 　Can we have a table 〜?　〜の席は取れますか。

Are you ready to order? — **Yes. I'd like to have pizza.**
　　　　　準備ができた　注文する　　　〜をいただきたいのですが ←ていねいな依頼

ご注文はお決まりですか。　　　　— はい。ピザをいただきたいです。

要点 2 ....

●注文する際には，次のような表現がよく使われる。

店員 Are you ready to order?　　　ご注文はお決まりですか。
　　 Anything else?　　　　　　　他に何かございますか。
　　 How would you like 〜?　　　〜はいかがなさいますか。
　　 Would you like 〜?　　　　　〜はいかがでしょうか。
客 　What do you recommend?　　お勧めは何ですか。
　　 I'd like to have 〜. / I'll have 〜.　〜をいただきたいのですが。/ 〜をお願いします。

Words チェック 次の英語は日本語に，日本語は英語になおしなさい。

□(1) recommend 　　（　　　　　　　）　　□(2) 注文する 　＿＿＿＿＿＿＿

1 絵を見て空所に入る適切な文を1つずつ選び，記号で答えなさい。

ア　What do you recommend?　　イ　May I help you?　　　(1) (　　)
ウ　Are you ready to order?　　　エ　It tastes good.　　　 (2) (　　)
オ　That'll be $5.30, please.　　　カ　That's all.　　　　　(3) (　　)

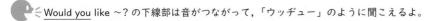
Would you like 〜? の下線部は音がつながって，「ウッヂュー」のように聞こえるよ。

2 次のレストランでの対話が成り立つように＿＿に適する語を書きなさい。

(1) A: ＿＿＿＿＿＿＿ ＿＿＿＿＿＿＿ in your party?

　　B: Four.

(2) A: Are you ＿＿＿＿＿＿ to order?

　　B: Yes. I'll ＿＿＿＿＿＿ a cup of coffee.

(3) A: ＿＿＿＿＿＿ we ＿＿＿＿＿＿ a table with a great view?

　　B: Sure.

(4) A: ＿＿＿＿＿＿ else?

　　B: That's ＿＿＿＿＿＿ for now.

表現メモ

「〜をお願いします」
「〜をください」
① I'd like to have 〜.
② I'd like 〜, please.
③ I'll have 〜, please.
④〜, please.
※①，②がていねいな言い方。④がもっとも軽い感じの言い方。

3 〔 〕内の語を並べかえて，日本文に合う英文を書きなさい。

(1) 飲み物はいかがですか。

〔 you / to / would / like / something 〕 drink?

＿＿＿＿＿＿＿＿＿＿＿＿＿＿＿＿ drink?

(2) たまごはどうなさいますか。

〔 like / how / you / would 〕 your eggs?

＿＿＿＿＿＿＿＿＿＿＿＿＿＿＿＿ your eggs?

(3) 2人で分けたいです。どのくらいの大きさですか。

〔 like / share / we'd / to 〕. How big is this?

＿＿＿＿＿＿＿＿＿＿＿＿＿＿. How big is this?

ミス注意

something と anything
● something
　主に肯定文で使う。
● anything
　主に疑問文・否定文で使う。
※ただし，疑問文でも Yes の答えを期待したり，勧誘や依頼をしたりする場合は something を使う。

4 次の日本文に合うように，＿＿に適する語を書きなさい。

(1) こんにちは，グリーンさん。

＿＿＿＿＿＿ ＿＿＿＿＿＿, Mr. Green.

(2) 暖かいタオルはいかがですか。

＿＿＿＿＿＿ you ＿＿＿＿＿＿ a warm towel?

(3) こちらにどうぞ。

Come ＿＿＿＿＿＿ ＿＿＿＿＿＿, please.

WRITING Plus 🖊

次のようなとき何と言いますか。英語で書きなさい。

(1) あなたがレストランの店員で，店に入ってきた客に人数をたずねるとき。

＿＿＿＿＿＿＿＿＿＿＿＿＿＿＿＿＿＿＿＿＿＿＿＿＿

(2) あなたがレストランの客で，店員にその店のお勧めをたずねるとき。

＿＿＿＿＿＿＿＿＿＿＿＿＿＿＿＿＿＿＿＿＿＿＿＿＿

Power-Up 3

解答　p.28

PROGRAM 5 〜 Power-Up 3

読 聞
書 話

1 LISTENING 対話を聞いて, 図書館の位置として適する絵を１つ選び, 記号で答えなさい。

♪ l09

ア	イ	ウ	エ

(　　　)

2 次の文の( )内から適する語句を選び, ○で囲みなさい。

(1) Mr. White teaches (math them　them math).

(2) Your dog (looks　looks like) a fox.

(3) Please tell me when (for　to) leave Tokyo.

(4) My aunt made a cute bag (to　for) me.

3 〔 〕内の語句を並べかえて, 日本文に合う英文を書きなさい。

(1) 彼らは次に何をすればよいかわかりませんでした。
They didn't 〔 next / to / know / do / what 〕.
They didn't _____.

(2) (レストランで)何名様ですか。
〔 many / your / how / in 〕 party?
_____ party?

(3) 私は彼にいくつかの質問をしました。
I 〔 *asked / some questions / him 〕.　　　*ask：たずねる
I _____.

4 次の日本文に合うように, ____ に適する語を書きなさい。

(1) 彼は数学が得意です。
He _____ _____ math.

(2) こんばんは, カイト。
_____, Kaito.

(3) 再びモエに会えて私はうれしかったです。
I was _____ _____ meet Moe again.

(4) 来年, カナダを訪れたいのですが。
_____ _____ to visit Canada next year.

(5) ご注文はお決まりですか。
Are you _____ to _____?

重要ポイント

2

テストに◎出る!
(1)「〜(人)に…(もの)を―する」
→〈動詞＋人＋もの〉の形で表す。

得点力をUP
〈もの＋to[for]＋人〉への書きかえ
● to を使う動詞
give, tell, send, teach, show など
● for を使う動詞
buy, make, cook, get など

3 (1)〈動詞＋疑問詞＋to＋動詞の原形 〜〉の形にする。
(2)数をたずねるときに使う表現は?
(3)前置詞がないので, 〈動詞＋人＋もの〉の語順。

4 (1)前置詞のあとに動名詞がくる形。
(2)「おはよう」「こんにちは」も確認しておこう。
(4) want to 〜よりていねいでひかえめな表現。

5 次の対話文を読んで，あとの問いに答えなさい。

Daniel : I placed many goods on the shelves. ①I learned how to do it well. But I dropped a pack of eggs on the floor ②(誤って).

Mao : Oh, no!

Daniel : ③( )( ) blamed me, but ④〔about / forget / it / couldn't / I〕all day.

Mao : ⑤It's OK. We all make mistakes.

(1) 下線部①の内容を表すように，（　）に適する日本語を書きなさい。
　私は，たなの上に上手に（　　　　　　　　　　　　　　　　　　　）
　を学びました。

(2) 下線部②を英語になおしなさい。　＿＿＿＿＿＿＿＿

(3) 下線部③が「だれも私を責めませんでした」という意味になるように，（　）に適する英語を書きなさい。

　＿＿＿＿＿＿＿　＿＿＿＿＿＿＿

(4) 下線部④の〔　〕内の語を並べかえて，意味の通る英文にしなさい。

　＿＿＿＿＿＿＿＿＿＿＿＿＿＿＿＿＿＿ all day.

(5) 真央が下線部⑤のように言ったのはなぜですか。（　）に適する日本語を書きなさい。
　私たちはみんな（　　　　　　　　　　　　　　　　　）から。

6 次の文を（　）内の指示にしたがって書きかえなさい。

(1) She showed us her guitar. （6語でほぼ同じ内容の文に）

　＿＿＿＿＿＿＿＿＿＿＿＿＿＿＿＿＿＿

(2) He was a soccer player. （「サッカー選手になった」という文に）

　＿＿＿＿＿＿＿＿＿＿＿＿＿＿＿＿＿＿

(3) When should he start? He doesn't know that.
　（6語でほぼ同じ内容の1文に）

　＿＿＿＿＿＿＿＿＿＿＿＿＿＿＿＿＿＿

7 次の日本文を英語になおしなさい。

(1) あなたのおかあさんは若く見えます。

　＿＿＿＿＿＿＿＿＿＿＿＿＿＿＿＿＿＿

(2) 兄は私に彼のカメラをくれました。　（前置詞を使わずに）

　＿＿＿＿＿＿＿＿＿＿＿＿＿＿＿＿＿＿

レベル UP (3) この本をどこに置けばよいか教えてくれますか。（canを使って）

　＿＿＿＿＿＿＿＿＿＿＿＿＿＿＿＿＿＿

重要ポイント

5 (1)直前の文を参照。
(2)冠詞（a〔an〕など）がつかないことに注意。

得点力を UP

no の使い方
〈no＋名詞〉で「1人〔1つ〕も～ない」。
(例)
I have no money with me.（お金をまったく持っていません）
＝I don't have any money with me.

(4) could は can の過去形。
(5)直後の文参照。

6 (1)使う前置詞に注意。
(2)「～になる」の「～」(＝サッカー選手)が名詞であることに注意。
(3)「いつ出発したらよいかわからない」という〈疑問詞＋to＋動詞の原形〉を使った文にする。

7 (1)主語が三人称単数であることに注意。
(3)〈Can you＋動詞の原形～?〉の形にする。

PROGRAM 5 ～ Power-Up 3

ちょっと **BREAK** 映画，コンサートの観客は audience。では，スポーツの観客は？　→答えは次のページ

解答 ▶ p.28

実力判定テスト　ステージ3　PROGRAM 5 〜 Power-Up 3　30分　/100　読聞書話

🎧 **1** LISTENING　対話と質問を聞いて，その答えとして適するものを１つずつ選び，記号で答えなさい。

♪ 110　3点×3(9点)

(1)　ア　Yes.　She was sad.　　　　イ　No.　She was sad.

　　ウ　Yes.　She was happy.　　　エ　No.　She was happy.　　　　　（　　　）

(2)　ア　Mr. Brown.　イ　Miki's sister.　ウ　Miki's parents.　エ　Miki's brother.

　　　　　　　　　　　　　　　　　　　　　　　　　　　　　　　　（　　　）

(3)　ア　July 6.　　　　イ　July 7.　　　　ウ　June 6.　　　　エ　June 7.　（　　　）

2 次の日本文に合うように，＿＿＿に適する語を書きなさい。　　3点×5(15点)

(1)　私のコンピュータにはいくつかの楽しいゲームがあることに気づきました。

　　I ＿＿＿＿＿＿＿ ＿＿＿＿＿＿＿ that my computer has some fun games.

(2)　どうして何度も同じ質問をするのですか。

　　Why do you ask the same questions ＿＿＿＿＿＿＿ ＿＿＿＿＿＿＿?

(3)　おとうさんが新しい自転車を買ってくれました。― よかったですね。

　　Dad got me a new bike. ― ＿＿＿＿＿＿＿ ＿＿＿＿＿＿＿ ＿＿＿＿＿＿＿.

(4)　彼らは歩いて山を登り，星を見ました。

　　They ＿＿＿＿＿＿＿ ＿＿＿＿＿＿＿ the mountain and looked at the stars.

(5)　コーヒーを一杯いかがですか。

　　＿＿＿＿＿＿＿ ＿＿＿＿＿＿＿ ＿＿＿＿＿＿＿ a cup of coffee?

3 各組の文がほぼ同じ内容を表すように，＿＿＿に適する語を書きなさい。　3点×2(6点)

(1)　{ He showed me the map.
　　{ He showed the map ＿＿＿＿＿＿＿ ＿＿＿＿＿＿＿.

UP (2)　{ Can you use this machine?
　　{ Do you know ＿＿＿＿＿＿＿ ＿＿＿＿＿＿＿ ＿＿＿＿＿＿＿ this machine?

4 〔　〕内の語句を並べかえて，日本文に合う英文を書きなさい。　5点×3(15点)

UP (1)　いつ彼に会えばよいのかについて話し合いましょう。

　　Let's 〔 about / him / when / meet / to / talk 〕.

　　Let's ＿＿＿＿＿＿＿＿＿＿＿＿＿＿＿＿＿＿＿＿＿.

(2)　(レストランで)窓の近くの席はありますか。

　　〔 have / can / by / we / a table 〕 the window?

　　＿＿＿＿＿＿＿＿＿＿＿＿＿＿＿＿ the window?

(3)　私の息子は警察官になりませんでした。

　　〔 did / a police officer / not / my son / become 〕.

ちょっとBREAKの答え　スポーツの観客は spectator [spékteitər] と言います。

目標
● 〈疑問詞＋不定詞〉の使い方を理解する。
● 〈look＋形容詞〉，〈主語＋動詞＋人＋もの〉などの文を理解する。

自分の得点まで色をぬろう！

😫がんばろう　😓もう一歩　😊合格！
0　　　　　　　　　60　　80　100点

5 次の対話文を読んで，あとの問いに答えなさい。 (計30点)

Daniel : What do you remember the ①(much)?

Mao : Well, I saw an old man in the waiting room.　He looked lonely.　So ②I decided to speak to him.

Daniel : ③(彼に話しかけたの)？　What did you talk about?

Mao : ④I just tried to be a good listener.　⑤He looked 〔 was / very / while / he / happy 〕 talking.

Daniel : You did a good job.

Mao : Thanks.　I learned that to take action was important.

(1) ①の( )内の語を適する形にかえなさい。 (3点) _____

(2) 下線部②の理由を表すように，( )に適する日本語を書きなさい。 (5点)
待合室で見かけた(　　　　　)が(　　　　　　)に見えたから。

(3) 下線部③を英語になおしなさい。　You _____? (4点)

(4) 下線部④を日本語になおしなさい。 (5点)
(　　　　　　　　　　　　　　　　　　　　　　　　)

(5) 下線部⑤の〔 〕内の語を並べかえて，意味の通る英文にしなさい。 (6点)
He looked _____ talking.

(6) この対話文から，真央が職場体験で学んだことは何ですか。( )に適する日本語を書きなさい。 (　　　　　　)ことが(　　　　　　)であるということ。 (7点)

6 ( )内の語を参考に，次の日本文を英語になおしなさい。(1)は7語で書くこと。

(1) 私たちはたこ焼きの作り方を彼らに教えました。　(teach, make) 5点×3(15点)

(2) 彼女は昨日，疲れているように見えました。　(tired)

(3) 私は何語を勉強すればよいのかわかりません。　(language)

7 次のようなとき何と言いますか。( )内の指示にしたがい英語で書きなさい。5点×2(10点)

(1) だれが相手にその花をあげたのか相手にたずねるとき。　(the flowers を使い5語で)

(2) 出された料理について，それは味がとてもよかったと相手に言うとき。
(tasted を使い4語で)

  **PROGRAM 6** Live Life in True Harmony ① 読聞書話

解答 p.29

教科書の 要点 「〜され(てい)る」・「〜され(てい)た」 ♪ a20

be 動詞は主語と時に合わせる

This chocolate **is made** in Hokkaido.　I think fresh cream **is used**.

be 動詞＋過去分詞 →「〜され(てい)る」　　　　　　be 動詞＋過去分詞

このチョコレートは北海道で作られています。　　生クリームが使われていると思います。

要点

● 「〜され(てい)る」は，〈am[is, are]＋過去分詞〉で表す。この形を受け身という。

These cars <u>are washed</u> every Sunday.　　これらの車は毎週日曜日に洗われます。

〈am[is, are]＋過去分詞〉←「〜され(てい)る」

● 「〜され(てい)た」という過去の受け身は，〈was[were]＋過去分詞〉で表す。

These cars <u>were washed</u> last Sunday.　　これらの車はこの前の日曜日に洗われました。

〈was[were]＋過去分詞〉←「〜され(てい)た」

Wordsチェック 次の英語は日本語に，日本語は英語になおしなさい。

- □(1) issue 　（　　　　　）
- □(2) political 　（　　　　　）
- □(3) tackle 　（　　　　　）
- □(4) 台所，キッチン 　_____
- □(5) 売る 　_____
- □(6) 〜を通して 　_____

1 次の動詞の①過去形，②過去分詞を書きなさい。

(1) listen ① _____ ② _____

(2) love ① _____ ② _____

(3) carry ① _____ ② _____

(4) buy ① _____ ② _____

ここがポイント

過去分詞

● 規則動詞
過去形と過去分詞は同じ。
原形に(e)dをつける。

● 不規則動詞
過去形と同じものも違うものもある。

2 絵を見て例にならい，「…は〜されます」の文を完成させなさい。

clean

play

use

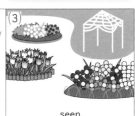
seen

例　This room is cleaned every day.

(1) Soccer _____ _____ in many countries.

(2) This computer _____ _____ at my school.

(3) A lot of flowers _____ in the park.

ea は，clean や eat のような[iː]のほか，breakfast のように[e]と発音することもあるよ。

③ 下線部に注意して，次の英文を日本語になおしなさい。

(1) His *manga* is loved in Canada.

彼のマンガはカナダで（　　　　　　　　　　　　　　　　　）。

(2) The book was written 50 years ago.

その本は 50 年前に（　　　　　　　　　　　　　　　　　）。

④ （　）内の語を参考に，次の日本文に合うように，　　に適する語を書きなさい。

(1) 夕食はこの部屋で料理されます。　（ cook ）

Dinner ＿＿＿＿＿＿ ＿＿＿＿＿＿ in this room.

(2) これらの店は 8 時に閉められます。　（ close ）

These shops ＿＿＿＿＿＿ ＿＿＿＿＿＿ at eight.

(3) この学校では日本語が勉強されていました。　（ study ）

Japanese ＿＿＿＿＿＿＿＿＿＿＿＿ at this school.

(4) これらの絵は 2020 年に描かれました。　（ paint ）

These pictures ＿＿＿＿＿＿ ＿＿＿＿＿＿ in 2020.

⑤ 〔　〕内の語句を並べかえて，日本文に合う英文を書きなさい。

(1) この歌は毎朝，歌われます。

〔 is / this song / sung 〕 every morning.

＿＿＿＿＿＿＿＿＿＿＿＿＿＿＿ every morning.

(2) 理科と数学がそこで教えられています。

〔 science / taught / are / and math 〕 there.

＿＿＿＿＿＿＿＿＿＿＿＿＿＿＿ there.

(3) その木琴はロンドンから持ってこられました。

〔 brought / the xylophone / was 〕 from London.

＿＿＿＿＿＿＿＿＿＿＿＿＿＿＿ from London.

(4) これらの本はインターネットで売られていました。

〔 were / sold / these books 〕 on the internet.

＿＿＿＿＿＿＿＿＿＿＿＿＿＿＿ on the internet.

⑥ 次の日本文に合うように，　　に適する語を書きなさい。

(1) あの料理長は世界じゅうで有名です。

That chef is famous ＿＿＿＿＿＿ ＿＿＿＿＿＿ the world.

(2) 彼は歴史を学ぶことに興味を持っています。

He is ＿＿＿＿＿＿ ＿＿＿＿＿＿ learning history.

(3) 彼女が電話してきたとき，私はテレビを見ていました。

I was watching TV ＿＿＿＿＿＿＿＿＿＿ called me.

 ステージ **1**　 **PROGRAM 6** Live Life in True Harmony ② 〜

Word Web 4 いろいろな前置詞

 解答　p.30

読 聞 書 話

📖 教科書の **要点**　「〜されません」「〜されますか」/「〜に知られている」など 🎵 a21

The temple **was built** <u>by Ashikaga Yoshimitsu.</u>　その寺は足利義満によって建てられました。

Was the temple ⬭ built <u>by Ashikaga Yoshimitsu?</u>　その寺は足利義満によって建てられたのですか。

└ by 〜 → 「〜によって」

要点 1

● 受け身の否定文は，be 動詞のあとに not を置く。

● 受け身の疑問文は，主語の前に be 動詞を出す。答えるときも，be 動詞を使う。

　否定文　The car is |not| washed on Sundays.　　その車は日曜日は洗われません。

　疑問文　|Is| the car washed　on Sundays?　　その車は日曜日は洗われますか。

●「〜によって」と，行為者を示すときは，by 〜 で表す。

　The car is washed **by** John.　　その車はジョンによって洗われます。

Shirakawago **is known to** people around the world.

└ be known to … → 「…に知られている」　　白川郷は世界じゅうの人々に知られています。

All the houses **are covered with** snow.　　すべての家々が雪でおおわれています。

└ be covered with … → 「…でおおわれている」

要点 2

●「…に知られている」は，〈be 動詞＋known to …〉で表す。

●「…でおおわれている」は，〈be 動詞＋covered with …〉で表す。

プラス　「〜で[から]できている」は，〈be 動詞＋made of[from] …〉で表す。

　The house is made **of** wood.　　その家は木でできています。

　　　　　　　└ 材料：見て何でできているかわかるとき

　Cheese is made **from** milk.　　チーズは牛乳からできています。

　　　　　　　└ 原料：見て何でできているかわからないとき

Words チェック　次の英語は日本語に，日本語は英語になおしなさい。

□(1)　influence　　　（　　　　　　　）　□(2)　respect（名詞）（　　　　　　　）

□(3)　休日　　　＿＿＿＿＿＿＿＿　□(4)　たたかう　　　＿＿＿＿＿＿＿＿

1 次の文を（　）内の指示にしたがって書きかえるとき，＿＿に適する語を書きなさい。

(1)　Korean is studied at the school. （否定文に）

　Korean ＿＿＿＿＿＿ ＿＿＿＿＿＿ studied at the school.

(2)　The house was built ten years ago. （疑問文に）

　＿＿＿＿＿＿ the house ＿＿＿＿＿＿ ten years ago?

(3)　He painted the picture. （受け身の文に）

　The picture was painted ＿＿＿＿＿＿＿＿＿＿.

ミス注意

by のあとの代名詞
by のあとが代名詞の場合，「〜を[に]」の形（目的格）を使う。

🐢 built は[bilt]と発音することに注意してね。原形の build も[bild]で下線部は[i]と発音するよ。

2 ( )内の語を参考に，次の日本文に合うように， に適する語を書きなさい。

(1) 彼女の名前は多くの子どもたちに知られています。 （ know ）

Her name is ＿＿＿＿＿＿ ＿＿＿＿＿＿ many children.

(2) その山は雪でおおわれていました。 （ cover ）

The mountain was ＿＿＿＿＿＿ ＿＿＿＿＿＿ snow.

(3) あの指輪は金でできています。 （ make ）   *gold：金

That ring is ＿＿＿＿＿＿ ＿＿＿＿＿＿ *gold.

(4) 豆腐は大豆から作られます。 （ make ）

Tofu is ＿＿＿＿＿＿ ＿＿＿＿＿＿ soybeans.

ミス注意

be made of[from] ～

●材料：見て何でできているかわかるとき
→ of
●原料：素材が変化して，何でできているかわからないとき
→ from

3 〔 〕内の語句を並べかえて，日本文に合う英文を書きなさい。

(1) その本は若者に愛されているのですか。

〔 the book / by / loved / is 〕 young people?

＿＿＿＿＿＿＿＿＿＿＿＿＿＿＿＿ young people?

(2) これらの部屋は水曜日は使われません。

〔 are / these rooms / used / not 〕 on Wednesdays.

＿＿＿＿＿＿＿＿＿＿＿＿＿＿＿＿ on Wednesdays.

(3) その本はいつ書かれたのですか。

〔 was / the book / written / when 〕?

＿＿＿＿＿＿＿＿＿＿＿＿＿＿＿＿

ここが ポイント

●受け身の否定文
be 動詞のあとに not を置く。
●受け身の疑問文
be 動詞を主語の前に出す。

ここが ポイント

疑問詞を使った受け身の疑問文
①疑問詞を文の初めに。
②そのあとに，疑問文の語順を続ける。
↓
〈疑問詞＋be 動詞＋主語＋過去分詞 ～?〉の形。

4 次の日本文に合うように， に適する語を書きなさい。

(1) 私たちは来年，会社を設立するつもりです。

We'll ＿＿＿＿＿＿ ＿＿＿＿＿＿ our company next year.

(2) 彼はよりよい世界を求めてたたかいました。

He ＿＿＿＿＿＿ ＿＿＿＿＿＿ a better world.

(3) 何百万人もの人々が毎年，ロンドンを訪れます。

＿＿＿＿＿＿ ＿＿＿＿＿＿ people visit London every year.

(4) 失敗を恐れるべきではありません。

You shouldn't be ＿＿＿＿＿＿ ＿＿＿＿＿＿ failure.

5 ( )内の日本語を参考に， に適する語を書きなさい。

(1) ＿＿＿＿＿＿ the river （川に沿って）

(2) ＿＿＿＿＿＿ the lake （湖のまわりで）

(3) ＿＿＿＿＿＿ the two countries （２つの国の間で）

(4) ＿＿＿＿＿＿ ＿＿＿＿＿＿ of the station （駅の前で）

(5) ＿＿＿＿＿＿ ＿＿＿＿＿＿ the window （窓から外へ）

思い出そう

前置詞の用法
●動詞を説明
I play tennis in the park.（公園で→する）
●名詞を説明
The girl by the door is my sister.
（ドアのそばの→少女）

PROGRAM 6 ～ Word Web 4

解答▶ p.30

読 聞
書 話

ま と め

① 受け身の文

● 「~され（てい）る」は，〈be 動詞＋過去分詞〉で表す。

● be 動詞は主語や時によって使い分ける。

現在　Baseball **is played** there.　　　　そこでは野球がプレーされています。
　　　└〈am [are / is] ＋過去分詞〉→「~され（てい）る」

過去　Baseball **was played** there.　　　　そこでは野球がプレーされていました。
　　　└〈was [were] ＋過去分詞〉→「~され（てい）た」

● 「~によって」と，行為者を示すときは，**by** ~ で表す。

"Yesterday" was sung **by the Beatles**.　　「イエスタデイ」はビートルズによって歌われました。

② 受け身の否定文・疑問文

● 否定文は，be 動詞のあとに not を置く。

● 疑問文は，主語の前に be 動詞を出す。答えるときも，be 動詞を使う。

肯定文　Baseball **is** 　　played there.　　そこでは野球がプレーされています。
否定文　Baseball **isn't** played there.　　そこでは野球がプレーされていません。
疑問文　**Is** baseball 　　played there?　　そこでは野球がプレーされていますか。
　　　　— Yes, it **is**. / No, it **isn't**.　　はい，されています。/ いいえ，されていません。

③ by 以外の前置詞を使う重要表現

● **be known to** ~：「~に知られている」

Asakusa **is known to** many people in the world.　　浅草は世界の多くの人々に知られています。

● **be covered with** ~：「~におおわれている」

The mountains **were covered with** a lot of snow.　　その山々は多くの雪でおおわれていました。

● **be made of [from]** ~：「~で [から] できている」

This T-shirt **is made of** cotton.　　　　このTシャツは綿でできています。
　　　　　　　└材料：見て何でできているかわかるとき

Sake **is made from** rice.　　　　　　　酒は米からできています。
　　　　　　└原料：素材が変化して，何でできているかわからないとき

練 習

1 次の文の（　）内の語句のうち，適するほうを〇で囲みなさい。

(1) These singers (is 　　are) loved in Australia.

(2) The picture (is 　　was) painted three years ago.

(3) Bill is (practicing 　　practiced) *kendo* now.

(4) The windows (didn't 　　weren't) opened by Jack.

(5) (Does 　　Is) dinner cooked by your sister?

(6) This juice is made (of 　　from) apples.

2 次の日本文に合うように，_____ に適する語を書きなさい。

(1) その本は韓国で読まれています。
The book _____ _____ in Korea.

(2) この歌はスティービー・ワンダーによって歌われました。
This song _____ _____ _____ Stevie Wonder.

(3) これらの教室は，週末は掃除されません。
These classrooms _____ _____ on weekends.

(4) その家は雪でおおわれていましたか。
_____ the house _____ snow?

(5) その車はいつ洗われましたか。
_____ _____ the car _____ ?

3 次の文を（ ）内の指示にしたがって書きかえなさい。

(1) The man helped us.（受け身の文に）

(2) Math is studied by Ayaka.（文末に last night をつけて）

(3) Many people play basketball there.（basketball を主語にしてほぼ同じ内容の文に）

4 〔 〕内の語句を並べかえて，日本文に合う英文を書きなさい。

(1) この鳥は九州で見られます。
〔 seen / this bird / is 〕in Kyushu.
_____ in Kyushu.

(2) そのコンピュータは日本から持ってこられたのですか。
〔 the computer / brought / was 〕from Japan?
_____ from Japan?

(3) あの店ではジャガイモは売られていません。
〔 are / potatoes / sold / not 〕at that store.
_____ at that store.

5 次の日本文を，受け身を使って英語になおしなさい。

(1) この本はやさしい英語で書かれています。

(2) これらの部屋はこの前の土曜日は使われませんでした。（6語で）

(3) そのノートはこの机の上に置かれたのですか。— はい，そうです。

解答　p.31

Reading 2　Friendship beyond Time and Borders　読聞書話

●次の英文を読み，あとの問いに答えなさい。

　　Almost 130 years ago, a Turkish ship (　①　) to Japan on a goodwill mission. However, ②(　　　) the (　　　) (　　　) to Turkey, the ship met a strong typhoon.　③It sank off the coast of Wakayama, and 587 people died.

　　People in a nearby fishing village(　④　) 69 survivors.　⑦They didn't understand Turkish.　They didn't have enough food.　But ⑤they gave their last chickens to the survivors.　④They also buried the dead respectfully.

　　After ⑥that, the survivors stayed in a hospital in Kobe for about a month.　Then ⑦they (　⑦　) for home on two Japanese ships.

5

10

Question

(1) ①，④，⑦の(　)に適する語を，下から選んで答えなさい。ただし，必要があれば適する形(1語)にかえること。〔leave　rescue　come〕
　　① ＿＿＿＿＿　④ ＿＿＿＿＿　⑦ ＿＿＿＿＿

(2) 下線部②が「トルコに帰る途中」という意味になるように，(　)に適する語を書きなさい。
　　＿＿＿＿＿ the ＿＿＿＿＿ ＿＿＿＿＿ to Turkey

(3) 下線部③の理由になるように，(　)に適する日本語を書きなさい。
　　彼らの船が(　　　　　　　　)に遭遇したから。

(4) 下線部⑦～⑦の they のうち，指す内容の異なるものを1つ選び，記号で答えなさい。
　　　　　　　　　　　　　　　　　　　　　　　　(　　　)

(5) 下線部⑤とほぼ同じ内容を表す文を7語で書きなさい。

(6) 下線部⑥の内容を表すように，(　)に適する日本語を書きなさい。
　　近くの漁村の人々は(①　　　　　　)が理解できず，十分な(②　　　　　)もなかったが，トルコ人生存者に最後の(③　　　　　)をあげ，(④　　　　　)をうやうやしく埋葬した。

(7) トルコの船は何のために日本に来ましたか。（　）に適する日本語を書きなさい。

（　　　　　　　　　　　　　）使節として日本に来た。

(8) 本文と質問の答えに合うように，＿＿＿に適する語を書きなさい。

How long did the Turkish survivors stay in a hospital in Kobe?

— For about ＿＿＿＿＿＿ ＿＿＿＿＿＿.

Word Box BIG

1 次の英語は日本語に，日本語は英語になおしなさい。

(1) coast （　　　　　） (2) above （　　　　　）
(3) hit （　　　　　） (4) ambassador （　　　　　）
(5) former （　　　　　） (6) border （　　　　　）
(7) eastern （　　　　　） (8) between （　　　　　）
(9) 着陸する ＿＿＿＿＿ (10) 空港 ＿＿＿＿＿
(11) send の過去形 ＿＿＿＿＿ (12) 突然，急に ＿＿＿＿＿
(13) fly の過去形 ＿＿＿＿＿ (14) 地震 ＿＿＿＿＿
(15) 続ける ＿＿＿＿＿ (16) 帰る，もどる ＿＿＿＿＿

2 次の日本文に合うように，＿＿＿に適する語を書きなさい。

(1) 子どものころ，彼女の国は戦争中でした。

When she was a child, her country was ＿＿＿＿＿ ＿＿＿＿＿.

(2) 彼の飛行機が昨夜，撃ち落されました。

His plane was ＿＿＿＿＿ ＿＿＿＿＿ last night.

(3) 生徒たちは次々とスピーチをしました。

The students gave speeches ＿＿＿＿＿ ＿＿＿＿＿ ＿＿＿＿＿.

(4) 時間はどう？ — 不足しそうだよ。急いで！

How is the time? — It's ＿＿＿＿＿ ＿＿＿＿＿. Hurry!

(5) 雨が降っていたので，彼女は花火が見られませんでした。

It was raining, so she ＿＿＿＿＿ ＿＿＿＿＿ the fireworks.

(6) これらの果物は，亡くなった方々へのお供え物です。

These fruits are gifts for ＿＿＿＿＿ ＿＿＿＿＿.

(7) 夕食後にお祭りに出発しよう。

Let's ＿＿＿＿＿ ＿＿＿＿＿ the festival after dinner.

(8) 今度は，私はハンバーガーを2つ食べるね！

＿＿＿＿＿ ＿＿＿＿＿, I'll have two hamburgers!

(9) 私たちは高校時代におたがいに助け合いました。

We ＿＿＿＿＿ ＿＿＿＿＿ ＿＿＿＿＿ in high school.

解答　p.31

定着のワーク　ステージ2　PROGRAM 6 〜 Word Web 4　読 聞 書 話

1 LISTENING 英文を聞いて，内容に合う絵を1つ選び，記号で答えなさい。　♪ l11

ア 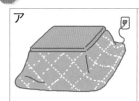　イ 　ウ 　エ

（　　　　）

よく出る **2** 次の文の（ ）内から適する語を選び，○で囲みなさい。

(1) Soccer is (playing　　played) in many countries.

(2) The pictures (are　　were) painted in 1890.

(3) (Is　　Did) the classroom cleaned by the students?

(4) Butter is made (from　　of) milk.

3 〔 〕内の語句を並べかえて，日本文に合う英文を書きなさい。

(1) 私たちはおじに愛されています。

We〔 our uncle / loved / are / by 〕.

We _____ .

(2) その窓は昨夜，閉められませんでした。

〔 was / the window / closed / not 〕 last night.

_____ last night.

(3) この店では日本のカメラが売られていますか。

〔 sold / Japanese cameras / are 〕 at this store?

_____ at this store?

4 次の日本文に合うように，　　に適する語を書きなさい。

(1) 彼女の本は世界じゅうで読まれています。

Her books are read _____ _____ the world.

(2) あなたがたはいつそのクラブを設立したのですか。

When did you _____ the club?

(3) その少年たちはおたがいによくけんかをします。

The boys often fight with _____ _____ .

(4) 間違えることを恐れないで。

Don't be _____ _____ making mistakes.

(5) 昨日は，一日中雨が降り続きました。

It _____ all day yesterday.

重要ポイント

2 (1)現在進行形も受け身も be 動詞を使うので混同しないように注意。

(2) in 1890「1890年に」に着目。

(4)

テストに出る!

●材料：見て何でできているかわかるとき
→ be made of 〜

●原料：素材が変化して，何でできているかわからないとき
→ be made from 〜

3 (1)「おじに」は「おじによって」と考える。

(2)受け身の否定文は be 動詞のあとに not を置く。

(3)疑問文は be 動詞を主語の前に出す。

4 (3)代名詞 each を使う表現。

(4)前置詞のあとの動詞は動名詞（動詞の -ing 形）であることも確認しておこう。

(5)空所の数から〈動詞＋動詞の -ing 形〉で表す。

5 次の英文を読んで，あとの問いに答えなさい。

Mandela ①(　　　)(　　　)(　　　) people as a black rights leader in South Africa.　②[locked / he / in jail / was] for 27 years.　Later, he became the first black president of the country.

Stevie once said, "We can and must live life in true harmony."　Today his songs are ③(sing) by ④(　　　) (　　　) people around the world.

(1) 下線部①が「人々に知られていた」という意味になるように，(　)に適する語を書きなさい。

_____

(2) 下線部②の〔　〕内の語句を並べかえて，「彼は 27 年間，刑務所に閉じ込められていました。」という意味の英文にしなさい。

_____ for 27 years.

(3) ③の語を適する形にかえなさい。　_____

(4) 下線部④が「何百万人もの人々」という意味になるように，(　)に適する語を書きなさい。_____ _____ people

(5) スティービーは，自分たちが何ができ，何をしなければならないと言いましたか。(　)に適する日本語を書きなさい。

本当の(　　　　　　　)の中で(　　　　　　　)こと。

6 次の文を(　)内の指示にしたがって書きかえなさい。

よく出る (1) A lot of tourists visit Kanazawa.　（受け身の文に）

_____

(2) Many stars are seen from here.　（文末に last night を置いて）

_____

(3) The door was opened at ten.　（疑問文に）

_____

7 (　)内の語を使って，次の日本文を英語になおしなさい。

(1) これらの車は，日曜日は使われません。　(on)

_____

(2) 道路は雪でおおわれていました。　(road)

_____

レベルUP (3) その寺はいつ建てられたのですか。　(temple)

_____

PROGRAM 6 ～ Word Web 4

ちょっとBREAK　E メールの省略語で IC は I see. です。では TX の意味は？　　➡答えは次のページ

解答　p.32

実力判定テスト　ステージ3　PROGRAM 6 〜 Word Web 4　30分　/100　読 聞 書 話

1 LISTENING　対話と質問を聞いて，その答えとして適するものを1つずつ選び，記号で答えなさい。　♪ l12　3点×3(9点)

(1)　ア　Miki did.　イ　Daniel did.　ウ　Miki's uncle did.　エ　Miki's sister did.

（　　　）

(2)　ア　Yes, she does.　　　　　イ　No, she doesn't.

　　　ウ　Yes, she is.　　　　　エ　No, she isn't.　　　（　　　）

(3)　ア　Every Thursday.　　　　イ　Every Tuesday.

　　　ウ　Every Friday.　　　　　エ　Every Saturday.　　（　　　）

2 次の日本文に合うように，＿＿に適する語を書きなさい。　4点×4(16点)

(1)　彼は私たちに新しい単語の覚え方を教えてくれました。

　　　He taught us a ＿＿＿＿＿＿ ＿＿＿＿＿＿ remembering new words.

(2)　旅行客が次々とここにやって来るでしょう。

　　　Tourists will come here ＿＿＿＿＿＿ ＿＿＿＿＿＿ ＿＿＿＿＿＿.

(3)　ホワイトさんは教師として20年間働きました。

　　　Ms. White worked ＿＿＿＿＿＿ a teacher for 20 years.

(4)　彼女は偉大な発明家として知られています。

　　　She ＿＿＿＿＿＿ ＿＿＿＿＿＿ ＿＿＿＿＿＿ a great inventor.

3 各組の文がほぼ同じ内容を表すように，＿＿に適する語を書きなさい。　4点×2(8点)

(1)　{ The cars were washed by my brother.
　　　{ My brother ＿＿＿＿＿＿ ＿＿＿＿＿＿ ＿＿＿＿＿＿.

レベルUP (2)　{ This museum is 70 years old.
　　　{ This museum ＿＿＿＿＿＿ ＿＿＿＿＿＿ 70 years ago.

4 〔　〕内の語句を並べかえて，日本文に合う英文にしなさい。ただし，必要があればそれぞれ1語を適する形にかえること。　4点×3(12点)

(1)　その公園は月曜日の朝に掃除されます。

　　　〔 is / the park / on / clean 〕 Monday morning.

　　　＿＿＿＿＿＿＿＿＿＿＿＿＿＿＿ Monday morning.

(2)　韓国語はこの大学では教えられていませんでした。

　　　〔 at / not / Korean / teach / was 〕 this college.

　　　＿＿＿＿＿＿＿＿＿＿＿＿＿＿＿ this college.

(3)　これらの箱は昨日どこに置かれましたか。

　　　〔 these boxes / where / be / put 〕 yesterday?

　　　＿＿＿＿＿＿＿＿＿＿＿＿＿＿＿ yesterday?

ちょっとBREAKの答え　TX の意味は Thanks.(ありがとう)です。

目標

5 次の対話文を読んで，あとの問いに答えなさい。　　　　　　　　　　　(計25点)

Ms. Miller : Do you know the song "Happy Birthday"?

Ken : No. ①[Stevie Wonder / it / by / was / written]?

Ms. Miller : Yes, it was.　It was ②(use) to set up a national holiday for Dr. Martin Luther King, Jr.

Ken : I know his name.　He ③(　　　) (　　　) civil rights.

Ms. Miller : That's right.　④Stevie was greatly influenced by Dr. King.

(1)　下線部①の[　]内の語句を並べかえて，意味の通る英文にしなさい。　　(5点)

(2)　②の(　)内の語を適する形にかえなさい。　　＿＿＿＿＿＿＿＿　　(4点)

(3)　下線部③が「公民権のためにたたかった」という意味になるように，(　)に適する語を書きなさい。　　　　　　　　　　　　　　　　　　　　　　　　　　　　(4点)

　　＿＿＿＿＿＿＿＿　＿＿＿＿＿＿＿＿

(4)　下線部④を日本語になおしなさい。　　　　　　　　　　　　　　　　(6点)

　　(　　　　　　　　　　　　　　　　　　　　　　　　　　　　　　)

(5)　『ハッピーバースデー』という歌は何をするために使われましたか。(　)に適する日本語を書きなさい。　　　　　　　　　　　　　　　　　　　　　　　　　(6点)

　　キング牧師のための(　　　　　　　　　)を(　　　　　　　　)するため。

6 次の文を(　)内の指示にしたがって書きかえなさい。　　5点×3(15点)

(1)　Did he carry the bags?　(受け身の文に)

＿＿＿＿＿＿＿＿＿＿＿＿＿＿＿＿＿＿＿＿＿＿＿＿＿＿＿＿＿＿＿＿

(2)　This jacket is sold on the internet.　(7語で否定文に)

＿＿＿＿＿＿＿＿＿＿＿＿＿＿＿＿＿＿＿＿＿＿＿＿＿＿＿＿＿＿＿＿

(3)　The chair was made by my father.　(my father を主語にしてほぼ同じ内容の文に)

＿＿＿＿＿＿＿＿＿＿＿＿＿＿＿＿＿＿＿＿＿＿＿＿＿＿＿＿＿＿＿＿

7 (　)内の語句を使って，次の日本文を英語になおしなさい。　　5点×3(15点)

(1)　コンサートではその歌は歌われませんでした。　(the song)

(2)　あのイヌは私たちの町のみんなに知られています。　(town)

(3)　東京に住むには，どれくらいのお金が必要とされますか。　(to)

PROGRAM 6 ～ Word Web 4

解答 p.33

PROGRAM 7　A Gateway to Japan ① 読聞書話

教科書の 要点　「(ちょうど)〜したところだ」「(すでに)〜してしまった」(肯定文)　♪ a22

すでに
I've *already* read the book.　　　私は，すでにその本を読みました。
have[has]＋過去分詞 ← have[has]は主語によって使い分ける

Yumi has *just* started reading the book.
ちょうど
　　　　　　　　　　　　　　　ユミはちょうどその本を読み始めたところです。

要点
● 〈have[has]＋過去分詞〉の形を現在完了という。have[has]は主語によって使い分ける。
● 「(ちょうど)〜したところだ」，「(すでに)〜してしまった」は，〈have[has]＋過去分詞〉で表す(現在完了の「完了」用法)。
　　I have *just* finished my homework.　　私はちょうど宿題を終えたところです。

● 現在完了の「完了用法」でよく使う語
　　already(すでに)，just(ちょうど)　　※どちらも，過去分詞の前に置く。

Wordsチェック　次の英語は日本語に，日本語は英語になおしなさい。
□(1) ending　（　　　　　　）　□(2) novel　（　　　　　　）
□(3) どんぶり，わん　＿＿＿＿＿　□(4) ことば(4字の語)　＿＿＿＿＿

❶ 絵を見て例にならい，「ちょうど〜したところです」の文を完成させなさい。

  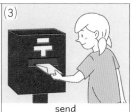

make　　　clean　　　call　　　send

例　I have just made breakfast.
(1) We ＿＿＿＿ ＿＿＿＿ cleaned the classroom.
(2) Moe ＿＿＿＿ just ＿＿＿＿ her friend.
(3) Emily ＿＿＿＿＿＿＿＿ the letter.

ミス注意
現在完了の文
have と has を，主語に合わせて使い分ける。

read の原形は[riːd]だけど，過去形と過去分詞は同じつづりで read[red]と発音するよ。

2 次の文を（ ）内の語を加えて現在完了の完了用法の文に書きかえ
るとき， ＿＿＿ に適する語を書きなさい。

(1) I finished the work. （ already ）

　　＿＿＿＿＿＿＿ ＿＿＿＿＿＿＿ finished the work.

(2) Aya washed the dishes. （ just ）

　　Aya ＿＿＿＿＿＿＿ ＿＿＿＿＿＿＿ washed the dishes.

(3) They ate lunch. （ just ）

　　They ＿＿＿＿＿＿＿ just ＿＿＿＿＿＿＿ lunch.

(4) Ken wrote the letter. （ already ）

　　Ken ＿＿＿＿＿＿＿ ＿＿＿＿＿＿＿ the letter.

まるごと暗記

現在完了の短縮形
I have → I've
you have → you've
we have → we've
they have → they've
he has → he's
she has → she's
it has → it's

3 下線部に注意して，次の英文を日本語になおしなさい。

(1) I <u>have just known</u> the information.

　　私はその情報を（ 　　　　　　　　　　　　　　　）。

(2) My sister <u>has already read</u> the novel.

　　私の姉はその小説を（ 　　　　　　　　　　　　　　　）。

まるごと暗記

● 〈have [has] just＋過
去分詞〉
「ちょうど〜したとこ
ろだ」
● 〈have [has] already
＋過去分詞〉
「すでに〜してしまっ
た」

4 〔 〕内の語句を並べかえて，日本文に合う英文を書きなさい。

(1) 私たちはすでにこのＣＤを聞いてしまいました。

　　We 〔 listened / to / already / have 〕 this CD.

　　We ＿＿＿＿＿＿＿＿＿＿＿＿＿＿＿＿ this CD.

(2) 伊藤さんはちょうどその本を読んだところです。

　　〔 just / read / Ms. Ito / has 〕 the book.

　　＿＿＿＿＿＿＿＿＿＿＿＿＿＿＿＿ the book.

(3) 彼女はすでにそのメールを受け取りました。

　　She 〔 already / the email / has / gotten 〕.

　　She ＿＿＿＿＿＿＿＿＿＿＿＿＿＿＿＿ .

(4) ちょうど雨が降り始めたところです。

　　It 〔 to / rain / started / just / has 〕.

　　It ＿＿＿＿＿＿＿＿＿＿＿＿＿＿＿＿ .

ミス注意

already, just の位置
過去分詞の前

表現メモ

「〜し始める」
〈start [begin] to＋動詞
の原形〜〉で表せる。不
定詞の名詞的用法。

5 次の日本文に合うように， ＿＿＿ に適する語を書きなさい。

(1) カナダでは英語とフランス語が使われています。

　　English and French ＿＿＿＿＿＿＿ ＿＿＿＿＿＿＿ in Canada.

(2) ダニエルは「東京物語」のような日本映画が好きです。

　　Daniel likes Japanese movies ＿＿＿＿＿＿＿ *Tokyo Story*.

(3) 私は何か冷たいものがほしいです。

　　I want ＿＿＿＿＿＿＿ ＿＿＿＿＿＿＿ .

思い出そう

受け身の文
「〜され（てい）る」は，
〈be動詞＋過去分詞 〜〉
で表す。

PROGRAM 7

解答 p.33

 PROGRAM 7 A Gateway to Japan ②

教科書の 要点　「(ちょうど)〜したところだ」「(すでに)〜してしまった」(否定文・疑問文)　♪ a23

have not の短縮形　　まだ

I haven't packed my bags yet.　　私はまだ荷物をまとめていません。

have[has] のあとに not　否定文 → 〈have[has] not＋過去分詞〉

要点 1

● 現在完了の否定文は，have[has]のあとに not を置く。
● yet は文の終わりに置き，否定文では「まだ」の意味を表す。

否定文　　Tom has **not cooked** dinner **yet**.　　トムはまだ夕食を作っていません。

もう

Have you taken a bath yet?　　あなたはもうお風呂に入りましたか。

have[has]を主語の前に　疑問文 → 〈Have[Has] ＋主語＋過去分詞 〜?〉

— Yes, I have. / No, I haven't.　　はい，入りました。/ いいえ，まだです。

have[has]で答える。

要点 2

● 現在完了の疑問文は，have[has]を主語の前に出す。答えるときも，have[has]を使う。
● yet は文の終わりに置き，疑問文では「もう」の意味を表す。

疑問文　Has Tom　　　cooked dinner **yet**?　　トムはもう夕食を作りましたか。
　　　　— Yes, he **has**. / No, he **has** not.　　はい，作りました。/ いいえ，まだです。

Words チェック　次の英語は日本語に，日本語は英語になおしなさい。

□(1)　wing　　　（　　　　　　　　）　　□(2)　get home　　（　　　　　　　　）

□(3)　外国の　　_____　　□(4)　プロの　　_____

1 次の文を（　）内の指示にしたがって書きかえるとき，_____ に適する英語を書きなさい。

(1) We have already practiced the piano. （yet を使って否定文に）

　　We have _____ practiced the piano _____.

(2) You have already made the desk. （yet を使って疑問文に）

　　_____ you made the desk _____?

　　— Yes, I _____. （Yes で答える）

(3) He has already carried the bag. （yet を使って否定文に）

　　He _____.

(4) The game has already started. （yet を使って疑問文に）

　　_____?

　　— No, _____. （No で答える）

ここがポイント

● 現在完了の否定文
　have[has] のあとに
　not を置く。
● 現在完了の疑問文
　・have[has] を主語の
　　前に出す。
　・答えるときも
　　have[has] を使う。

ou は，①[au](found, cloudy)，②[ʌ](country, young)，③[u](would)などと発音するよ。

2 次の対話が成り立つように，＿＿に適する語を書きなさい。

(1) A : ＿＿＿＿＿＿ you talked with Meg yet?

　　 B : No, I ＿＿＿＿＿＿ .

(2) A : Has the bus left ＿＿＿＿＿＿ ?

　　 B : Yes, ＿＿＿＿＿＿ ＿＿＿＿＿＿ .

3 〔 〕内の語句を並べかえて，日本文に合う英文を書きなさい。

(1) 私はまだその写真をとっていません。

I 〔 yet / have / taken / not / the picture 〕.

I ＿＿＿＿＿＿ .

(2) 彼女はもう宿題をしてしまいましたか。

〔 she / done / yet / her homework / has 〕?

＿＿＿＿＿＿

(3) ボブはまだそのメールを書き終えていません。

Bob 〔 not / writing / yet / the email / finished / has 〕.

Bob ＿＿＿＿＿＿ .

4 次の日本文に合うように，＿＿に適する語を書きなさい。

(1) テレビを見たあとはお皿を洗ってね。

＿＿＿＿＿＿ you ＿＿＿＿＿＿ TV, wash the dishes.

(2) 私が帰宅したとき彼は泣いていました。

When I ＿＿＿＿＿＿ ＿＿＿＿＿＿ , he was crying.

(3) ユミによれば，この歌手は有名です。

＿＿＿＿＿＿ ＿＿＿＿＿＿ Yumi, this singer is famous.

(4) 私たちは彼に日本語の辞書をあげました。

We ＿＿＿＿＿＿ ＿＿＿＿＿＿ a Japanese dictionary.

5 次の表には，各人物のするべきことが書かれています。例にならい，ヒントの動詞を参考に，「…はもう〜しましたか」とたずねる文を書きなさい。

	人物	するべきこと	ヒント
例	they	メグ(Meg)に会う	meet
(1)	Kota	昼食を食べる	have
(2)	you	イヌを散歩させる	walk
(3)	your father	今日の新聞を読む	read

例 Have they met Meg yet?

(1) Has ＿＿＿＿＿＿ ?

(2) ＿＿＿＿＿＿ yet?

(3) ＿＿＿＿＿＿

ここが ポイント

already と yet
● already
・過去分詞の前
・肯定文で「すでに」
● yet
・文の終わり
・否定文で「まだ」
・疑問文で「もう」

思い出そう
「〜し終える」
〈finish＋動名詞(動詞の
-ing 形)〜〉で表す。

表現メモ
● according to 〜
「〜によれば」
※ to のあとには名詞。

ことばメモ
walk の2つの意味
・「歩く」
・「〜を散歩させる」

 解答　p.34

PROGRAM 7 ▶ A Gateway to Japan ③

教科書の 要点 「〜したことがある」「行ったことがある」 ♪ a24

I've climbed Mt. Fuji twice.　私は富士山に2回登ったことがあります。
have[has]＋過去分詞 →「〜したことがある」

I've *never* climbed Mt. Fuji.　私は富士山に（一度も）登ったことがありません。
have[has] never＋過去分詞 →「一度も〜したことがない」

Have you *ever* climbed Mt. Fuji? あなたは（これまでに）富士山に登ったことがありますか。
Have[Has]＋主語＋ever＋過去分詞 →「これまでに〜したことがありますか」

要点 1
●「〜したことがある」も，〈have[has]＋過去分詞〉で表す（現在完了の「経験」用法）。
●「一度も〜したことがない」は，〈have[has] *never*＋過去分詞〉で表すことが多い。
●「これまでに〜したことがありますか」は，〈Have[Has]＋主語＋*ever*＋過去分詞 〜?〉で表す。
●現在完了の「経験用法」でよく使う語句
　once(一度，1回)，twice(2回)，〈数＋times〉(〜回)，before(以前に)

I've been to Australia twice.　私はオーストラリアに2回行ったことがあります。
have[has] been to 〜 →「〜に行ったことがある」
└be動詞の過去分詞

要点 2
●「〜に行ったことがある」は，have[has] been to 〜で表す。

Wordsチェック　次の英語は日本語に，日本語は英語になおしなさい。
□(1)　situation　（　　　　　）　□(2)　attract　（　　　　　）
□(3)　部分　＿＿＿＿＿　□(4)　hear の過去分詞　＿＿＿＿＿

1 （　）内の語を参考に，次の日本文に合うように，＿＿に適する英語を書きなさい。

(1)　私たちは京都を2回訪れたことがあります。（visit）
　We ＿＿＿＿＿ ＿＿＿＿＿ Kyoto ＿＿＿＿＿.

(2)　彼は4回コアラを見たことがあります。（see）
　He ＿＿＿＿＿ ＿＿＿＿＿ a koala
　four ＿＿＿＿＿.

(3)　マイは以前，韓国語を学んだことがあります。（learn）
　Mai ＿＿＿＿＿ ＿＿＿＿＿ Korean ＿＿＿＿＿.

ことばメモ
once(1回)
twice(2回)
three times(3回)
many times(何回も)

日本語では「シュチエーション」という人もいるけど，英語では situation[sitʃuéiʃən]と発音するよ。

2 次の文を（　）内の指示にしたがって書きかえるとき，＿＿＿に適する語を書きなさい。

(1) He has listened to the CD. （never を使って否定文に）

He ＿＿＿＿＿ ＿＿＿＿＿ ＿＿＿＿＿ to the CD.

(2) They have sung the song. （ever を使って疑問文に）

＿＿＿＿＿ they ＿＿＿＿＿ the song?

(3) Ken went to Finland. （「～に行ったことがある」の文に）

Ken ＿＿＿＿＿ ＿＿＿＿＿ ＿＿＿＿＿ Finland.

3 次の対話が成り立つように，＿＿＿に適する語を書きなさい。

(1) A : ＿＿＿＿＿ Ms. Brown ever eaten *natto*?

　　B : Yes, ＿＿＿＿＿ ＿＿＿＿＿.

(2) A : Have you ＿＿＿＿＿ the book?

　　B : No. ＿＿＿＿＿ read it.

(3) A : ＿＿＿＿＿ times has your father

played table tennis?

　　B : Four times.

4 〔　〕内の語句を並べかえて，日本文に合う英文を書きなさい。

(1) 私は以前グリーンさんに会ったことがあります。

I 〔 Mr. Green / met / before / have 〕.

I ＿＿＿＿＿.

(2) 彼女は一度も名古屋に行ったことがありません。

She 〔 been / never / Nagoya / to / has 〕.

She ＿＿＿＿＿.

(3) あなたはこれまでにウナギをつかまえたことがありますか。

〔 have / caught / you / ever 〕 an eel?

＿＿＿＿＿ an eel?

5 次の日本文に合うように，＿＿＿に適する語を書きなさい。

(1) あなたはドラえもんのことを耳にしたことがありますか。

Have you ever ＿＿＿＿＿ ＿＿＿＿＿ *Doraemon*?

(2) 当時，女の子は学校に通えませんでした。

＿＿＿＿＿ days, girls couldn't go to school.

(3) ショウタはボブとジムの間にすわっています。

Shota is sitting ＿＿＿＿＿ Bob ＿＿＿＿＿ Jim.

(4) 君たちは日ごとにより上手な野球選手になっています。

You are becoming better baseball players ＿＿＿＿＿

＿＿＿＿＿.

ここがポイント

● 「一度も～したことがない」
〈have[has] never＋過去分詞〉

● 「これまでに～したことがありますか」
〈Have[Has]＋主語＋ever＋過去分詞 ～?〉

ミス注意

「～に行ったことがある」
go の過去分詞(gone)を使わず，have[has] been to ～で表すのがふつう。

ことばメモ

before

● 前置詞：「～より前に」あとに名詞がくる。

● 接続詞：「～する前に」あとに〈主語＋動詞〉がくる。

● 副詞：「以前に」文末に置く。

思い出そう

could

● 〈could＋動詞の原形〉「～できた（する能力があった）」

● 〈could not [couldn't]＋動詞の原形〉「～できなかった」

PROGRAM 7

教科書の 要点　空港でよく使われる表現など　♪ a25

May I have your attention, please?　　　　　お客様にご案内申し上げます。
May I 〜? → 「〜してもよろしいですか」

To all passengers on ABC Airlines Flight 321 to London.
on 〜 → 「〜に乗っている」　　　ABC航空ロンドン行 321 便にご搭乗の皆様。

The flight was cancelled due to bad weather.
be 動詞＋過去分詞 → 「〜された」　　その便は悪天候のため，欠航になりました。

The boarding gate was changed from 24 to 32.
be 動詞＋過去分詞 → 「〜された」　　搭乗口が 24 番から 32 番に変更されました。

要点 ‥‥‥

●アナウンスを聞くときは，まず「だれに対してのアナウンスなのか」を確認し，次に「いつ」，「どこで」，「何を」，「どのように」すればよいのかに注意して聞く。

プラス　空港のアナウンスでよく使われる表現には以下のものもある。
Please ask a staff member for more information.　　詳しくはスタッフにおたずねください。
Thank you for using Green Town Airport.
　　　　　　　　　　　　　グリーンタウン空港をご利用いただきありがとうございます。
Please come to the ticket counter and change your tickets.
　　　　　　　　　　　チケットカウンターにお越しの上，チケットを変更してください。

Wordsチェック　次の英語は日本語に，日本語は英語になおしなさい。

□(1)　square　（　　　　　　）　□(2)　eco-friendly　（　　　　　　）
□(3)　plastic　（　　　　　　）　□(4)　sauce　（　　　　　　）
□(5)　pancake　（　　　　　　）　□(6)　乗客，旅客　＿＿＿＿＿＿
□(7)　門，（搭乗）口　＿＿＿＿＿＿　□(8)　砂糖　＿＿＿＿＿＿
□(9)　布，布切れ　＿＿＿＿＿＿　□(10)　紙の，紙製の　＿＿＿＿＿＿

1 次の英文を日本語になおしなさい。

(1)　May I have your attention, please?
　　（　　　　　　　　　　　　　　　　　　　　　　　　）。

(2)　The boarding gate was changed from 24 to 32.
　　搭乗口が（　　　　　　　　　　　　　　　　　　　）。

思い出そう
●〈am[are, is]＋過去分詞〉
「〜され（てい）る」
●〈was[were]＋過去分詞〉
「〜され（てい）た」

London は [lʌ́ndən] と発音するよ。won[wʌn] なども含めて，o の発音に注意してね。

2 〔 〕内の語句を並べかえて，日本文に合う英文を書きなさい。

(1) 搭乗時間が 7:30 から 8:10 に変更になりました。

〔 was / from 7:30 / the boarding time / changed 〕 to 8:10.

_____ to 8:10.

(2) その便は悪天候のため，欠航になりました。

The flight 〔 to / bad weather / cancelled / was / due 〕.

The flight _____

_____ .

(3) EFG 航空東京行 147 便にご搭乗の皆様。

〔 passengers / EFG Airlines Flight 147 / all / to / on 〕 to Tokyo.

_____ to Tokyo.

3 こけしを知らないダニエルにナナミが説明しています。ナナミの
メモを参考に，____ に適する語を書きなさい。

こけしについてのナナミのメモ
・日本の伝統的な人形の一種。
・木でできている。
・ふつうは丸い頭の女の子の人形。手や足はない。
・日本のさまざまな場所でたくさんの異なった種類のこけしが
見られる。

Kokeshi is a (1)_____ of traditional Japanese *doll.
It's made (2)_____ wood.
Usually it's a girl doll with a round head.
But it doesn't (3)_____ arms or legs.
You can see many *different (4)_____ of kokeshi in
different (5)_____ in Japan.

*doll：人形　*different：いろいろな

4 次の日本文に合うように，____ に適する語を書きなさい。

(1) 紙を 1 枚もらってもいいですか。

Can I have a _____ _____ paper?

(2) その辞書は私のより役に立ちます。

The dictionary is _____ _____ than mine.

(3) 彼女はおかあさんに似ています。

She _____ _____ her mother.

ことばメモ

「客」を表す語
・customer
　店の客
・guest
　招待客やレストランや
　ホテルの客
・passenger
　乗客
・audience
　映画や劇などの観客
・visitor
　観光や仕事の訪問客

Steps 4 ～ Power-Up 4

思い出そう

●材料：見て何でできて
　いるかわかるとき
　be made of ～
●原料：素材が変化して，
　何でできているかわか
　らないとき
　be made from ～

表現メモ

数えられない名詞の量
・a piece[sheet] of
　paper（1 枚の紙）
・a piece[slice] of
　cake（1 切れのケーキ）
・a cup of tea
　（1 杯の紅茶）
・a glass of water
　（1 杯の水）

定着のワーク　ステージ2　PROGRAM 7 〜 Power-Up 4　読聞書話

🎧 **1 LISTENING** 対話と質問を聞いて, その答えとして適する絵を1つ選び, 記号で答えなさい。 ♪ l13

ア　イ　ウ　エ

（　　　　）

2 次の文の（　）内から適する語を選び, ○で囲みなさい。

(1) （ I've　　I ）seen the man on TV before.

(2) （ Have　　Has ）Mike built a new house yet?

(3) Have they ever（ sang　　sung ）any English songs?

3 〔　〕内の語句を並べかえて, 日本文に合う英文を書きなさい。

(1) 私はその機械を何回も使ったことがあります。

I 〔 the machine / many / used / have / times 〕.

I _____ .

(2) 彼女はすでにその映画を見てしまいました。

〔 already / she / has / seen 〕 the movie.

_____ the movie.

(3) これまでにそのレストランのことを耳にしたことがありますか。

〔 ever / you / of / have / heard 〕 that restaurant?

_____ that restaurant?

4 次の日本文に合うように,　　に適する語を書きなさい。

(1) ユキによれば, タクは今, 奈良にいます。

_____ _____ Yuki, Taku is in Nara now.

(2) ケーキを1つ[1切れ]いかがですか。

Would you like a _____ cake?

(3) それらは日本のポップカルチャーの一部です。

They're _____ _____ Japanese pop culture.

(4) 有名な寺を見たあと, 私は買い物に行きました。

I went shopping _____ I saw the famous temple.

(5) 搭乗時間が7:20から9:10に変更されました。

The boarding time _____ _____ from

7:20 to 9:10.

重要ポイント

2 (1) seen は過去分詞。

(2) 主語の Mike は三人称単数。

(3) sing（歌う）は sing-sang-sung と活用する。

3 (1)「何回も」→「たくさんの回数」と考える。

テストに出る！

完了用法でよく使う語

● 肯定文：already
過去分詞の前

● 疑問文・否定文：yet
文の終わり

テストに出る！

ever と never

● ever：疑問文
「これまでに」

● never：否定文
「一度も〜ない」

4 (2) 切り分けた cake（ケーキ）は「数えられない名詞」として考える。

(4) 前置詞と接続詞の使い方がある語。ここでは接続詞として使われている。

(5)「〜されました」は, 過去の受け身なので, 〈was[were]＋過去分詞〉の形。

解答　p.35

5 次の対話文を読んで，あとの問いに答えなさい。

Daniel : ①[just / an email / gotten / I've] from my uncle in Italy.

Mao : Your uncle in Italy?　What does he do there?

Daniel : Ah, he's a sportswriter.　He loves Japanese pop culture like *manga* and *anime*.

Mao : Great!　Are Japanese *manga* and *anime* popular in the U.S. too?

Daniel : Yes.　②The words *manga* and *anime* (　　　)(　　　)(　　　) English.

Mao : Like *sushi* and *kimono*?　Mmm, interesting.

(1) 下線部①の〔 〕内の語句を並べかえて，「私はちょうどメールをもらったところです」という意味の英文にしなさい。

(2) 下線部②が「マンガやアニメということばは英語で使われています」という意味になるように，（ ）に適する語を書きなさい。

(3) 次は，真央が書いたダニエルのおじさんについてのメモです。（ ）に適する日本語を書きなさい。

⑦ 職業　　　　：（　　　　　　）		
⑦ 住んでいる国：（　　　　　　）		
⑦ 大好きなもの：（　　　　　　）や（　　　　　　） 　　　　　　　のような日本の大衆文化		

6 次の文を（ ）内の指示にしたがって書きかえなさい。

(1) Meg ate Japanese food.　（「以前，食べたことがある」の文に）

(2) We cleaned our classroom.　（「まだ〜していない」の6語の文に）

(3) Ken has caught an eel <u>twice</u>.　（下線部をたずねる文に）

7 次のようなとき何と言いますか。英語で書きなさい。

(1) 相手にもうふろに入ったのかたずねるとき。

(2) 自分の妹は一度も北海道に行ったことがないと伝えるとき。

重要ポイント

5 (1) I've(＝I have)から現在完了の文。just の位置に注意する。

得点力を UP

完了用法の副詞の位置
● just 過去分詞の前
● already 過去分詞の前
● yet 文の終わり

(2)「〜されています」は受け身の文。
(3)ダニエルの発言から，必要な情報を抜き出す。

6 (1)「以前」の意味の副詞の位置に注意。
(2)完了用法の否定文。短縮形を使う。
(3)「何回〜したことがありますか」という文にする。eel は「ウナギ」。

7 (1)「ふろに入る」は動詞 take を使う。
(2)「〜に行ったことがある」の言い方に注意。

PROGRAM 7 〜 Power-Up 4

ちょっと **BREAK**　アメリカでは地下鉄を subway と言います。イギリスでは何と言うでしょうか。　→答えは次のページ

解答 p.35

読聞書話

🎧 **1 LISTENING** 対話と質問を聞いて，その答えとして適するものを1つずつ選び，記号で答えなさい。　♪ l14　3点×3(9点)

(1)　ア　Meg and her sister.　　　イ　Shota and Meg.

　　ウ　Shota's sister.　　　　　　エ　Meg and her parents.　　　（　　　）

(2)　ア　Once.　　イ　Twice.　　ウ　Three times.　　エ　Five times.　（　　　）

(3)　ア　A cup.　　　　　　　　　　イ　A hat.

　　ウ　Some postcards.　　　　　　エ　Some flowers.　　　　　　　（　　　）

2 次の日本文に合うように，＿＿＿に適する語を書きなさい。　4点×4(16点)

(1)　当時，人々は手で服を洗っていました。

　　＿＿＿＿＿＿＿ ＿＿＿＿＿＿＿ ＿＿＿＿＿＿＿, people washed their clothes by hand.

(2)　彼女は病気ですが，日ごとによくなっています。

　　She's sick, but she is getting better ＿＿＿＿＿＿＿ ＿＿＿＿＿＿＿ ＿＿＿＿＿＿＿.

(3)　その店は花屋と郵便局の間にあります。

　　The store is ＿＿＿＿＿＿＿ the flower shop ＿＿＿＿＿＿＿ the post office.

(4)　その便は悪天候のため欠航になりました。　（because を使わずに）

　　The flight was ＿＿＿＿＿＿＿ ＿＿＿＿＿＿＿ ＿＿＿＿＿＿＿ bad weather.

3 次の対話が成り立つように，＿＿＿に適する語を書きなさい。　4点×2(8点)

(1)　A : ＿＿＿＿＿＿＿ your mother ever played the flute?

　　B : ＿＿＿＿＿＿＿, she ＿＿＿＿＿＿＿.　She plays very well.

(2)　A : ＿＿＿＿＿＿＿ you washed the car yet?

　　B : ＿＿＿＿＿＿＿ ＿＿＿＿＿＿＿.　I'll do it in the afternoon.

4 〔　〕内の語句を並べかえて，日本文に合う英文にしなさい。ただし，必要があればそれぞれ1語を適する形にかえること。　4点×3(12点)

(1)　電車はすでに駅を出てしまいました。

　　〔 has / the station / already / leave / the train 〕.

　　＿＿＿＿＿＿＿＿＿＿＿＿＿＿＿＿＿＿＿＿＿＿＿＿＿＿＿＿＿＿＿＿＿

(2)　あなたはこれまでに英語でメールを書いたことがありますか。

　　〔 an email / you / write / in / have / ever 〕 English?

　　＿＿＿＿＿＿＿＿＿＿＿＿＿＿＿＿＿＿＿＿＿＿＿＿＿ English?

(3)　私はまだその写真を撮っていません。

　　〔 have / the picture / I / yet / not / take 〕.

　　＿＿＿＿＿＿＿＿＿＿＿＿＿＿＿＿＿＿＿＿＿＿＿＿＿＿＿＿＿＿＿＿＿

ちょっとBREAKの答え　underground と言います。イギリスでは subway は地下道の意味です。

5 次の対話文を読んで, あとの問いに答えなさい。 (計30点)

Mao : I'm going to do my homework for the speech after I ①(   )(   ). ②[you / donc / yct / it / have]?

Daniel : I started it yesterday, but ③I haven't finished it yet.

Mao : What are you ④(write) about?

Daniel : About *Captain Tsubasa*. My uncle recommended it.

Mao : Do people in foreign countries know about *Captain Tsubasa*?

Daniel : According to my uncle, a lot of professional soccer players watched it when they ⑤(be) children.

(1) 下線部①が「帰宅する」という意味になるように, ( )に適する語を書きなさい。 (4点)

_____ _____

(2) 下線部②の[ ]内の語を並べかえて, 意味の通る英文にしなさい。 (5点)

(3) 下線部③を it の指す内容を明らかにして, 日本語になおしなさい。 (6点)

(   )

(4) ④, ⑤の( )内の語を適する形にかえなさい。 4点×2(8点)

④ _____ ⑤ _____

(5) ダニエルのおじさんは何と言いましたか。( )に適する日本語を書きなさい。 (7点)

たくさんのプロの(   )が(   )のとき『キャプテン翼』を見ていた。

6 ( )内の語を参考に, 次の日本文に合うように,   に適する語を書きなさい。

(1) あなたは何回その山に登ったことがありますか。 (time) 5点×3(15点)

_____ many _____ you climbed the mountain?

(2) グリーンさんはすでに昼食を食べました。 (eat)

Ms. Green _____ lunch.

(3) 私はこのような美しい絵を見たことがありません。 (see)

_____ _____ such a beautiful picture.

7 次の日本文を英語になおしなさい。 5点×2(10点)

(1) 私は兄に会うためにシドニー(Sydney)に行ったことがあります。

(2) 彼はちょうどその絵を描き終えたところです。 (7語で)

ステージ 1　PROGRAM 8　A Hope for Lasting Peace ① 読聞書話

 解答 p.36

教科書の 要点　「(ずっと)〜している」「(ずっと)〜である」 ♪ a26

I've practiced *judo* since I was ten.　　　私は10歳から柔道を練習しています。

- I have の短縮形
- 〜以来，〜から
- have[has] ＋過去分詞 → 「(ずっと)〜している／(ずっと)〜である」

要点1

●「(ずっと)〜している」，「(ずっと)〜である」も，〈have[has]＋過去分詞〉で表す(現在完了の「継続」用法)。
●現在完了の「継続用法」でよく使う語句
 ・〈for＋期間の長さを表す語句〉「〜の間」　例　for two weeks(2週間)
 ・〈since＋過去のある時点を表す語句・文〉「〜以来[〜から]」　例　since 2020(2020年から)

How long **have** you **been** a black belt? — *For* one month.

- どのくらいの間
- 〜の間
- 文の初めに置く
- 現在完了の疑問文の語順

黒帯をつけてどのくらいになりますか。　　　　　—1か月です。

要点2

●「どのくらいの間〜していますか」は，〈How long have[has]＋主語＋過去分詞 〜?〉で表す。
●答えるときは，for(〜の間)や since(〜以来[〜から])を使う。

Wordsチェック 次の英語は日本語に，日本語は英語になおしなさい。

□(1)　souvenir　　（　　　　　　）　　□(2)　clay　　（　　　　　　）
□(3)　せっけん　　＿＿＿＿＿＿　　□(4)　ベルト，帯　＿＿＿＿＿＿

1 絵を見て例にならい，「ずっと〜しています」の文を完成させなさい。

例	(1)	(2)	(3)
live / for ten years	use / for two months	have / since May	be busy / since last week

例　We have lived in Tokyo for ten years.

(1)　I ＿＿＿＿＿＿ ＿＿＿＿＿＿ this racket for two months.

(2)　He ＿＿＿＿＿ ＿＿＿＿＿ the cat since May.

(3)　Meg ＿＿＿＿＿＿＿＿＿＿＿＿ last week.

まるごと暗記
be動詞(am, are, is)
の過去分詞
→ been

 -tion で終わる語は，その直前の部分を最も強く発音するよ。　in-for-má-tion

② 次の文の＿＿に，for，since のうち適する語を書きなさい。

(1) They have practiced soccer ＿＿＿＿ last summer.

(2) Judy has been sick ＿＿＿＿ three days.

(3) She has played the trumpet ＿＿＿＿ five years.

(4) Has he worked at the hospital ＿＿＿＿ he was thirty?

③ 次の文を（ ）内の指示にしたがって書きかえなさい。

(1) They stay in Osaka. （since last week を加え現在完了の文に）
They ＿＿＿＿＿＿ since last week.

(2) It has rained for ten days. （否定文に）
It ＿＿＿＿＿＿ for ten days.

(3) Mr. Brown has been in the room since six o'clock.
（疑問文にして，yes で答える）
＿＿＿＿＿＿ since six o'clock?
— ＿＿＿＿＿＿

(4) He has loved the singer for four years. （下線部をたずねる文に）
＿＿＿＿＿＿ the singer?

④ 〔 〕内の語句を並べかえて，日本文に合う英文を書きなさい。

(1) 私は10歳のときから英語を勉強しています。
I 〔 was / studied / I / since / English / have 〕 ten.
I ＿＿＿＿＿＿ ten.

(2) 父は20年間ずっと教師をしています。
My father 〔 twenty years / been / for / has / a teacher 〕.
My father ＿＿＿＿＿＿.

(3) アヤカとはいつからの知り合いですか。
〔 long / you / how / known / have 〕 Ayaka?
＿＿＿＿＿＿ Ayaka?

⑤ 次の日本文に合うように，＿＿に適する語を書きなさい。

(1) 私はマリナーズのファンです。―私もです。
I am a Mariners fan. — So ＿＿＿＿ ＿＿＿＿.

(2) これは私のお気に入りの写真なんだ。見て。
This is my favorite photo. ＿＿＿＿ a ＿＿＿＿.

(3) 私は泳げないんだ。―ぼくもだよ。
I can't swim. — ＿＿＿＿ ＿＿＿＿.

(4) あれらの花はチューリップに似ています。
Those flowers ＿＿＿＿ ＿＿＿＿ tulips.

  PROGRAM 8 ▷ A Hope for Lasting Peace ②

解答 ▶ p.36

📖 教科書の 要点 「(これまでずっと)〜し(つづけ)ている」 ♪ a27

we have の短縮形 ┌〜の間┐
We've been waiting *for* half an hour.　　私たちは 30 分待っています。

have[has] been＋動詞の -ing 形 → 「(ずっと)〜し(つづけ)ている」

要点

● 「(ずっと)〜し(つづけ)ている」と，「動作」が現在まで続いていることを表すときは，〈have [has] been＋動詞の -ing 形〉の形を使う（現在完了進行形）。

● 疑問文は，have[has]を主語の前に出す。答えるときも，have[has]を使う。

　肯定文　　　Ken has been cooking dinner.
　疑問文　Has Ken　　been cooking dinner? — Yes, he has. / No, he hasn't.

● 現在完了（継続用法）と現在完了進行形の使い分け

　現在完了（継続用法）〈have[has]＋過去分詞〉
　〈状態を表す動詞〉 例　have(持っている), hear, want, know, like, love, believe など
　現在完了進行形 〈have[has] been＋動詞の -ing 形〉

プラス　動作を表す動詞でも，「動詞自体に継続の意味を含んでいる動詞」は，現在完了形でも「(ずっと) 〜している」を表すことができる。
　例　study, play, work, learn, sleep, rain, wait, stay, stand, sit　など

Wordsチェック　次の英語は日本語に，日本語は英語になおしなさい。

□(1)　monument　　　　（　　　　　　　）　□(2)　atomic　　　　（　　　　　　　）
□(3)　髪　　　　＿＿＿＿＿＿＿＿＿　□(4)　forget の過去形　＿＿＿＿＿＿＿＿＿

1 絵を見て例にならい，「ずっと〜しています」の文を完成させなさい。

| 例 play | (1) clean | (2) study | (3) run |

例　We have been playing tennis for two hours.

(1)　I ＿＿＿＿＿＿＿ ＿＿＿＿＿＿＿ cleaning my room since this morning.

(2)　Meg ＿＿＿＿＿＿＿ been ＿＿＿＿＿＿＿ art since 2019.

(3)　Ms. Tanaka ＿＿＿＿＿＿＿＿＿＿＿＿＿＿＿＿ in the park for twenty minutes.

🐸 ou の発音には，bought[ɔː], shout[au], country[ʌ]があるよ。

2 次の文を（　）内の指示にしたがって書きかえなさい。

(1) I practice soccer.

（「8時からずっと〜」という現在完了進行形の文に）

I ＿＿＿＿＿＿＿＿＿＿＿＿＿＿＿＿ 8 o'clock.

(2) He has been thinking about it all afternoon.

（疑問文にして，yes で答える）

＿＿＿＿＿＿＿＿＿＿＿＿＿＿＿ all afternoon?

— Yes, ＿＿＿＿＿＿＿＿＿＿＿＿＿ .

ここが ポイント

現在完了進行形の形
● 肯定文
〈have[has] been＋
動詞の -ing 形〉
● 疑問文
have[has] を主語の
前に出す。
〈Have[Has]＋主語＋
been＋動詞の -ing
形 〜?〉

3 〔　〕内の語句を並べかえて，日本文に合う英文を書きなさい。

(1) 私たちは2時間ずっと韓国語を勉強しています。

We 〔 studying / been / for / Korean / have 〕 two hours.

We ＿＿＿＿＿＿＿＿＿＿＿＿＿ two hours.

(2) 昨日からずっと雨が降っているのですか。

〔 since / been / it / raining / has 〕 yesterday?

＿＿＿＿＿＿＿＿＿＿＿＿＿ yesterday?

(3) 彼はその部屋でどのくらいの間仕事をしていますか。

〔 long / been / he / working / has / how 〕 in the room?

＿＿＿＿＿＿＿＿＿＿＿＿＿ in the room?

ここが ポイント

「…はどのくらいの間〜
していますか」
〈How long have[has]
＋主語＋been＋動詞の
-ing 形 〜?〉で表す。

4 次の日本文に合うように，＿＿＿に適する語を書きなさい。

(1) あなたが早くよくなることを願っています。

I hope you will ＿＿＿＿＿＿＿＿ soon.

(2) ヘレン・ケラーは1968年に亡くなりました。

Helen Keller ＿＿＿＿＿＿＿＿ in 1968.

(3) 30分後，私は家に帰りました。

After ＿＿＿＿＿ an ＿＿＿＿＿, I went home.

ミス注意

a と an
つづりではなく，発音で
使い分ける。
● 母音で始まる語：an
an honest boy
● その他：a
a university student

5 Word Box 例にならい，ヒントの語句を参考に，「ずっと〜しています」の文を書きなさい。

	人物 / 動物	ずっとしていること	ヒント
例	I	髪を乾かしている	dry
(1)	Shota	かぎをさがしている	look for
(2)	my brother	服を選んでいる	choose
(3)	the dogs	木の下で眠っている	sleep

例 I have been drying my hair.

(1) Shota ＿＿＿＿＿＿＿＿＿＿ the key.

(2) My brother ＿＿＿＿＿＿＿＿ his clothes.

(3) The dogs ＿＿＿＿＿＿＿＿ under the tree.

ことばメモ

● **sleep** 「眠る」
眠っている状態
● **go to bed** 「寝る」
（眠っているかは別と
して）床につく

PROGRAM 8

文法 のまとめ❽

英語のしくみ　現在完了 / 現在完了進行形

解答　p.37

読聞書話

まとめ

① 現在完了

- 意味：過去の動作や状態が，何らかの形で現在とつながっていることを表す。
- 形　：〈have[has]＋過去分詞〉で表す。have[has]は主語によって使い分ける。
- 疑問文は主語の前に have[has]を出す。否定文は have[has]のあとに not を置く。

1. 完了：「(ちょうど)〜したところだ」「(すでに)〜してしまった」

肯定文	Ken has just done his homework.	ケンはちょうど宿題を終えたところです。
否定文	Ken hasn't done his homework yet.	ケンはまだ宿題を終えていません。
疑問文	Has Ken done his homework yet?	ケンはもう宿題を終えましたか。
	— Yes, he has. / No, he hasn't.	はい，終えました。/ いいえ，終えていません。

2. 経験：「(今までに)〜したことがある」

Miki has read this book three times.
ミキはこの本を 3 回読んだことがあります。
I've never been to Hokkaido.
私は一度も北海道に行ったことがありません。

■現在完了でよく使う語句

	過去分詞の前	文の終わり
完了	already(すでに)	yet 否定文 (まだ)
	just(ちょうど)	疑問文 (もう)
継続	How long 〜? ※文頭 (どのくらい間)	for(〜間)
		since(〜以来)
経験	before(以前に)	once(一度，1 回)
	ever(これまでに)	twice(2 回)
	never(一度も〜ない)	〜 times(〜回)
	often(しばしば)	

3. 継続：「(ずっと)〜している」

I have lived in Kobe since I was ten.
私は 10 歳のときから神戸に住んでいます。
How long have you studied English?
あなたはどのくらいの間英語を勉強していますか。

② 現在完了進行形 「(ずっと)〜し(つづけ)ている」

- 形：〈have[has] been＋動詞の -ing 形〉で表す。have[has]は主語によって使い分ける。
- 疑問文は主語の前に have[has]を出す。

肯定文	He has been playing tennis for two hours.	彼は2時間テニスをしています。
疑問文	Has he been playing tennis for two hours?	彼は2時間テニスをしていますか。
	— Yes, he has. / No, he hasn't.	はい，しています。/ いいえ，していません。

- 現在完了(継続用法)と現在完了進行形との違い

  現在完了(継続用法)　〈have[has]＋過去分詞〉，過去からの状態が現在まで継続

  現在完了進行形　〈have[has] been＋動詞の -ing 形〉，過去からの動作が現在まで継続

  〈状態を表す動詞〉 例 have(持っている), want, know, like, hear　など
  ※ study[learn], work などの動作を表す動詞も現在完了(継続)で使うことがある。

練習 ----------

1 次の文の（ ）内の語句のうち，適するものの記号を〇で囲みなさい。

(1) I （ ア was イ have ウ has ） already called Mr. Brown.

(2) Meg has studied math （ ア for イ since ウ while ） 2019.

(3) He's （ ア writing イ wrote ウ written ） a letter in English many times.

(4) Has your daughter received the present （ ア just イ yet ウ ever ）?

(5) They （ ア have made never イ never made have ウ have never made ） a cake.

(6) My father has been （ ア clean イ cleaned ウ cleaning ） the windows.

2 次の日本文に合うように， ____ に適する語を書きなさい。

(1) ホワイトさんはちょうど皿を洗ったところです。

Ms. White has _____ _____ the dishes.

(2) 私たちはそのコンピューターを2回使ったことがあります。

_____ _____ the computer _____.

(3) あなたは今朝からずっとサッカーをしているのですか。

_____ you _____ playing soccer _____ this morning?

3 次の文を（ ）内の指示にしたがって書きかえなさい。

(1) I heard the song.（「以前～したことがある」という6語の文に）

_____

(2) She has arrived at Narita.（「もう～しましたか」という文にして，Noで答える）

_____

(3) He does his homework at the library.（「今朝からずっと」という現在完了進行形の文に）

_____

4 〔 〕内の語を並べかえて，日本文に合う英文を書きなさい。

(1) その生徒たちはまだ昼食を食べていません。

The students 〔 have / yet / lunch / eaten / not 〕.

The students _____.

(2) 彼は2時間ずっと音楽を聞いています。

He 〔 music / has / to / been / for / listening 〕 two hours.

He _____ two hours.

5 次の日本文を英語になおしなさい。

(1) 彼はこれまでにカナダに行ったことがありますか。

_____

(2) 私は先月からずっとマキに会っていません。（not を使って8語で）

_____

確認のワーク ステージ 1 Steps 5 Word Web 5　説得力のある主張をしよう〜 町の風景　解答 ▶ p.37　読聞書話

教科書の 要点　「〜のほうがよい」という意見と理由の言い方，それに反対する言い方　♪a28

that の省略　よりよい ← good の比較級

I think summer is **better because** we have a long vacation.
〜だと思う　　　　　　なぜなら〜なので

長い休みがあるので，私は夏のほうがよいと思います。

要点1
- ●「私は〜のほうがよいと思う」は，I think (that) 〜 is better. で表す。
- ●「なぜなら…なので」と理由を付け加えるときは，〈because＋主語＋動詞 …〉をあとに続けて，
  〈I think (that) 〜 is better because＋主語＋動詞 …〉の形にする。
  「私は〜のほうがよいと思う」　「なぜなら〜なので」

プラス ●「私は A より B のほうがよいと思う」は，I think (that) B is better than A. で表す。
I think summer is **better than** winter.　私は冬より夏のほうがよいと思います。

同意する　　　　　　　　　　　　　　　　しかし
I don't agree. We have a long vacation, **but** we have a lot of homework.
自分の結論　　　　　相手の主張(の理由)　　　　　　相手の主張(の理由)への反論

私は同意しません。長い休みはありますが，たくさんの宿題があります。

要点2
- ●「私は同意しません」は，I don't agree. で表す。
- ●相手の主張に反対するときは，下の順序で述べると説得力のある主張となる。
  ① 自分の結論　　　　　まず，相手の主張に同意しないという結論を述べる。
  ② 相手の主張の理由　　相手の主張の理由を引用する。
  ③ ②への反論　　　　　「しかし…」などの語でつないで，相手の主張や理由の欠点を述べる。
  ④ 自分の主張の理由　　2つ以上あるときは，Also, Next などのつなぎことばを使う。

Wordsチェック　次の英語は日本語に，日本語は英語になおしなさい。

- □(1)　though　　　　　　（　　　　　　　）　□(2)　in fact　　　　　　（　　　　　　　）
- □(3)　feel の過去形　　＿＿＿＿＿＿＿＿＿　□(4)　不安で　　　　　＿＿＿＿＿＿＿＿＿

1 次の日本文に合うように，＿＿＿に適する語を書きなさい。

(1)　私は同意しません。　I ＿＿＿＿＿＿＿ ＿＿＿＿＿＿＿.

(2)　私は外食するより家で食べるほうがいいと思います。
　　I think eating at home is ＿＿＿＿＿＿＿ than eating out.

(3)　あなたは砂糖の摂取量をもっと少なくするべきです。
　　You should eat ＿＿＿＿＿＿＿ sugar.

思い出そう
good〔well〕の比較変化
good〔well〕 − better − best

🐢 agree〔əgríː〕はアクセントに注意してね。disagree〔dìsəgríː〕「同意しない」も覚えておこう。

② サヤカとショウタが春と秋ではどちらがいいかについて，それぞれの意見を主張しています。下のメモを参考に，＿＿＿に適する語を書きなさい。

サヤカのメモ

　　　結論：春のほうがいいと思う。

春がいい理由：美しい桜を見て楽しめる。

　　　　　　　さらに，新学期に新しい友人ができる。

ショウタのメモ

　　　結論：秋のほうがいいと思う。

春がよくない理由：春は花粉症で苦しい。

秋がいい理由：多くの種類のおいしい食べ物を楽しめる。

　　　　　　　さらに，紅葉がとても美しい。

> Sayaka : I think spring is (1)＿＿＿＿＿＿ ＿＿＿＿＿
> fall (2)＿＿＿＿＿＿ you can (3)＿＿＿＿＿
> looking at beautiful cherry blossoms.　Also, a new
> school year begins and you can make new friends.
> Shota : I don't (4)＿＿＿＿＿ .　I *suffer from hay fever
> in spring, so I don't like spring.　I think fall is
> better because in fall you can enjoy many kinds of
> delicious food.　(5)＿＿＿＿＿ , autumn leaves
> are really beautiful.
>
> 　　　　　　　*suffer from hay fever：花粉症に苦しむ

③ 次のようなとき何と言いますか。＿＿＿に適する語を書きなさい。

(1) 彼女のスピーチに感動したと伝えるとき。

　　 I ＿＿＿＿＿＿ ＿＿＿＿＿＿ by her speech.

(2) 駅への行き方をたずねるとき。

　　 ＿＿＿＿＿＿ you ＿＿＿＿＿＿ me the way to the station?

(3) [(2)に答えて] 3つ目の角を左に曲がるように指示するとき。

　　 ＿＿＿＿＿＿ left at the ＿＿＿＿＿＿ corner.

④ 次の日本語を英語になおしなさい。

(1) 遊園地　＿＿＿＿＿＿ ＿＿＿＿＿＿　　(2) 会社　＿＿＿＿＿＿

(3) 警察署　＿＿＿＿＿＿ ＿＿＿＿＿＿　　(4) 工場　＿＿＿＿＿＿

(5) デパート　＿＿＿＿＿＿ ＿＿＿＿＿＿　　(6) 銀行　＿＿＿＿＿＿

(7) 市役所　＿＿＿＿＿＿ ＿＿＿＿＿＿　　(8) 病院

まるごと暗記

● 「私は～のほうがよいと思う」
　I think (that) ～ is better.
● 「私は同意しません」
　I don't agree.

表現メモ

つなぎことば
・Also, ～.（さらに）
・Besides, ～.
　（そのうえ，さらに）
・Though ～,....
　（(～である)けれども，
　～にもかかわらず）
・Next ～.（次に）
・In fact, ～.（実際は）

ミス注意

「感動する」の表し方
(1)は，「私は彼女のスピーチに感動させられました」と考える。
英語では，「感動する」を，touch[move]「感動させる」という動詞の受け身で表す。

Steps 5 ～ Word Web 5

解答 p.37

Reading 3 Visas of Hope

読 聞
書 話

● 次の英文を読み，あとの問いに答えなさい。

On July 18, 1940, Sugihara Chiune (①) a noise from outside his office in Lithuania. He saw many Jewish people. ②They were ( ) ( ) transit visas through Japan. They wanted to be (③) from the Nazis.

Chiune sent a telegram to the Japanese government. He asked permission to write visas. Soon a telegram (④). It (⑤), "Don't write visas for anyone if they don't satisfy our conditions."

Chiune had to obey ⑥the order. He also had to close his office and leave ⑦the country in a month. (⑧), he wanted to help the Jewish people. ⑨He made up his mind. "In spite of all the trouble, I'll write the visas!"

5

10

Question

(1) ①，④，⑤の（ ）に適する語を，下から選んで答えなさい。ただし，必要があれば適する形（1語）にかえること。
　　〔 arrive　say　hear 〕
　　①＿＿＿＿＿　④＿＿＿＿＿　⑤＿＿＿＿＿

(2) 下線部②が「彼らは通過ビザを求めていました」という意味になるように，＿＿に適する英語を書きなさい。
　　They were ＿＿＿＿＿ ＿＿＿＿＿ transit visas

(3) ③の（ ）に適する語を，下から選んで答えなさい。　＿＿＿＿＿
　　〔 sore　free　friendly 〕

(4) 下線部⑥の内容を表すように，（ ）に適する日本語を書きなさい。
　　日本政府が求める（① ＿＿＿＿＿＿＿ ）を満たさないならば，だれに対しても
　　（② ＿＿＿＿＿＿＿ ）を書いてはならないという命令。

(5) 下線部⑦の表す具体的な内容を本文中から1語で抜き出して書きなさい。
　　＿＿＿＿＿＿

(6) ⑧の（ ）に適する語を，下から選んで答えなさい。
　　〔 Also　Even　However 〕　＿＿＿＿＿

(7) 下線部⑨の内容を表すように，（　）に適する日本語を書きなさい。

千畝は，（①　　　　　　　　　　　　　）を助けたいと思ったので，（②　　　　　　　　　　　　）

にもかかわらずビザを書くと（③　　　　　　　　　　　　）しました。

(8) 本文と質問の答えに合うように，＿＿＿に適する語を書きなさい。

Why did Chiune send the telegram to the Japanese government?

— To ＿＿＿＿＿＿＿ permission to ＿＿＿＿＿＿＿ visas.

Word Box BIG

1 次の英語は日本語に，日本語は英語になおしなさい。

(1) government	(	)	(2) quit	(	)
(3) pronounce	(	)	(4) tear	(	)
(5) obey	(	)	(6) truly	(	)
(7) telegram	(	)	(8) limit	(	)
(9) 到着する	＿＿＿＿		(10) （否定文で）だれも～ない	＿＿＿＿	
(11) write の過去形	＿＿＿＿		(12) life の複数形	＿＿＿＿	
(13) ～に反対して	＿＿＿＿		(14) 条件	＿＿＿＿	
(15) 満たす，充足させる	＿＿＿＿		(16) 許可	＿＿＿＿	

2 次の日本文に合うように，＿＿＿に適する語を書きなさい。

(1) ヘンリーはクリスマスプレゼントに野球のグローブをさがし求めました。

Henry ＿＿＿＿＿＿ ＿＿＿＿＿＿ a baseball glove for Christmas present.

(2) 私は今朝はほとんど食べませんでした。

I ＿＿＿＿＿＿ very ＿＿＿＿＿＿ this morning.

(3) 悪天候にもかかわらず，私たちは富士山に登りました。

＿＿＿＿＿＿ ＿＿＿＿＿＿ ＿＿＿＿＿＿ bad weather, we climbed

Mt. Fuji.

(4) すみません。もうお売りできるチケットがありません。

I'm sorry. We can't sell ＿＿＿＿＿＿ ＿＿＿＿＿＿ tickets.

(5) マリアは「止まりなさい！」と叫びました。

Maria ＿＿＿＿＿＿ ＿＿＿＿＿＿, "Stop!"

(6) 涙を流しながら，ナンシーはビルにさようならを言いました。

Nancy said goodbye to Bill ＿＿＿＿＿＿ ＿＿＿＿＿＿.

(7) 鈴木さんは英語で自己紹介をしました。

Mr. Suzuki ＿＿＿＿＿＿ ＿＿＿＿＿＿ in English.

(8) 夜空には何千もの星があります。

There are ＿＿＿＿＿＿ ＿＿＿＿＿＿ stars in the night sky.

(9) マナは校則に逆らって短いスカートをはきました。　　　　　　*wore：wear の過去形

Mana ＿＿＿＿＿＿ the school rules and *wore a short skirt.

定着のワーク　ステージ2　PROGRAM 8 〜 Reading 3　読聞書話

1 LISTENING 対話と質問を聞いて，その答えとして適する絵を1つ選び，記号で答えなさい。　♪ 115

ア　イ　ウ　エ

（　　　　）

2 次の文の（　）内から適する語を選び，○で囲みなさい。

(1) He has been sick (for　　since) last Tuesday.

(2) The train (have　　has) already arrived at the station.

(3) We have been (cleaned　　cleaning) this park since noon.

3 〔　〕内の語を並べかえて，日本文に合う英文を書きなさい。

(1) 彼女は8月からここに滞在しています。

She 〔 since / here / August / stayed / has 〕.

She _____ .

(2) 私は一度もパンダを見たことがありません。

〔 seen / have / I / never 〕 a panda.

_____ a panda.

(3) 彼らは2時間ずっとテニスをしているのですか。

〔 tennis / for / been / they / playing / have 〕 two hours?

_____ two hours?

4 次の日本文に合うように，_____に適する語を書きなさい。

(1) 最後の日，みんなが涙を流していました。

On the last day, everyone was _____ _____ .

(2) 授業はどのくらいの長さですか。— 30分です。

How long is the lesson? — _____ an _____ .

(3) 私たちは長い間，奈良に住んでいます。

We have lived in Nara for a _____ _____ .

(4) 彼女は決心することができませんでした。

She couldn't _____ _____ her mind.

(5) ［道を聞かれて］ まっすぐ行けば，左手にその教会が見えます。

_____ _____ , and you can see the church _____ your left.

重要ポイント

2

テストに出る！

for と since

● for（〜の間）
あとに「期間の長さ」を表す語句がくる。

● since（〜以来［〜から］）
あとに「過去のある時点」を表す語句や文がくる。

3 現在完了の文。(1)継続用法，(2)経験用法の文。

(3) been と playing があることに着目。

得点力をUP

現在完了進行形

● 形
〈have[has] been ＋動詞の -ing 形〉

● 意味
「(ずっと)〜している」
過去のあるときに始まった動作が現在まで続いていることを表す。

4 (5)〈命令文，and 〜〉は「…しなさい，そうすれば〜」を表す。

5 次の英文を読んで，あとの問いに答えなさい。

　　In 1954, Sadako ①(become) sick.　She believed she would get better by making a thousand paper cranes.　However, ②she (　　　) (　　　) the next year.　She was only twelve. ③Many people 〔 paper cranes / been / millions of / sending / have 〕 to the monument since it was built.　The paper cranes show people's hope for peace.

(1)　①の(　)内の語を適する形(1語)にかえなさい。

　　　_____

(2)　下線部②が「彼女は翌年亡くなりました」という意味になるように，(　)に適する語を書きなさい。

　　　_____

(3)　下線部③の〔　〕内の語句を並べかえて，「多くの人々が何百万もの折り鶴を送り続けています」という意味の英文にしなさい。
　　　Many people _____
　　　_____

(4)　貞子さんはどんなことを信じていましたか。(　)に適する日本語を書きなさい。
　　　千羽の折り鶴を(　　　　　　　　　)ことによって，
　　　(　　　　　　　　　)だろうということ。

(5)　本文と質問の答えに合うように，＿＿に適する語を書きなさい。
　　　When did Sadako die? — She died in _____ .

6 次の文を(　)内の指示にしたがって書きかえなさい。

(1)　We clean our classroom.　（「まだ～していない」という文に）

　　　_____

(2)　Judy has climbed the mountain.　（ever を使って疑問文に）

　　　_____

(3)　She practices the violin.
　　　（「今朝からずっと～」という現在完了進行形の文に）

　　　_____

7 次のようなとき英語でどう言うか。(　)内の語数で書きなさい。

(1)　エミはちょうどその仕事を終えたところだと伝えるとき。（6語）

　　　_____

(2)　自分はトムとは10年来の知り合いだと伝えるとき。（6語）

　　　_____

重要ポイント

5　(1)英文の初めの語句 In 1954 に着目。
(2)過去の文であることにも注意。
(3) been と sending, have があることに着目。
(4)本文1～2行目に着目。
(5) in のあとに年を表す数字を入れる。本文1行目と3行目に着目。

6　(1)「まだ」「もう」「すでに」を表す語の使い方をしっかり区別する。

得点力を UP

●already：すでに
●yet
　疑問文：もう
　否定文：まだ

(2)現在完了の疑問文は have[has]を主語の前に出す。
(3)主語が三人称単数であることに注意。

7　(1)「ちょうど」を表す語の位置に注意。
(2)「10年間ずっとトムを知っている」と考える。語数指定に注意する。

PROGRAM 8 ～ Reading 3

実力判定テスト　ステージ3　PROGRAM 8 〜 Reading 3　30分　/100

解答　p.39

読 聞 書 話

1 LISTENING 英文とその内容についての質問を聞いて，その答えとして適するものを1つずつ選び，記号で答えなさい。　♪ l16　3点×3(9点)

(1)　ア　For a year.　　　　　　　　イ　For two years.

　　　ウ　About one kilometer.　　エ　About two kilometers.　　（　　　）

(2)　ア　He studies Japanese.　　　イ　He goes shopping.

　　　ウ　He plays video games.　　エ　He visits old temples.　　（　　　）

(3)　ア　Ten.　　イ　Twelve.　　ウ　Twenty-two.　　エ　Thirty-two.　（　　　）

2 次の日本文に合うように，＿＿＿に適する語を書きなさい。　4点×4(16点)

(1)　私はずっとノートをさがしています。

　　　I have been ＿＿＿＿＿＿＿＿＿＿＿＿＿＿＿ my notebook.

(2)　実際には，暖かい場所に住んでいるペンギンもいます。

　　　＿＿＿＿＿＿＿＿＿＿ ＿＿＿＿＿＿＿＿, some penguins live in warm places.

(3)　これらの問題にもかかわらず，私は最善を尽くします。

　　　＿＿＿＿＿＿＿＿ ＿＿＿＿＿＿＿＿ ＿＿＿＿＿＿＿＿ these problems, I'll do my best.

(4)　あなたはジョンがコンテストに優勝すると思っていましたか。

　　　Did you think John ＿＿＿＿＿＿＿＿＿ ＿＿＿＿＿＿＿＿＿ the contest?

3 次の各組の文がほぼ同じ内容になるように，＿＿＿に適する語を書きなさい。　4点×2(8点)

(1)　{ Yuki has visited Finland before.
　　　Yuki ＿＿＿＿＿＿＿＿ ＿＿＿＿＿＿＿＿ ＿＿＿＿＿＿＿＿ Finland before.

(2)　{ It began to rain two hours ago, and it's still raining.
　　　It has ＿＿＿＿＿＿＿＿ ＿＿＿＿＿＿＿＿ ＿＿＿＿＿＿＿＿ two hours.

4 〔　〕内の語句を並べかえて，日本文に合う英文にしなさい。ただし，必要があればそれぞれ1語を適する形にかえること。　4点×3(12点)

(1)　私は一度彼らと話したことがあります。

　　　〔 talk / them / have / with / once / I 〕.

　　　＿＿＿＿＿＿＿＿＿＿＿＿＿＿＿＿＿＿＿＿＿＿＿＿＿＿＿＿＿＿＿＿＿＿＿

(2)　母はすでに家を出ました。

　　　〔 has / home / already / leave / my mother 〕.

　　　＿＿＿＿＿＿＿＿＿＿＿＿＿＿＿＿＿＿＿＿＿＿＿＿＿＿＿＿＿＿＿＿＿＿＿

(3)　グリーンさんは昨夜からこの部屋でずっと眠っています。

　　　Ms. Green 〔 since / been / this room / sleep / has / in 〕 last night.

　　　Ms. Green ＿＿＿＿＿＿＿＿＿＿＿＿＿＿＿＿＿＿＿＿＿＿＿＿ last night.

ちょっとBREAKの答え　イギリスでは「1階」を the ground floor，「2階」を the first floor と言います。

5 次の英文を読んで，あとの問いに答えなさい。　　　　　　　　(計20点)

　The monument receives about 10 million paper cranes every year.　But every year those cranes are ①(burn). It costs too much and it's not good for the environment.
②People 〔 been / for / thinking / have / this problem / about 〕 a long time.

(1)　①の(　)内の語を適する形(1語)にかえなさい。　＿＿＿＿＿＿＿　(3点)

(2)　下線部②の〔　〕内の語句を並べかえて，意味の通る英文にしなさい。　(5点)

　　People ＿＿＿＿＿＿＿＿＿＿＿＿＿＿＿＿＿＿＿＿＿＿＿＿＿＿＿＿＿

　　＿＿＿＿＿＿＿＿＿＿＿＿＿＿＿＿＿＿＿＿＿＿＿＿＿　a long time.

(3)　記念碑に送られる折り鶴に関する問題について(　)に適する日本語を書きなさい。(6点)

　　折り鶴を燃やすと，(　　　　　　　　　)がかかりすぎるし，(　　　　　　　　　)にもよくないという問題。

(4)　本文と質問の答えに合うように，＿＿＿に適する語や数字を書きなさい。　(6点)

　　How many paper cranes does the monument receive every year?

　　— About ＿＿＿＿＿＿＿＿＿　＿＿＿＿＿＿＿＿＿.

6 (　)内の語を参考に，次の日本文に合うように，＿＿＿に適する語を書きなさい。

(1)　私たちは2年間ずっとその車を買いたいと思っています。　(want)　　5点×5(25点)

　　＿＿＿＿＿＿＿　＿＿＿＿＿＿＿　to buy the car ＿＿＿＿＿＿＿ two years.

(2)　彼は今朝からずっとテニスをしています。　(play)

　　He ＿＿＿＿＿＿＿ been ＿＿＿＿＿＿＿ tennis ＿＿＿＿＿＿＿ this morning.

(3)　彼女はこれまでに何回，鳥取に行ったことがありますか。　(be)

　　＿＿＿＿＿＿＿ many ＿＿＿＿＿＿＿ has she ＿＿＿＿＿＿＿ to Tottori?

(4)　あなたはもうその本を読みましたか。　(read)

　　＿＿＿＿＿＿＿ you ＿＿＿＿＿＿＿ the book ＿＿＿＿＿＿＿?

(5)　お久しぶりです。　(see)

　　I ＿＿＿＿＿＿＿ ＿＿＿＿＿＿＿ you ＿＿＿＿＿＿＿ a long time.

7 次の日本文を(　)内の語数の英語になおしなさい。　　　5点×2(10点)

(1)　彼はフランスを訪れてからずっと美術に興味をもっています。　(10語)

　　＿＿＿＿＿＿＿＿＿＿＿＿＿＿＿＿＿＿＿＿＿＿＿＿＿＿＿＿＿＿＿＿＿

(2)　あなたはいつからメグ(Meg)を待っているのですか。　(8語)

　　＿＿＿＿＿＿＿＿＿＿＿＿＿＿＿＿＿＿＿＿＿＿＿＿＿＿＿＿＿＿＿＿＿

PROGRAM 8 ～ Reading 3

 助動詞のまとめ

 これまでいろいろな助動詞を習ったね。ここで，主なものをまとめて復習しておきましょう！

1 can を用いた文

〈can＋動詞の原形〉で「…することができる」「…してもよい」を意味する。

否定文は cannot[can't]を使い，疑問文は can を主語の前に出す。can の過去形は could。

| Eri can run very fast. | エリはとても速く走ることができます。 |

Eri can run very fast.　　　　　　　エリはとても速く走ることができます。

Eri can't[cannot] run very fast.　　エリはあまり速く走ることができません。

Can Eri run very fast?　　　　　　　エリはとても速く走ることができますか。

⭐ Can[Could] you …? は「…していただけませんか[…してくださいませんか]」という依頼を表す。

Can[Could] you help me?　　　わたしを手伝ってくれますか[手伝ってくださいませんか]。

2 must と have[has] to 〜を用いた文

〈must＋動詞の原形〉と〈have[has] to＋動詞の原形〉で「…しなければならない」という義務を表す。過去の文では had to …，未来の文では will have to … を使う。

I must go home now. ＝ I have to go home now.　　わたしはもう家に帰らなければならない。

He must do his homework. ＝ He has to do his homework.　　彼は宿題をしなければならない。

We had to do our homework yesterday.　わたしたちは昨日, 宿題をしなければならなかった。

She'll have to do her homework tomorrow.　彼女は明日, 宿題をしなければならないでしょう。

⭐ don't[doesn't] have to … は「…しなくてもよい」，must not[mustn't] は「…してはいけない」(禁止)を表す。

You don't have to read this book.　　あなたはこの本を読まなくてもよい。

You mustn't read this book.　　　　　あなたはこの本を読んではいけない。

⭐〈should＋動詞の原形〉も「〜すべきである」という義務を表す。

You should help your mother.　　　あなたはお母さんを手伝うべきです。

3 may を用いた文

may には「…してもよい」の意味がある。May I …? は「…してもよいですか」と許可を求める言い方で，Can I …? と同じ意味を表す。

May[Can] I use this computer?　　このコンピューターを使ってもよいですか。

—Yes, of course.[Sure.]　はい，もちろん。

I'm sorry you can't.　　すみません, 使ってはいけません。

⭐ may には「…かもしれない」という推測の意味もある。

He may be at home now.　　彼は今家にいるかもしれない。

 助動詞の使い方と意味を思い出したかな？

形容詞・副詞の比較変化

形容詞，副詞のいろいろな比較変化の形を学習したね。
まとめて復習しようね。

1 -er, -est をつける単語

原級	比較級	最上級
fast（速い）	faster	fastest
high（高い）	higher	highest
long（長い，長く）	longer	longest
old（古い）	older	oldest
short（短い）	shorter	shortest
small（小さい，狭い）	smaller	smallest
tall（背の高い）	taller	tallest
warm（暖かい）	warmer	warmest
large（大きい，広い）	larger	largest
busy（忙しい）	busier	busiest
happy（幸福な，楽しい）	happier	happiest
hot（熱い，暑い）	hotter	hottest

-er, -est のつけ方はきまりを覚えれば，かんたんだよ！

→語尾が -e の語は -r, -st をつける

語尾が〈子音字＋y〉の語は y を i にかえて，-er, -est をつける

→最後の文字を重ねて -er, -est をつける

2 more, most をつける単語

原級	比較級	最上級
beautiful（美しい）	more beautiful	most beautiful
difficult（難しい）	more difficult	most difficult
easily（たやすく）	more easily	most easily
exciting（わくわくさせるような）	more exciting	most exciting
expensive（高価な，高い）	more expensive	most expensive
famous（有名な）	more famous	most famous
important（重要な）	more important	most important
interesting（おもしろい）	more interesting	most interesting
popular（人気のある）	more popular	most popular
useful（役に立つ）	more useful	most useful

2 不規則に変化する単語

原級	比較級	最上級
good（よい），well（上手に）	better	best
many（[数]たくさんの）	more	most
much（[量]たくさんの）		

112

 **不規則動詞活用表**

⭐ 不規則動詞の活用を覚えよう。

※ [ ]は発音です。

型	原 形	現在形	過去形	過去分詞形	-ing 形
①	be （～になる，～である）	am / are / is	was / were	been	being
	begin （始める）	begin(s)	began	begun	beginning
	break （壊れる）	break(s)	broke	broken	breaking
	do （する，行う）	do / does	did	done[dʌn]	doing
	drink （飲む）	drink(s)	drank	drunk	drinking
	eat （食べる）	eat(s)	ate	eaten	eating
	fly （飛ぶ）	fly / flies	flew[fluː]	flown	flying
	give （与える）	give(s)	gave	given	giving
	go （行く）	go(es)	went	gone	going
	know （知る，知っている）	know(s)	knew	known	knowing
	see （見る）	see(s)	saw	seen	seeing
	speak （話す）	speak(s)	spoke	spoken	speaking
	swim （泳ぐ）	swim(s)	swam	swum	swimming
	take （とる，持っていく）	take(s)	took	taken	taking
	write （書く）	write(s)	wrote	written	writing
②	bring （持ってくる）	bring(s)	brought	brought	bringing
	build （建てる）	build(s)	built	built	building
	buy （買う）	buy(s)	bought	bought	buying
	catch （つかまえる）	catch(es)	caught	caught	catching
	find （見つける）	find(s)	found	found	finding
	get （(状態に)になる）	get(s)	got	gotten, got	getting
	have （持っている，食べる）	have, has	had	had	having
	hear （聞く）	hear(s)	heard	heard	hearing
	keep （飼う，続ける）	keep(s)	kept	kept	keeping
	leave （出発する）	leave(s)	left	left	leaving
	lend （貸す）	lend(s)	lent	lent	lending
	lose （失う）	lose(s)	lost	lost	losing
	make （作る）	make(s)	made	made	making
	meet （会う）	meet(s)	met	met	meeting
	say （言う）	say(s)	said[sed]	said[sed]	saying
	sell （売る）	sell(s)	sold	sold	selling
	send （送る）	send(s)	sent	sent	sending
	sit （すわる）	sit(s)	sat	sat	sitting
	sleep （眠る）	sleep(s)	slept	slept	sleeping
	stand （立つ，立っている）	stand(s)	stood	stood	standing
	teach （教える）	teach(es)	taught	taught	teaching
	tell （教える，言う）	tell(s)	told	told	telling
	think （思う）	think(s)	thought	thought	thinking
	win （勝つ）	win(s)	won[wʌn]	won[wʌn]	winning
③	become （～になる）	become(s)	became	become	becoming
	come （来る）	come(s)	came	come	coming
	run （走る）	run(s)	ran	run	running
④	cut （切る）	cut(s)	cut	cut	cutting
	put （置く）	put(s)	put	put	putting
	read （読む）	read(s)	read[red]	read[red]	reading

◆ 「型」は変化するパターンです。 ①A・B・C型 ②A・B・B型 ③A・B・A型 ④A・A・A型

アプリで学習！
Challenge! SPEAKING

- この章は，付録のスマートフォンアプリ『文理のはつおん上達アプリ　おん達 Plus』を使用して学習します。
- 右の QR コードより特設サイトにアクセスし，アプリをダウンロードしてください。
- アプリをダウンロードしたら，アクセスコードを入力してご利用ください。

おん達 Plus
特設サイト

アプリアイコン

アプリ用アクセスコード ▶ B064330

※アクセスコード入力時から 15 か月間ご利用になれます。

アプリの特長

- アプリでお手本を聞いて，自分の英語をふきこむと，AI が採点します。
- 点数は「流暢度」「発音」「完成度」の 3 つと，総合得点が出ます。
- 会話の役ごとに練習ができます。
- 付録「ポケットスタディ」の発音練習もできます。

アプリの使い方

① ホーム画面の「かいわ」を選びます。
② 学習したいタイトルをタップします。

 トレーニング

① 🔊 をタップしてお手本の音声を聞きます。
② 🎤 をおして英語をふきこみます。
③ 点数を確認します。
- 点数が高くなるように何度もくりかえし練習しましょう。
- 🎧 をタップするとふきこんだ音声を聞くことができます。

 チャレンジ

① カウントダウンのあと，会話が始まります。
② 🎤 が光ったら英語をふきこみます。
③ ふきこんだら 🎤 をタップします。
④ "Role Change!" と出たら役をかわります。

利用規約・お問い合わせ https://www.kyokashowork.jp/ontatsuplus/terms_contact.html

 **日常生活**

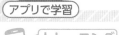アプリで学習

 ●付録アプリを使って，発音 の練習をしましょう。 読 聞 書 話

🎵 s01

トレーニング

自分や相手の日常生活について英語で言えるようになりましょう。

☐ What time do you get up on weekdays?
　↳ go to bed / have dinner / do your homework

あなたは平日は何時に起きますか。
weekday：平日

☐ I usually get up at seven on weekdays.
　go to bed / have dinner / do my homework
　↳ ten / seven / six

私は平日はふつう 7 時に起きます。
usually：ふつう

☐ I see.

なるほど。

☐ What do you enjoy doing in your free time?

あなたはひまなとき何をして楽しみますか。free：ひまな

☐ I enjoy reading books in my free time.
　↳ playing video games / playing the piano / watching movies on TV

私はひまなとき本を読んで楽しみます。

☐ That's nice.

それはいいですね。

🎵 s02

チャレンジ

自分や相手の日常生活についての英語を会話で身につけましょう。□に言葉を入れて言いましょう。

A : What time do you ☐ on weekdays?
B : I usually ☐ at ☐ on weekdays.
A : I see.
　What do you enjoy doing in your free time?
B : I enjoy ☐ in my free time.
A : That's nice.

Challenge! SPEAKING②

ていねいなお願い

アプリで学習

 ●付録アプリを使って，発音の練習をしましょう。

読聞書話

Challenge! SPEAKING

🎵 s03

トレーニング

ていねいなお願いを英語で言えるようになりましょう。

☐ Excuse me.	すみません。
☐ May I ask you a favor?	１つお願いしてもよろしいですか。
☐ No, problem.	かまいませんよ。
☐ Could you pass me the salt?	塩を取ってくださいませんか。
open the window / close the door / take my picture	Could you ～?：～してくださいませんか
☐ Sure.	もちろんです。
☐ Thank you very much.	どうもありがとうございます。
☐ My pleasure.	どういたしまして。

チャレンジ

🎵 s04

ていねいなお願いの英語を会話で身につけましょう。□に言葉を入れて言いましょう。

A : **Excuse me.**
   May I ask you a favor?
B : **No, problem.**
A : **Could you** ☐ **?**
B : **Sure.**
A : **Thank you very much.**
B : **My pleasure.**

 **買い物**

アプリで学習

 ●付録アプリを使って，発音 の練習をしましょう。 読 聞 書 話

 ♪ s05

買い物での英語を言えるようになりましょう。

☐ May I help you?	お手伝いしましょうか。
☐ Yes, please.	はい，お願いします。
☐ I'm looking for <u>a shirt</u>. └─ a sweater / a cap / a T-shirt	シャツをさがしています。 look for 〜：〜をさがす
☐ How about this one?	こちらはいかがですか。
☐ This looks nice, but I don't like the color.	これはよさそうに見えますが，色が好きではありません。 look 〜：〜のように見える
☐ Would you like to see a <u>white</u> one? └─ brown / black / yellow	白いのをお見せしましょうか。
☐ Yes, please.	はい，お願いします。
☐ Here it is.	こちらがそれです。
☐ I like it.　I'll take it.	気に入りました。これをいただきます。

チャレンジ　♪ s06

買い物での英語を会話で身につけましょう。☐に言葉を入れて言いましょう。

A : May I help you?
B : Yes, please.
　　I'm looking for ☐.
A : How about this one?
B : This looks nice, but I don't like the color.
A : Would you like to see a ☐ one?
B : Yes, please.
A : Here it is.
B : I like it.　I'll take it.

Challenge! SPEAKING❹
電話
アプリで学習

●付録アプリを使って，発音の練習をしましょう。 読 聞 書 話

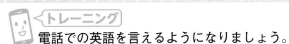

トレーニング　　　　　　　　　　　　s07

電話での英語を言えるようになりましょう。

☐ Hello.　This is Mike.
　　　　　└ Cathy / Tom / Emma

もしもし。マイクです。

☐ May I speak to Emily, please?
　　　　　└ Alex / Beth / Nick

エミリーをお願いします。

☐ This is Emily speaking.　What's up?
　　　　└ Alex / Beth / Nick

こちらはエミリーです。どうしたのですか。

☐ I'm planning to visit Bob's house next Sunday.
　　　　└ go fishing / go to a movie /
　　　　　 go to a curry restaurant

今度の日曜日にボブの家を訪れることを計画してます。
plan to ～：～することを計画する

☐ Can you come with me?

いっしょに来ませんか。

☐ Yes, of course.

はい，もちろんです。

☐ Sounds fun.

楽しそうですね。
sounds ～：～のように聞こえる

チャレンジ　　　　　　　　　　　　s08

電話での英語を会話で身につけましょう。☐に言葉を入れて言いましょう。

A : Hello.　This is ☐.
　　May I speak to ☐, please?
B : This is ☐ speaking.
　　What's up?
A : I'm planning to ☐ next
　　Sunday.
　　Can you come with me?
B : Yes, of course.
　　Sounds fun.

電車の乗りかえ

●付録アプリを使って，発音の練習をしましょう。

読 聞
書 話

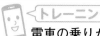

🎤 ◀トレーニング

♪ s09

電車の乗りかえを英語で言えるようになりましょう。

☐ Excuse me.	すみません。
☐ Could you tell me how to get to <u>Central Museum</u>? 　　　　Rainbow Zoo / Green Park / Sun Tower	セントラルミュージアムへの行き方を教えてくださいませんか。
☐ Let's see.　Take <u>the South North Line</u>. 　　　　the East West Line	ええと。南北線に乗ってください。
☐ Change trains at <u>Green Hill</u>. 　　　　Blue River / Red Mountain / 　　　　Chinatown	グリーンヒルで電車を乗りかえてください。 change trains：電車を乗りかえる
☐ Take <u>the East West Line</u> and get off at 　　　　the South North Line 　<u>Chinatown</u>. 　　　Red Mountain / Blue River / Green Hill	東西線に乗って，チャイナタウンで降りてください。 get off：降りる
☐ How long does it take?	どれくらい時間がかかりますか。
☐ It'll take about <u>fifteen</u> minutes. 　　　　thirty / twenty / forty	約15分かかります。
☐ Thank you very much.	どうもありがとうございます。

🎤 ◀チャレンジ

♪ s10

電車の乗りかえの英語を会話で身につけましょう。☐に言葉を入れて言いましょう。

A : Excuse me.　Could you tell me how to get to ☐?

B : Let's see.　Take ☐.
　　Change trains at ☐.
　　Take ☐ and get off
　　at ☐.

A : How long does it take?

B : It'll take about ☐ minutes.

A : Thank you very much.

Challenge! SPEAKING❻
ホテルでのトラブル

● 付録アプリを使って，発音の練習をしましょう。

読 聞
書 話

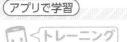

トレーニング

🎵 s11

ホテルでのトラブルで使う英語を言えるようになりましょう。

☐ Excuse me.	すみません。
☐ Yes.　Can I help you?	はい。ご用でしょうか。
☐ I have a problem with the light.	電灯に問題があります。
└─ the TV / the shower / the air conditioner	
☐ It doesn't work.	壊れています。
☐ I apologize for the trouble.	問題をお詫びいたします。 apologize：謝る，わびる
☐ I'll check it right away.	すぐに調査します。
☐ Thank you.	ありがとう。

チャレンジ

🎵 s12

ホテルでのトラブルで使う英語を会話で身につけましょう。□□に言葉を入れて言いましょう。

A : Excuse me.
B : Yes.　Can I help you?
A : I have a problem with _____.
　　It doesn't work.
B : I apologize for the trouble.
　　I'll check it right away.
A : Thank you.

 ●付録アプリを使って，発音 の練習をしましょう。

読 聞 書 話

誘う

トレーニング

♪ s13

相手を誘う英語を言えるようになりましょう。

☐ Let's make a plan for this weekend.	今週末の計画をしましょう。 make a plan：計画する
☐ OK.　Do you have any ideas?	いいですよ。何か考えはありますか。
☐ How about going to the park?	公園へ行きませんか。 department store：デパート

the zoo /
the library /
the department store

☐ I want to run there.	私はそこで走りたいです。 borrow：借りる

see pandas there /
borrow some books /
buy a new bag

☐ That's nice.	それはいいですね。
☐ Why don't we have lunch there?	そこで昼食を食べませんか。

draw them /
do our homework there /
visit the museum near it

☐ I agree with you.	あなたに賛成です。

チャレンジ

♪ s14

相手を誘う英語を会話で身につけましょう。 ☐ に言葉を入れて言いましょう。

A : Let's make a plan for this weekend.
B : OK.　Do you have any ideas?
A : How about going to ☐ ?
　　I want to ☐ .
B : That's nice.
　　Why don't we ☐ ?
A : I agree with you.

定期テスト対策

得点アップ！ 予想問題

1 この「予想問題」で実力を確かめよう！

時間も
はかろう

2 「解答と解説」で答え合わせをしよう！

3 わからなかった問題は戻って復習しよう！

この本での
学習ページ

スキマ時間でポイントを確認！
別冊「スピードチェック」も使おう

●予想問題の構成

英語2年　開隆堂版

PROGRAM 1 / Steps 1 読書 聞話 **30**分 解答 p.40 /100

🎧 1 LISTENING 対話と質問を聞いて，その答えとして適する絵を１つ選び，記号で答えなさい。

♪ t01 (8点)

2 次の日本文に合うように，＿＿＿に適する語を書きなさい。 4点×6(24点)

(1) ところで君はテニスをするの？　＿＿＿＿＿＿ the ＿＿＿＿＿＿, do you play tennis?

(2) どうしたの？　疲れているの？　＿＿＿＿＿＿＿＿＿＿？　Are you tired?

(3) 窓を開けてくれますか。— 喜んで。
　　Can you open the windows?　— ＿＿＿＿＿＿ ＿＿＿＿＿.

(4) 台風が来ているよ。今週末は気をつけて。
　　A *typhoon is coming. ＿＿＿＿＿＿ ＿＿＿＿＿＿ this weekend!　*typhoon：台風

(5) 今日は最善をつくしましたか。　Did you ＿＿＿＿＿＿ your ＿＿＿＿＿＿ today?

(6) マイさんによろしく言ってください。＿＿＿＿＿＿ ＿＿＿＿＿ to Mai, please.

(1)		(2)	
(3)		(4)	
(5)		(6)	

3 次の文を（　）内の指示にしたがって書きかえなさい。 5点×4(20点)

(1) He cleans his room <u>every</u> Sunday.　（下線部を next にかえて，未来を表す６語の文に）

(2) Meg will have lunch at the Japanese restaurant.　（8語の否定文に）

(3) We will go fishing.　（「もし明日，晴れたら」の意味を付け加え，カンマを使わずに）

(4) They're going to get up at six.　（疑問文にして，No で答える）

(1)	
(2)	
(3)	
(4)	

4　次の対話文を読んで，あとの問いに答えなさい。　　　　　　　　　　(計25点)

Daniel :　①〔 go / going / you / to / are 〕 to a local school?

　Miki :　Yes.　I'm ②a (　　　　) (　　　　) worried.

Daniel :　It's OK.　You'll make new friends soon.

　Miki :　I hope ③so.　I won't forget you all.

Daniel :　④(連絡を取り続けようね), Miki.

　Miki :　Of course.　⑤I'll email you often.

(1)　下線部①の〔　〕内の語を並べかえて意味の通る英文にしなさい。　　(5点)

(2)　下線部②が「少し」という意味になるように，（　）に適する語を書きなさい。　(5点)

(3)　下線部③の内容になるように，（　）に適する日本語を書きなさい。　(5点)

　　すぐに新しい(　　　　　　　　)ができること。

(4)　下線部④を3語の英語になおしなさい。　　　　　　　　　　　　　(5点)

(5)　下線部⑤を日本語になおしなさい。　　　　　　　　　　　　　　(5点)

(1)			to a local school?
(2)		(3)	
(4)			
(5)			

5　〔　〕内の語句や符号を並べかえて，日本文に合う英文にしなさい。　5点×3(15点)

(1)　今日の午後の天気はどうでしょうか。

　　〔 this / will / how / the weather / be 〕 afternoon?

(2)　私が帰宅したとき，彼はテレビを見ていました。

　　〔 home / was / he / came / I / watching / when / , 〕 TV.

(3)　あなたたちはいつ仙台を出発する予定ですか。

　　〔 leave / you / going / Sendai / when / are / to 〕?

(1)		afternoon?
(2)		TV.
(3)		

6　次の質問に，あなた自身の立場で答えを英語で書きなさい。　　　　　(8点)

If you have a lot of *money, what will you do?　　　　　　　　*money：お金

PROGRAM 2 ～ Word Web1

読書 聞話   30分   解答 ▶ p.41

/100

🎧 **1 LISTENING** 対話と質問を聞いて，その答えとして適する絵を1つ選び，記号で答えなさい。

♪ t02 (8点)

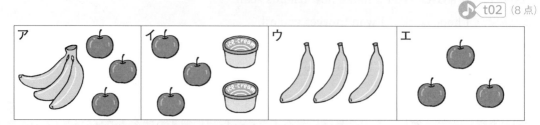

| ア | イ | ウ | エ |

2 次の日本文に合うように，____に適する語を書きなさい。   4点×6(24点)

(1) 次の日曜日にハイキングに行きましょう。   Let's _____ _____ next Sunday.

(2) 彼らは野球には興味がありません。   They're not _____ _____ baseball.

(3) ピクニックのあとはごみを拾ってね。
_____ _____ the garbage after the picnic.

(4) 何よりもまず宿題をしなさい。   _____ of _____, do your homework.

(5) ネコについてよく知っているね。   You know _____ _____ about cats.

(6) この洞窟はとても暗いよ！ ― 大丈夫。さあ，行きますよ！
This *cave is so dark! ― It's OK. _____ we _____ ! *cave：洞窟

(1)		(2)	
(3)		(4)	
(5)		(6)	

3 次の文を( )内の指示にしたがって書きかえなさい。   5点×4(20点)

(1) Ann speaks Japanese well. （「私は～ということを知っています」という7語の文に）

(2) He leaves school at four. （「～しなければなりません」という7語の文に）

(3) You wash the dishes after dinner. （「～する必要はありません」という文に）

(4) She must work on Saturdays. （疑問文にして，No で答える）

(1)	
(2)	
(3)	
(4)	

4 次の会話文を読んで，あとの問いに答えなさい。 (計 21 点)

Miki : "Take only pictures, leave only footprints."　Right?

Eric : Yes.　We can take pictures, but ①we must not take anything from the forest.

Tom : ②And we must bring our garbage home.

Miki : Yes, ③(もちろん).　④We (　　　　) (　　　　) nature.

(1) 下線部①を日本語になおしなさい。 (5 点)

(2) 下線部②とほぼ同じ意味になるように，＿＿ に適する語を書きなさい。 (5 点)

　　 And we ＿＿＿＿＿＿＿＿＿＿ ＿＿＿＿＿＿＿＿＿＿ bring our garbage home.

(3) 下線部③を 2 語の英語になおしなさい。 (5 点)

(4) 下線部④が「私たちは自然を保護しなければなりません。」という意味になるように(　)

　　 に適する語を書きなさい。 (6 点)

(1)				
(2)			(3)	
(4)				

5 〔 〕内の語句を並べかえて，日本文に合う英文にしなさい。 5 点×3(15 点)

(1) 私たちは，グリーンさんはカナダの出身ではないと思います。

　　 We 〔 that / from / think / Ms. Green / Canada / is / don't 〕.

(2) この箱を向こうに運んでいただけますか。

　　 〔 this box / you / over / could / bring 〕 there?

(3) 明日は，最低気温は 6 度でしょう。

　　 〔 6 degrees / the low / will 〕 tomorrow.　（1 語補う）

(1)	We　　　　　　　　　　　　　　　　　　　　　　　　　　　　.
(2)	there?
(3)	tomorrow.

6 次の日本文を英語になおしなさい。 6 点×2(12 点)

(1) （電話で）サキさんをお願いできますか。

(2) 彼らはその部屋を掃除しなければなりませんでした。

(1)	
(2)	

第**3**回
予想問題　PROGRAM 3 / Steps 2　　解答 ▶ p.41　/100

1 LISTENING 対話と質問を聞いて，その答えとして適するものを 1 つずつ選び，記号で答えなさい。
♪ t03　3点×3(9点)

(1)　ア　They are taking a picture.　　イ　They are talking about a restaurant.
　　ウ　They are talking about Becky's brother.　　エ　They are eating *ramen*.

(2)　ア　Yes, he is.　　イ　No, he isn't.　　ウ　Yes, he does.　　エ　No, he doesn't.

(3)　ア　He wants to work in Tokyo.　　イ　He wants to be a college student.
　　ウ　He wants to have his restaurant.　　エ　He wants to live in Fukuoka.

(1)		(2)		(3)	

2 次の日本文に合うように，＿＿＿に適する語を書きなさい。　4点×6(24点)

(1)　その歌手は世界じゅうで人気があります。　The singer is popular ＿＿＿＿＿＿ the ＿＿＿＿＿＿.

(2)　イヌの代わりに，私はペットのブタを飼っています。
　　＿＿＿＿＿＿ ＿＿＿＿＿＿ a dog, I have a pet pig.

(3)　しっぽが長いネコもいます。しっぽが短いネコもいます。
　　＿＿＿＿＿＿ cats have long tails. ＿＿＿＿＿＿ have short tails.

(4)　それは何？　宝物の地図みたいに見えるよ！
　　What's that?　It ＿＿＿＿＿＿ ＿＿＿＿＿＿ a treasure map!

(5)　彼の夢はかないましたか。　Did his dream ＿＿＿＿＿＿ ＿＿＿＿＿＿?

(6)　将来，私は獣医になりたいです。　I want to be a vet ＿＿＿＿＿＿ the ＿＿＿＿＿＿.

(1)		(2)	
(3)		(4)	
(5)		(6)	

3 (　)内の指示にしたがって，日本文に合う英文を作りなさい。　5点×3(15点)

(1)　彼女は古いお寺を訪れることが好きです。　（old temples を使って，6 語で）

(2)　私は父に会うために札幌に行くつもりです。　（see を使って 9 語で）

(3)　今朝，雨が降りやみました。　（this morning を使って）

(1)	
(2)	
(3)	

4 次の対話文を読んで，あとの問いに答えなさい。　　　　　　　　　(計25点)

Mao : Do people in the U.S. enjoy street food too?

Daniel : Yes. ①There are many street vendors in New York. ②(私たちは外で食べることを楽しみます。)

Mao : ③[of / do / kind / what / have / you / food]?

Daniel : We have pretzels, lobster rolls, *ramen* burgers, ④(など).

(1) 下線部①を日本語になおしなさい。　　　　　　　　　　　　　　(6点)

(2) 下線部②を英語になおしなさい。　　　　　　　　　　　　　　　(7点)

(3) 下線部③の[　]内の語を並べかえて意味の通る英文にしなさい。(6点)

(4) 下線部④を3語の英語になおしなさい。　　　　　　　　　　　　(6点)

(1)	
(2)	
(3)	
(4)	

5 [　]内の語を並べかえて，日本文に合う英文を書きなさい。　5点×3(15点)

(1) 彼女には音楽を聞く時間がありませんでした。

She [time / didn't / music / listen / have / to / to].

(2) あなたにとって理科を勉強することはおもしろいですか。

[to / science / is / interesting / studying] you?

(3) あなたは夏休みに何をしたいですか。

[do / what / to / during / want / do / you] summer vacation?

(1)	She .
(2)	you?
(3)	summer vacation?

6 次の日本文を英語になおしなさい。　　　　　　　　　　　　6点×2(12点)

(1) 私は何か冷たい飲みものがほしいです。

(2) ボブ(Bob)の趣味はピアノをひくことです。　(hobby を使って6語で)

(1)	
(2)	

第**4**回 予想問題 | **Our Project 4 / Reading 1** | 読書 聞話   /100

解答 ▶ p.42

1 LISTENING 対話と質問を聞いて，その答えとして適するものを 1 つずつ選び，記号で答えなさい。

🎵 t04 3点×3(9点)

(1) ア To do some shopping. イ To have some delicious curry and rice.
ウ To see some famous pictures. エ To see Bob's grandfather.

(2) ア Bob's grandparents. イ Bob and Bob's mother.
ウ Bob's sister. エ Bob and Bob's sister.

(3) ア Yes, he was. イ No, he wasn't. ウ Yes, he did. エ No, he didn't.

(1)		(2)		(3)	

2 次の日本文に合うように，＿＿＿に適する語を書きなさい。 4点×6(24点)

(1) 6時にもどってきてくれますか。 Can you ＿＿＿＿＿＿ ＿＿＿＿＿＿ at six?

(2) 逃げないで。そのイヌは怖くないよ。
Don't ＿＿＿＿＿＿ ＿＿＿＿＿＿. That dog isn't *scary. *scary：怖い

(3) 「最善をつくそう。」とブラウン先生は心の中で考えました。
Mr. Brown ＿＿＿＿＿＿ to ＿＿＿＿＿＿, "I'll do my best."

(4) 近ごろショウタはとても忙しいです。 ＿＿＿＿＿＿ ＿＿＿＿＿＿, Shota is very busy.

(5) 彼らは遅れたことをすまないと思いました。
They were ＿＿＿＿＿＿ ＿＿＿＿＿＿ being late.

(6) なんで彼は倒れたの？ 大丈夫？ Why did he ＿＿＿＿＿＿ ＿＿＿＿＿＿? Is he OK?

(1)		(2)	
(3)		(4)	
(5)		(6)	

3 次の文を( )内の指示にしたがって書きかえなさい。 3点×5(15点)

(1) Tom runs in the park. （at nine last night をつけて過去進行形の文に）

(2) Please help us. （「もしあなたがひまなら」という意味を付け加え，カンマを使わずに）

(3) I work at the library. （「その図書館で働くことを決めた」という文に）

(1)	
(2)	
(3)	

4 次の英文を読んで，あとの問いに答えなさい。 (計35点)

The next day Gon brought chestnuts again.　But ①(今度は) Hyoju saw him. "②〔 to / a trick / here / he / play / is 〕 again?　I'll stop him."　Hyoju picked up his rifle and ③(shoot).　Bang!

Gon fell to the ground.　Hyoju ④(あたりを見回した) and found the chestnuts.　"⑤It was you!　You brought the chestnuts," he said.　Gon nodded weakly.　⑥The rifle fell from Hyoju's hand.　Smoke was still ⑦(rise) from the barrel.

(1)　下線部①，④をそれぞれ 2 語の英語になおしなさい。 5点×2(10点)

(2)　下線部②の〔 〕内の語句を並べかえて，「やつが，またいたずらをしにここに来たのか。」という意味の英文にしなさい。 (5点)

(3)　③，⑦の( )内の語を適する形にかえなさい。 5点×2(10点)

(4)　下線部⑤を it の表す内容を明らかにして日本語になおしなさい。 (5点)

(5)　下線部⑥の理由として，最も適するものを選び記号で答えなさい。 (5点)

　　ア　自分の母親にひどいことをしたゴンに対する激しい怒りがこみ上げたから。

　　イ　いたずらばかりするゴンに銃弾が命中したことがとてもうれしかったから。

　　ウ　自分の誤解に気づいて撃ったことを後悔し，ゴンに申し訳ないと思ったから。

(1)	①		④		
(2)					again?
(3)	③		⑦		
(4)				(5)	

5 〔 〕内の語句や符号を並べかえて，日本文に合う英文にしなさい。 5点×2(10点)

(1)　ジョンはオレンジを買うためにその店に行きました。

　　John 〔 the shop / some oranges / went / buy / to / to 〕.

(2)　学生だったとき，私の父は東京に住んでいました。

　　〔 a student / lived / my father / in / when / was / he / , 〕 Tokyo.

(1)	John	.
(2)		Tokyo.

6 次の質問に，あなた自身の立場で答えを 5 語以上の英語で書きなさい。 (7点)

What do you want to be when you *grow up?　　　　　*grow up：大人になる

第**5**回
予想問題

PROGRAM 4

読書 聞話

30分

解答 ▶ p.43

/100

解答 ▶ p.43

1 LISTENING　英文と質問を聞いて，その答えとして適する絵を 1 つ選び，記号で答えなさい。

♪ t05 (8 点)

ア	イ	ウ	エ
Nick　John	Nick　John	John　Nick	John　Nick

2 次の日本文に合うように，_____に適する語を書きなさい。　　　　4 点×6(24 点)

(1) 雨のせいで私は学校に遅れました。

I was late for school _____ _____ the rain.

(2) 磁石は硬貨にくっつきますか。

Do *magnets _____ _____ coins?　　　　*magnet：磁石

(3) あの女性は看護師かもしれません。

The woman _____ _____ a nurse.

(4) 彼は朝食をとらずに学校に行きました。He went to school _____ _____ breakfast.

(5) 彼らはクジャクを手本にしてそのドレスを作りました。

They _____ the dress _____ a *peacock.　　　　*peacock：クジャク

(6) 数学はとても難しく感じます。　I _____ _____ math is very difficult.

(1)		(2)	
(3)		(4)	
(5)		(6)	

3 次の文を(　)内の指示にしたがって書きかえなさい。　　　　6 点×3(18 点)

(1) That bag is big.　（「このバッグよりも大きい」という文に）

(2) This book is interesting.　（「5 冊の中でもっともおもしろい」という文に）

(3) He got up early.　（「彼の母親と同じくらい早く起きた」という文に）

(1)	
(2)	
(3)	

4 次の英文を読んで，あとの問いに答えなさい。　　　　　　　　　　　(計 22 点)

> These are bee robots. ①[each / small / a penny / is / as / as / robot], a U.S. coin.
> ②It's not as heavy as a paper clip. ③It's (　　　　) (　　　　) fly in the sky.
> These robots have ④great potential. In agriculture, they will carry pollen to flowers like bees.

(1) 下線部①の〔　〕内の語句を並べかえて「それぞれのロボットは 1 セント銅貨と同じくらい小さいです」という意味の英文にしなさい。　　　　　　　　　　(6 点)

(2) 下線部②を日本語になおしなさい。　　　　　　　　　　　　　　　　(6 点)

(3) 下線部③が「それは空を飛ぶことができます」という意味になるように(　)に適する語を書きなさい。　　　　　　　　　　　　　　　　　　　　　　(5 点)

(4) 下線部④の具体例の 1 つになるように，(　)に適する日本語を書きなさい。

　　　　　　　　　　　　　　　　　　　　　　　　　　　　　　　　(5 点)

　　農業では，それらのロボットは(　　　　)のように花に(　　　　)を運ぶだろうということ。

(1)		, a U.S. coin.
(2)		
(3)		(4)	

5 〔　〕内の語句を並べかえて，日本文に合う英文にしなさい。　　　6 点×3(18 点)

(1) この自転車は彼女のものより高価ですか。

　　〔 than / is / expensive / this bike 〕 hers? （1 語補う）

(2) 彼女はコウタほど熱心に数学を勉強しませんでした。

　　She 〔 did / hard / math / as / as / study / Kota / not 〕.

(3) あなたのクラスではだれがもっともじょうずに英語を話しますか。

　　〔 English / speaks / best / who / the 〕 your class? （1 語補う）

(1)		hers?
(2)	She	.
(3)		your class?

6 次の質問に，あなた自身の立場で答えを 4 語以上の英語で書きなさい。　(10 点)

Which do you like better, dogs or cats?

解答 p.44

第6回 予想問題　PROGRAM 5 / Power-Up 3

読書　聞話　30分　/100

1 LISTENING　対話と質問を聞いて，その答えとして適するものを1つずつ選び，記号で答えなさい。

♪ t06　3点×3(9点)

(1)　ア　Next month.　イ　Next Monday.　ウ　To Tokyo.　エ　To see John.

(2)　ア　Yes.　She's in the club.　イ　No.　She's not in the club.

　　ウ　No.　But John is in the club.

　　エ　Yes.　And John's sister is in the club too.

(3)　ア　One day.　イ　Two days.　ウ　Three days.　エ　Four days.

(1)		(2)		(3)	

2 次の日本文に合うように，＿＿に適する語を書きなさい。

4点×6(24点)

(1)　彼はフルートを吹くのが得意ですか。　Is he ＿＿＿＿＿＿＿ ＿＿＿＿＿＿＿ playing the flute?

(2)　両親がスマートフォンをくれました。 — よかったですね。

　　My parents gave me a smartphone.　 — ＿＿＿＿＿＿＿ ＿＿＿＿＿＿＿ you.

(3)　ダニエルは間違って違う教室に行ってしまいました。

　　Daniel went to the wrong classroom ＿＿＿＿＿＿＿ ＿＿＿＿＿＿＿.

(4)　何かを変えたいのなら，あなたが行動を起こさなければなりません。

　　If you want to change something, you must ＿＿＿＿＿＿＿ ＿＿＿＿＿＿＿.

(5)　だれもあなたが間違っていると言いませんでした。

　　＿＿＿＿＿＿＿ ＿＿＿＿＿＿＿ said you were wrong.

(6)　何か食べものはいかがですか。　＿＿＿＿＿＿＿ you ＿＿＿＿＿＿＿ something to eat?

(1)		(2)	
(3)		(4)	
(5)		(6)	

3 （ ）内の指示にしたがって，日本文に合う英文を作りなさい。

5点×3(15点)

(1)　私たちは何をすればよいかわかりませんでした。　（to を使って6語で）

(2)　あなたのおかあさんはとても忙しそうに見えます。　（5語で）

(3)　彼は私たちにその写真を見せてくれました。　（the picture を使って5語で）

(1)	
(2)	
(3)	

4 次の英文を読んで，あとの問いに答えなさい。 (計30点)

An old woman lived there alone. ①When we gave her the package, she ②(気づいた) it was from her son. ③She (　　　) very happy and thanked us ④(何度も). ⑤[see / so / that / glad / was / to / I]. ⑥This work experience taught me the importance of working for others.

(1) 次の文が下線部①とほぼ同じ内容を表すように，＿＿＿に適する語を書きなさい。 (5点)

When we gave the package ＿＿＿＿＿＿＿＿ ＿＿＿＿＿＿＿＿,

(2) 下線部②，④をそれぞれ2語の英語になおしなさい。 5点×2(10点)

(3) 下線部③が「彼女はとても幸せそうに見えました」という意味になるように(　)に適する語を書きなさい。 (5点)

(4) 下線部⑤の〔　〕内の語を並べかえて「私はそれを見てとてもうれしかったです」という意味の英文にしなさい。 (5点)

(5) 下線部⑥を日本語になおしなさい。 (5点)

(1)			
(2) ②		④	
(3)		(4)	
(5)			

5 〔　〕内の語句を並べかえて，日本文に合う英文にしなさい。 5点×3(15点)

(1) 私は彼にどのコンピュータを買えばよいかたずねました。

I 〔 computer / him / which / buy / *asked / to 〕. *ask：たずねる

(2) 窓のそばの席は取れますか。

〔 a table / we / by / can / the window / have 〕?

(3) 彼の娘は有名な作家になりました。

〔 famous / daughter / became / his / writer / a 〕.

(1)	I	.
(2)		
(3)		

6 あなたが道に迷って駅への行き方がわからないとき，近くにいる人にどのようにたずねますか。couldとhowを使って1文の英語で答えなさい。 (7点)

第**7**回
予想問題 ▸ PROGRAM 6 / Steps 3

読聞書話 **30**分 解答 ▶ p.45
/100

1 LISTENING 対話と質問を聞いて，その答えとして適する絵を１つ選び，記号で答えなさい。

♪ t07 (8点)

ア Judy

イ Judy's mother

ウ Judy's father

エ Judy and Judy's mother

2 次の日本文に合うように，＿＿＿に適する語を書きなさい。 4点×6(24点)

(1) その大学は 1889 年に設立されました。The college was ＿＿＿＿＿＿ ＿＿＿＿＿＿ in 1889.

(2) その寺は 300 年以上前に建てられました。

The temple was ＿＿＿＿＿＿ ＿＿＿＿＿＿ 300 years ago.

(3) 年賀状は友人と連絡を取り続ける方法の１つです。

New Year's cards are a ＿＿＿＿＿＿ ＿＿＿＿＿＿ keeping in touch with friends.

(4) 紙は木材からできます。 Paper is ＿＿＿＿＿＿ ＿＿＿＿＿＿ wood.

(5) ジャングルには何百万もの動物が暮らしています。

＿＿＿＿＿＿ ＿＿＿＿＿＿ animals live in the *jungle. *jungle：ジャングル

(6) 私はアメリカの歴史に興味を持っています。

I'm ＿＿＿＿＿＿ ＿＿＿＿＿＿ American history.

(1)		(2)	
(3)		(4)	
(5)		(6)	

3 次の文を（ ）内の指示にしたがって書きかえなさい。 6点×3(18点)

(1) Bill washes the car on Saturdays. （受け身の文に）

(2) Japanese is studied at the school. （6 語の否定文に）

(3) Did Mr. Ito paint the pictures? （受け身の文に）

(1)	
(2)	
(3)	

4 次の対話文を読んで，あとの問いに答えなさい。 (計22点)

> *Ken :* I know that song. ①It was used in a TV commercial.
> *Ms. Miller :* It's Stevie Wonder's song.
> *Ken :* Is he a famous musician?
> *Ms. Miller :* Yes. ②[over / are / the / all / his songs / sing] world. He tackles difficult problems through his music.

(1) 下線部①を It の指す内容を明らかにして日本語になおしなさい。 (6点)

(2) 下線部②の[ ]内の語句を並べかえて「彼の歌は世界じゅうで歌われています」という
　意味の英文にしなさい。ただし1語を適する形にかえること。 (6点)

(3) 次は，健が Stevie Wonder についてまとめたメモです。（ ）に適する日本語を書きな
　さい。 5点×2(10点)

名前　Stevie Wonder
ⓐ　有名な（　　　　）。
ⓑ　（　　　　）を通して困難な（　　　　）に取り組んでいる。

(1)	
(2)	world.
(3) ⓐ	ⓑ

5 [ ]内の語句を並べかえて，日本文に合う英文にしなさい。1語を適する形にかえること。

(1) これらのバッグはそのデパートで売られています。 6点×2(12点)

　　[at / these bags / the department store / sell / are].

(2) その祭りは世界じゅうの人々に知られているのですか。

　　[around / to / the festival / know / people / is] the world?

(1)	
(2)	the world?

6 次の日本文を英語になおしなさい。 8点×2(16点)

(1) その道は冬には雪でおおわれます。

(2) この本はいつ書かれたのですか。

(1)	
(2)	

Our Project 5 / Reading 2

読 聞 書 話　**30**分　解答 ▶ p.45　/100

1 LISTENING　英文を聞いて，その内容に合うように（　）に適する日本語を書きなさい。

♪ t08　3点×3(9点)

・ベッキーは（　(1)　）前にわかば中学に来た。

・日本語が話せなかったので，少し（　(2)　）だった。

・最もよい思い出の1つは合唱コンクールでみんなと（　(3)　）ことを楽しんだこと。

(1)		(2)	
(3)			

2 次の日本文に合うように，＿＿＿に適する語を書きなさい。　4点×6(24点)

(1)　あの飛行機を撃ち落すな。　Don't ＿＿＿＿＿＿ ＿＿＿＿＿＿ that plane.

(2)　その映画では地球は異星人と戦争中でした。

　　In the movie, the earth was ＿＿＿＿＿＿ ＿＿＿＿＿＿ with *aliens. *alien：異星人

(3)　新しいことを学ぶことを恐れるべきではありません。

　　You should not be ＿＿＿＿＿＿ ＿＿＿＿＿＿ learning something new.

(4)　生徒たちは次々とスピーチをしました。

　　The students gave speeches one ＿＿＿＿＿＿ ＿＿＿＿＿＿.

(5)　水が不足しています。　Water is ＿＿＿＿＿＿ ＿＿＿＿＿＿.

(6)　死者が生き返ると信じている人々もいます。　*return to life：生き返る

　　Some people believe that ＿＿＿＿＿＿ ＿＿＿＿＿＿ will *return to life.

(1)		(2)	
(3)		(4)	
(5)		(6)	

3 次の文を（　）内の指示にしたがって書きかえなさい。　5点×3(15点)

(1)　It is cold today.　（下線部を tomorrow にかえて，未来を表す4語の文に）

(2)　He swims in the pool.　（at seven yesterday をつけて過去進行形の文に）

(3)　I often go to the movies.　（「ひまなとき」を付け加えて，コンマを使い9語の文に）

(1)	
(2)	
(3)	

4　次の英文を読んで，あとの問いに答えなさい。　　　　　　　　　　　（計28点）

"Turkish people still remember the story.　①（子どもたちでさえ）know it.　So ②〔 fly / to / in Iran / rescue / Turkish planes / the Japanese 〕," a former ambassador to Japan said.

The friendship between the two countries still continues today.　③（　　　　）a big earthquake hit Turkey in 1999, Japanese people went there to help.　In 2011, a big earthquake and *tsunami* hit eastern Japan.　④（今度は）, Turkish people came to help. ⑤We can make a better world by helping each other outside our borders.

(1)　下線部①，④をそれぞれ2語の英語になおしなさい。　　　　5点×2(10点)

(2)　下線部②の〔　〕内の語句を並べかえて「トルコの飛行機がイランにいる日本人を救うために飛んでいきました」という意味の英文にしなさい。1語を適する形にかえること。（6点）

(3)　下線部③が「1999年に大きな地震がトルコに打撃を与えたとき」という意味になるように，（　）に適する語を書きなさい。　　　　　　　　　　　　（6点）

(4)　下線部⑤を日本語になおしなさい。　　　　　　　　　　　　　　（6点）

(1)	①		④	
(2)	So			
(3)				
(4)				

5　〔　〕内の語句を並べかえて，日本文に合う英文にしなさい。　　6点×2(12点)

(1)　私はヘレンケラーについて書く予定です。

〔 about / going / I / am / write / to 〕 Helen Keller.

(2)　彼らは日本語を教えるためにイランにやって来ました。

〔 Japanese / they / Iran / to / to / teach / came 〕.

(1)		Helen Keller.
(2)		

6　次の日本文を英語になおしなさい。　　　　　　　　　　　　　　6点×2(12点)

(1)　私たちは幸運にもアメリカ合衆国で勉強しています。（lucky, the U.S. と不定詞を使って）

(2)　彼女は親切な教師として知られています。

(1)	
(2)	

第**9**回
予想問題

PROGRAM 7 〜 Power-Up 4

読聞書話

30分

解答 p.46

/100

1 LISTENING 次の表はマキの学校の修学旅行の予定を表しています。英語と質問を聞いて, その答えとして適するものを１つ選び, 記号で答えなさい。

♪ t09 (8点)

	Class 2-A	Class 2-B	Class 2-C	Class 2-D
9:00 — 10:00	Aoba Shrine	Wakaba Zoo	Misaki Tower	Aoba Shrine
10:40 — 11:40	Wakaba Zoo	Misaki Tower	Aoba Shrine	Misaki Tower
12:00 — 1:00	Lunch time	Lunch time	Lunch time	Lunch time
1:30 — 2:30	Misaki Tower	Aoba Shrine	Wakaba Zoo	Wakaba Zoo
3:00 — 4:00	Shopping	Shopping	Shopping	Shopping

ア　A組　　イ　B組　　ウ　C組　　エ　D組

2 次の日本文に合うように, ＿＿＿ に適する語を書きなさい。　　　4点×6(24点)

(1) 何時に帰宅しますか。　What time will you ＿＿＿＿＿＿ ＿＿＿＿＿＿ ?

(2) 医師によると, ジョンは入院しなければなりません。

＿＿＿＿＿＿ ＿＿＿＿＿＿ a doctor, John must stay in a hospital.

(3) その科学者は日ごとに有名になっていきました。

The scientist was getting more famous day ＿＿＿＿＿＿ ＿＿＿＿＿＿ .

(4) 名古屋は東京と大阪の間にあります。　Nagoya is ＿＿＿＿＿＿ Tokyo ＿＿＿＿＿＿ Osaka.

(5) バッグを作るために布が１枚必要です。

I need a ＿＿＿＿＿＿ ＿＿＿＿＿＿ cloth to make a bag.

(6) 雪のせいで列車が遅れました。The train was late ＿＿＿＿＿＿ ＿＿＿＿＿＿ the snow.

(1)		(2)	
(3)		(4)	
(5)		(6)	

3 次の文を( )内の指示にしたがって書きかえなさい。　　　5点×3(15点)

(1) Yuka took a bath. (「ちょうど入浴したところだ」という現在完了の文に)

(2) They have heard the news. (yet を使って疑問文にし, Yes で答える)

(3) We went to Korea. (「２回行ったことがある」という現在完了の文に)

(1)	
(2)	
(3)	

4 次の英文を読んで，あとの問いに答えなさい。 (計20点)

　①I've read a book about art history before.　There ②(be) a similar situation about 150 years ago.　③(当時), *ukiyo-e* was pop culture like *manga*.　It became very popular in Europe.　④[you / of / ever / heard / have] Monet and van Gogh?　They were greatly ⑤(influence) by *ukiyo-e*.

(1)　下線部①を日本語になおしなさい。 (5点)

(2)　②，⑤の（　）内の語を適する形にかえなさい。 3点×2(6点)

(3)　下線部③を3語の英語になおしなさい。 (4点)

(4)　下線部④の〔　〕内の語を並べかえて意味の通る英文にしなさい。 (5点)

(1)	
(2)	② ⑤
(3)	
(4)	Monet and van Gogh?

5 〔　〕内の語句を並べかえて，日本文に合う英文にしなさい。1語を適する形にかえること。

(1)　トムは一度もグリーンさんに会ったことがありません。 5点×3(15点)

　〔 Mr. Green / has / meet / never / Tom 〕.

(2)　あなたはもうその小説を読み終わりましたか。

　〔 you / the novel / reading / yet / finish / have 〕?

(3)　彼女は何回その山に登ったことがありますか。

　〔 many / climb / she / how / has / times 〕 the mountain?

(1)	
(2)	
(3)	the mountain?

6 次の日本文を英語になおしなさい。 6点×3(18点)

(1)　私はすでに宿題をしてしまいました。　（5語で）

(2)　あなたはこれまでに広島を訪れたことがありますか。

(3)　その列車はまだその駅を発車していません。　（7語で）

(1)	
(2)	
(3)	

第**10**回
予想問題　**PROGRAM 8**

読書／聞話　**30**分　/100

解答 ▶ p.47

🎧 **1 LISTENING** 対話と質問を聞いて，その答えとして適するものを 1 つずつ選び，記号で答えなさい。

🎵 t10　3点×3(9点)

(1) ア　For five years.　　　　イ　For ten years.
　　ウ　Since he was five.　　　エ　Since he was ten.

(2) ア　She likes cats better.　　イ　She likes dogs better.
　　ウ　She doesn't like dogs.　　エ　She doesn't like cats.

(3) ア　Kevin does.　イ　Kevin's sister does.　ウ　Kevin and Meg do.　エ　Meg's sister does.

(1)		(2)		(3)	

2 次の日本文に合うように，＿＿＿に適する語を書きなさい。　　　4点×6(24点)

(1) 私はずっとかぎをさがしています。I've been ＿＿＿＿＿＿＿ ＿＿＿＿＿＿＿ my key.

(2) 彼女は毎日 30 分サクソフォンを練習します。
　　She practices the saxophone for ＿＿＿＿＿＿＿ an ＿＿＿＿＿＿＿ every day.

(3) いつおばあちゃんはよくなるの？　When will Grandma ＿＿＿＿＿＿＿＿＿＿ ＿＿＿＿＿＿＿？

(4) 彼は 10 年前に亡くなりました。
　　He ＿＿＿＿＿＿＿ ＿＿＿＿＿＿＿ ten years ago.

(5) その博物館は毎年多くの人々によって訪れられています。
　　The museum is visited by many people ＿＿＿＿＿＿＿ ＿＿＿＿＿＿＿.

(6) 私たちは長い間ずっと岡山に住んでいます。
　　We have lived in Okayama for a ＿＿＿＿＿＿＿ ＿＿＿＿＿＿＿.

(1)		(2)	
(3)		(4)	
(5)		(6)	

3 次の文を（ ）内の指示にしたがって書きかえなさい。　　　5点×3(15点)

(1) The boys ate lunch.　（「まだ食べていません」という現在完了の 6 語の否定文に）

(2) Jack has been to Turkey twice.　（下線部をたずねる文に）

(3) It rained last night.　（下線部を「昨夜から」にかえて現在完了進行形の文に）

(1)	
(2)	
(3)	

4 次の対話文を読んで，あとの問いに答えなさい。 (計 37 点)

Daniel :　This is our last day in Hiroshima.

Mao :　Yes.　We've been here for three days.　We've already ①(learn) a lot of things.

Daniel :　Absolutely.　I was ②(move) by the Hiroshima Peace Memorial Park.

Mao :　③(私もです).　I bought a souvenir.　④(　　　) a (　　　).

Daniel :　It looks like soap.　Oh, it's paper clay.

Mao :　Recycled paper cranes are used in this clay.

Daniel :　Recycled paper cranes?　⑤I've never heard of that.

Mao :　⑥(私もです).　But I thought it was interesting.

(1)　①, ②の（　）内の語を適する形にかえなさい。 5点×2(10点)

(2)　下線部③を 3 語，⑥を 2 語の英語になおしなさい。 5点×2(10点)

(3)　下線部④が「見て」という意味になるように，（　）に適する語を書きなさい。 (5点)

(4)　下線部⑤を that の指す内容を明らかにして日本語になおしなさい。 (6点)

(5)　本文と質問の答えに合うように，＿＿に適する語を書きなさい。 (6点)

　　When did Mao and Daniel come to Hiroshima?　—　＿＿＿＿＿＿ ＿＿＿＿＿＿ ago.

(1)	①		②		
(2)	③			⑥	
(3)					
(4)					
(5)					

5 〔　〕内の語句を並べかえて，日本文に合う英文にしなさい。ただし，1 語補うこと。

(1)　あなたたちはいつからお互いを知っているのですか。 5点×3(15点)

　　〔 each / you / how / known / other / have 〕?

(2)　私の弟はちょうどそのメールを書き終えたところです。

　　〔 the email / finished / my brother / writing / has 〕.

(3)　彼らは午後中ずっと何について話しているのですか。

　　〔 talking / they / all / about / have / what 〕 afternoon?

(1)	
(2)	
(3)	afternoon?

Steps 5 〜 Reading 3

読 聞
書 話　**40**分　　/100

解答 p.48

🎧 **1** LISTENING　対話と質問を聞いて，その答えとして適する絵を１つ選び，記号で答えなさい。

♪ t11（4点）

ア　　　　　イ　　　　　ウ　　　　　エ

---

2 次の日本文に合うように，＿＿＿に適する語を書きなさい。　　　3点×6（18点）

⑴　実際は，彼は英語が話せません。　＿＿＿＿＿＿＿ ＿＿＿＿＿＿＿, he can't speak English.

⑵　私はお金を求めたくありません。　I don't want to ＿＿＿＿＿＿＿ ＿＿＿＿＿＿＿ money.

⑶　私たちはナナミが今日，決心してくれることを望んでいます。
　　We hope Nanami will ＿＿＿＿＿＿＿ up her ＿＿＿＿＿＿＿ today.

⑷　父親の願いにもかかわらず，彼は音楽家になりませんでした。
　　＿＿＿＿＿＿＿ ＿＿＿＿＿＿＿ of his father's wishes, he didn't become a musician.

⑸　何千人もの人々がその会社で働いています。
　　＿＿＿＿＿＿＿ ＿＿＿＿＿＿＿ people work for the company.

⑹　それは私たちのクラブの規則に逆らうものです。
　　That ＿＿＿＿＿＿＿ ＿＿＿＿＿＿＿ the rules of our club.

⑴		⑵	
⑶		⑷	
⑸		⑹	

---

3 （　）内の語句を使って，日本文に合う英文を作りなさい。　　　6点×3（18点）

⑴　夏休みは長い，だから私たちはたくさんのことを楽しむことができます。（ so, a lot of ）

⑵　あなたは彼のスピーチに感動しましたか。　（ speech ）

⑶　疲れているのなら，あなたは早く寝るべきです。　（ early ）

⑴	
⑵	
⑶	

4　次の英文を読んで，あとの問いに答えなさい。　(計21点)

Chiune returned to Japan in 1947.　He ①(　　　)(　　　) quit his job.　②(ある日) in 1968, Chiune received a phone call from the Israeli Embassy.　Later, Chiune met a man.　The man showed him ③(　　　)(　　　)(　　　)(　　　) paper.　"Do you remember this?　④We've [the war / you / looking / ended / for / since / been]," the man said ⑤(涙を流して).

Chiune introduced himself as "Sempo" when he was in Europe.　It was easier to pronounce.　Because of this, ⑥the Jewish people couldn't find him easily.

(1)　下線部①が「仕事を辞めなければならなかった」という意味になるように，(　)に適する語を書きなさい。　(3点)

(2)　下線部②，⑤をそれぞれ2語の英語になおしなさい。　3点×2(6点)

(3)　下線部③が「1枚の古い紙きれ」という意味になるように，(　)に適する語を書きなさい。　(4点)

(4)　下線部④の[　]内の語句を並べかえて「戦争が終わってから私たちはずっとあなたをさがし続けていました」という意味の英文にしなさい。　(4点)

(5)　下線部⑥の理由になるように，(　)に適する日本語を書きなさい。　(4点)

千畝はヨーロッパにいたとき(　　　　　　　　　　　　　　)から。

(1)		
(2)	②	⑤
(3)		
(4)	We've	,"
(5)		

5　[　]内の語句を並べかえて，日本文に合う英文にしなさい。　5点×3(15点)

(1)　消防署に行くにはどうすればよいですか。

[the fire station / I / to / how / get / can]?

(2)　私は秋より冬のほうがよいと思います。

[that / I / fall / winter / better / think / than / is].

(3)　私には来月までに読まなければならない本がたくさんあります。

[many / to / have / by / I / books / next month / read].

(1)	
(2)	
(3)	

6 次のアヤカのメールを読んで，あとの問いに答えなさい。 (計24点)

Hi, Jack. ①(　　　)(　　　) you (　　　)?　It has been a long time.
I went to Fukushima with my family during summer vacation.　②[beautiful / are / visit / places / there / many / to] in Fukushima.
On the first day, we went to some beautiful lakes.　Their name is *Goshikinuma*. *Goshiki* means five colors.　Each lake has different colors, ③(たとえば〜など) green, red and blue.　They are really beautiful.
On the second day, we went to an *aquarium.　We saw many kinds of sea creatures. There is a *fishing pond there.　④You (　　　)(　　　)(　　　), but you can catch fish in the fishing pond and eat them.
On the third day, my parents went to the hot springs.　But I went to the Hideyo Noguchi Memorial Hall alone.　Noguchi Hideyo was a famous doctor.　I read a *biography of him when I was ten.　⑤Since then my dream has been to be a doctor like him.　I learned a lot at the hall.
Fukushima is famous ⑥(　　　) its delicious peaches.　I bought some ⑦(　　　) you.　I'm sure you'll like them.
Ayaka　　　　　　　*aquarium：水族館　　fishing pond：釣りぼり　　biography：伝記

(1) 下線部①が「元気かい」という意味になるように，(　)に適する語を書きなさい。(3点)

(2) 下線部②の[　]内の語を並べかえて意味の通る英文にしなさい。 (4点)

(3) 下線部③を2語の英語になおしなさい。 (3点)

(4) 下線部④が「あなたは驚くかもしれません」という意味になるように，(　)に適する語を書きなさい。 (3点)

(5) 下線部⑤を then の具体的な内容を明らかにして日本語になおしなさい。 (4点)

(6) ⑥と⑦の(　)に共通して入る語を書きなさい。 (3点)

(7) 本文の内容に合うものを1つ選び，記号で答えなさい。 (4点)

　ア　Ayaka went to *Goshikinuma* after visiting the aquarium.

　イ　Ayaka and her family went to the Hideyo Noguchi Memorial Hall on the third day of the trip.

　ウ　Ayaka will give Jack some delicious Fukushima peaches, and she thinks he'll love the peaches.

(1)			
(2)			in Fukushima.
(3)		(4)	
(5)			
(6)		(7)	

教科書ワーク 英語

 特別ふろく

無料アプリ 英1 英2 英3
どこでもワーク

こちらにアクセスして，ご利用ください。
https://portal.bunri.jp/app.html

単語特訓▶

▼文法特訓

重要語句の
暗記に便利

音声つき

文法事項を
三択問題で
確認！

間違えた問題だけを何度も確認できる！

無料ダウンロード
ホームページテスト

無料でダウンロードできます。
表紙カバーに掲載のアクセス
コードを入力してご利用くだ
さい。
https://www.bunri.co.jp/infosrv/top.html

文法問題▶

リスニング試験対策に
バッチリ！

テスト対策や
復習に使おう！

▼リスニング問題

中学教科書ワーク

解答と解説

この「解答と解説」は，取りはずして 使えます。

開隆堂版　SUNSHINE
英語2年

PROGRAM 1

p.4〜5　ステージ1

Wordsチェック　(1)コンサート　(2)別れ
(3)喜び　(4) move　(5) nothing　(6) plan

❶ (1) is going　(2) am going to
(3) are going to practice

❷ (1) He is going to walk to the station.
(2) I am[I'm] not going to swim in the sea.
(3) Are they going to work at the library?
(4) When is Ben going to meet Joe?

❸ (1) Mr. Ito is going to draw a picture
(2) What are you going to do

❹ (1) By, way　(2) up
(3) Can / pleasure

❺ **Word Box** (1) are going to have
(2) am going to go shopping
(3) is going to stay home next Thursday

解説

❶ 「…は〜する予定です」は，〈am[are, is] going to＋動詞の原形〉で表す。be 動詞は，(1)は主語が三人称単数 → is，(2)は主語が I → am，(3)は主語が複数 → are を使う。

❷ (1)**ミス注意！** 主語が三人称単数 → be 動詞は is。be going to のあとの動詞は原形なので，walks を原形の walk にすることに注意。
(2) be going to の否定文は，be 動詞のあとに not を置き，〈主語＋be 動詞＋<u>not</u> going to＋動詞の原形〉で表す。
(3) be going to の疑問文は，主語の前に be 動詞を置き，〈be 動詞＋主語＋going to＋動詞の原形 〜?〉で表す。
(4)「ベンはいつジョーに会う予定ですか」という文にする。when(いつ)を文の初めに置き，あとに疑問文の語順を続け，〈When＋be 動詞＋主語＋going to＋動詞の原形 〜?〉の形にする。

❸ (1)主語(Mr. Ito)は三人称単数なので，「…は〜する予定です」は，〈主語＋is going to＋動詞の原形 〜.〉の語順。「(絵を)描く」は draw。
(2)**ミス注意！** what(何)を文の初めに置き，あとに疑問文の語順を続け，〈What＋be 動詞＋主語＋going to＋動詞の原形 〜?〉の語順にする。do には否定文・疑問文を作る用法のほかに，「〜する」という一般動詞の用法があることに注意。

❹ (1)「ところで」は by the way。話題を変えたり，情報を追加したりする場合などに使う。
(2)「どうしたの？」は What's up?。「最近どう？」，「何かあった？」などいくつかの意味を持ち，相手の調子や何かの理由をたずねるときのほか，ただのあいさつのかけ声としても使う。
(3)「〜してもらえますか」は〈Can you＋動詞の原形 〜?〉。「喜んで」は My pleasure.。My pleasure. は，Thank you. などのお礼の言葉に対して「どういたしまして」の意味でも使う。

❺ 「—は〜する予定です」なので，〈am[are, is] going to＋動詞の原形〉の形にする。be 動詞は，(1)は主語が複数 → are，(2)は主語が I → am，(3)は主語が三人称単数 → is を使う。next「次の」の前には on などの前置詞をつけないことにも注意。
(1) have a concert「コンサートを開く」
(2) go shopping in 〜「〜に買い物に行く」
(3) stay home「家にいる」

ポイント①　「〜する予定です[するつもりです]」
・〈am[are, is] going to＋動詞の原形〉で表す。
・be 動詞は，主語によって使い分ける。

ポイント② be going to 〜の否定文・疑問文
【否定文】〈主語＋be 動詞＋not going to＋動詞の原形 〜.〉
【疑問文】〈be 動詞＋主語＋going to＋動詞の原形 〜?〉
【答え方】Yes, 〜 am[are / is].
　　　　　No, 〜 am[are / is] not.

2

Wordsチェック　⑴心配な　⑵晩，夕方

⑶ forget　⑷ hope

1 ⑴ will open　⑵ will watch　⑶ will be

2 ⑴ I will get up at ten next Sunday.

⑵ Sam won't be busy tomorrow.

⑶ When will she go fishing?

3 ⑴ Will he leave Tokyo

⑵ Where will you do your homework?

4 ⑴ I'll　⑵ going to　⑶ is, going

⑷ will

5 ⑴ little bit　⑵ Take care

⑶ keep, touch

WRITING Plus ⑴例 Yes, it will. [No, it will
not [won't].]

⑵例1 I will [I'll] play soccer [tennis].
例2 I will [I'll] study at home.

━━━━━ 解説 ━━━━━

1 「～しようと思う」「～でしょう」は，〈will＋動
詞の原形〉で表す。

⑶ミス注意! be は be 動詞の原形。現在形の文
の Mao is free. の is(be 動詞)が，未来の文にな
って，will のあとにくると原形の be にかわるので，
will be free の形になる。意味は「マオは今度の
土曜日ひまでしょう」。

2 ⑴next Sunday「次の日曜日に」は，未来を表
す語句。語数指定から，be going to ではなく，
〈will＋動詞の原形〉の形にする。

⑵否定文は，will のあとに not を置く。語数指定
から，will not の短縮形 won't を使う。

⑶「彼女はいつ魚つりに行くのでしょうか」とい
う文にする。when(いつ)を文の初めに置き，あ
とに疑問文の語順を続け，〈When will＋主語＋動
詞の原形 ～?〉の形にする。

3 ⑴「～するでしょうか」は〈Will＋主語＋動詞
の原形 ～?〉で表す。「～を出発する」は leave ～。
tomorrow morning には in[on]などの前置詞は不
要であることに注意。

⑵「どこで」は where。「宿題をする」は do one's
homework。〈Where will＋主語＋動詞の原形 ～?〉
の語順にする。

4 今週末(＝未来)の予定についてのさまざまな
やりとり。

⑴〈will＋動詞の原形〉の形で答えている。空所の

数から，I will の短縮形 I'll を使う。

⑵we're は we are の短縮形。直前が are(be 動詞)
であること，バーベキューが話す前から決まって
いたと考えられることから，〈be going to＋動詞
の原形〉の形にする。

⑶直後で「午前11時」と時刻を答えているので，
「それ(バーベキュー)は何時に始まる予定ですか」
という文にする。〈What time＋be 動詞＋主語＋
going to＋動詞の原形 ～?〉の形。

⑷その場で決めた未来のことなので，I will ～で
表す。

5 ⑴「少し」は a little bit。bit は「少し」の意味。
a little だけでも同じ意味を表す。

⑵「気をつける，注意する」は take care。命令
文なので動詞の原形で始めることに注意。

⑶「連絡を取り続ける」は keep in touch。この
touch は「連絡」の意味。「～しよう」は〈Let's
＋動詞の原形～.〉。

WRITING Plus ⑴「明日は雨でしょうか」という
質問。it は天気を表す文の主語で，「それは」と
訳さない。rainy は「雨の」という形容詞。Will
it ～? には，Yes, it will. または No, it will not
[won't]. で答える。

⑵「あなたは今度の日曜日に何をするつもりです
か」という質問。will を使って「あなたは～ですか」
とたずねられているので，I will[I'll] ～.「私は
～するつもりです」と答える。

ポイント**1** will の文の意味
① 「～しようと思う」(その場で決めた未来のこと)
② 「～でしょう」(話し手の推測)

ポイント**2** will の文の形
【肯定文】〈主語＋will＋動詞の原形 ～.〉
【否定文】〈主語＋will not[won't]＋動詞の原形 ～.〉
【疑問文】〈Will＋主語＋動詞の原形 ～?〉
【答え方】Yes, ～ will. / No, ～ will not[won't].

p.8～9　ステージ**1**

Wordsチェック　⑴滞在

⑵外国に，海外へ　⑶さびしく思う

⑷ free　⑸ cry　⑹ sang

1 ⑴ When he was ten years old

⑵ when I go to school

⑶ If you are tired

⑷ if you sing for her

2 ⑴ When Eri got home,

(2) **If Ben is busy, we will help**

(3) **you call me if she comes**

❸ (1) **When, sang** (2) **don't, when**

(3) **be, if, doesn't**

❹ (1) **Do, best** (2) **had, time** (3) **say hello**

❺ 🗃Word Box (1) **will study**

(2) **Nanami will watch TV**

(3) **is free, Nanami will practice soccer**

━━━━━━━━━━ 解説 ━━━━━━━━━━

❶ (1)〈When A, B.〉「Aする[である]とき，B」の形にする。

(1)，(3)のように，When ～や If ～が文の前半にくるときはカンマ(,)が必要であることに注意。

(2)〈B when A.〉「Aする[である]とき，B」の形にする。

(3)〈If A, B.〉「もしAならば，B」の形にする。

(4)**ミス注意**〈B if A〉「もしAならば，B」の形にする。〈when A〉や〈if A〉の部分が未来のことを表す場合でも，will を使わず動詞は現在形で表す。(×)you will sing ～ としないように注意。

❷ (1)語群にカンマがあるので，「Aする[である]とき，B」は，〈When A, B.〉の語順にする。「帰宅する」は get home。

(2)語群にカンマがあるので，「もしAならば，B」は〈If A, B.〉の語順にする。彼を手伝うのはこれからのこと(＝未来)なので，〈will＋動詞の原形〉で表す。

(3)**ミス注意** Can で始まっているので，「(もし)Aならば，B」は〈B if A〉の語順にする。「～してもらえますか」は〈Can you＋動詞の原形 ～?〉。「彼女が来る」のは未来のことだが，if ～の中の動詞は未来でも現在形を使うので，主語が三人称単数のときには comes になることに注意。

❸ (1)カンマがあるので，「その歌を歌ったとき，～」は〈When A, B.〉の形にする。「～を歌った」は sing の過去形 sang を使う。

(2)カンマがないので，「宿題をするとき」は〈B when A.〉の形にする。「～聞きません」は一般動詞 listen の否定の形なので，do not listen ～の形。空所の数から短縮形 don't を使う。

(3)**ミス注意** He'll で文が始まっているので，「今，出発しなければ，～」は〈B if A.〉の形にする。「遅刻する」は be late。if のあとは未来でも現在形を使うので，主語が三人称単数のときの否定文で

doesn't leave となることに注意。

❹ (1)「ベストをつくす」は do one's best。do は「する」という一般動詞。命令文なので動詞の原形で文を始める。

(2)「～の時を過ごす」は have a ～ time。have の過去形は had。

(3)「～によろしくと言う」say hello to ～

❺ すべて〈If A, B.〉の形で表す。Aの動詞は現在形を使う。

(1)「図書館で勉強する」study at the library

(2)「テレビを見る」watch TV

(3)「サッカーを練習する」practice soccer

ポイント 接続詞の when, if の用法
・「Aする[である]とき，B」
　→〈When A, B.〉で表す。
・「もしAならば，B」
　→〈If A, B.〉で表す。
【注意点】
①when の文も if の文も，AとBには〈主語＋動詞～〉を置き，前後を入れかえることができる。
②〈when A〉，〈if A〉の部分が未来のことを表す場合でも，動詞は現在形を使う。

p.10～11 《 **英語のしくみ** 》

1 (1) **is** (2) **When** (3) **if** (4) **aren't**
(5) **When**

2 (1) **were, when / was**
(2) **won't / It'll**
(3) **going / No, aren't**

3 (1) **Mao will clean her room next Saturday.**
(2) **If you aren't busy, let's go out for coffee.**
(3) **He was writing a letter when I was reading a newspaper.**
(4) **What is he going to bake?**

4 (1) **If it is sunny tomorrow, we will practice**
(2) **She is going to have a concert**
(3) **When my father washes his car, I help him.**

5 (1) **Maki will not[won't] come to the party.**
(2) **When he visited me, I was having [eating] lunch.**
(3) **Where are you going to buy the watch?**
(4) **I'll make *okonomiyaki* if you are hungry.**
[**I will make *okonomiyaki* if you're hungry.**]

4

1 (1)主語(Mr. Miller)は三人称単数なので，be動詞は is。

(2)so はこの形で2つの文を結んで意味の通る文にすることはできない。when を入れて「彼はカナダにいたとき，～」とする。

(3)if を入れて「もしあなたが朝食をとらなければ」とすると，you'll be hungry「おなかがすくでしょう」と意味がつながる。

(4)be going to の否定文は，be動詞のあとに not を置くので，are not の短縮形 aren't が適切。

(5)「来月」と「時」を答えているので，when「いつ」が適切。

2 (1)A は called(call の過去形)があり，B は then「そのとき」があるので「時」は「過去」。また，A は doing，B は surfing があるので進行形。したがって，A，B ともに過去進行形の文。A「私が電話したとき，あなたは何をしていましたか」B「そのとき私はネットサーフィンをしていました」

(2)B の2つ目の空所は，空所の数から，it will の短縮形 it'll を使う。A「その試合は6時に始まるのでしょうか」B「いいえ，ちがいます。それは7時に始まります」

(3)B の2文目から，B は「いいえ」と答えたと考える。A「彼らは来週，日本を出発する予定ですか」B「いいえ，ちがいます。彼らは明日，出発する予定です」

3 (1)**ミス注意!** next Saturday「今度の土曜日」にかわるので未来の文にする。語数指定から，〈will＋動詞の原形〉を使う。cleans を原形の clean にすることに注意。

(2)if を文頭に置くという指示から，〈If A, B.〉「もしAすれば[であれば]，B」の形にする。go out for coffee で「コーヒーを飲みに行く」。

(3)カンマを使わないので，「Aする[である]とき，B」は，〈B when A.〉で表す。「～していたとき」は，過去進行形〈was[were]＋動詞の -ing形〉を使う。

(4)「彼は何を焼くつもりですか」という文にする。what「何」を文の初めに置き，あとに疑問文の形を続け，〈What＋be動詞＋主語＋going to＋動詞の原形 ～?〉の形にする。

4 (1)**ミス注意!** 語群にカンマがあるので，〈If A, B.〉の語順にする。「明日，晴れたら」は未来のこ

とでも，if のあとなので現在形を使い，If it is sunny とすることに注意。

(2)「～する予定です」は〈am[are, is] going to＋動詞の原形〉で表す。「コンサートを開く」は have a concert。

(3)語群にカンマがあるので，「Aする[である]とき，B」は，〈When A, B.〉の形にする。「洗う」は wash，「手伝う」は help。

5 (1)will を使うので，「～しないでしょう」は〈will not＋動詞の原形〉の形にする。

(2)カンマを使うので，「Aする[である]とき，B」は，〈When A, B.〉で表す。「～していました」は過去進行形〈was[were]＋動詞の -ing形〉で表す。「(食事を)とる」は eat か have を使う。

(3)語数指定から，will ではなく〈be going to＋動詞の原形〉を使う。where「どこで」を文の初めに置き，あとに疑問文の形を続け，〈Where＋be動詞＋主語＋going to＋動詞の原形?〉の形にする。「腕時計」など携帯用の時計は watch。clock は「掛け時計」「置時計」。

(4)カンマを使わないので，「もしAすれば[であれば]，B」は，〈B if A.〉で表す。日本語では主語が省略されることがあるので，「あなたがおなかがすいているのなら，私はお好み焼きを作ってあげますよ」と，主語を補って表す。

---

p.12~13 ■■ステージ2

❶ 🎧LISTENING イ

❷ (1)He's going to get up at five tomorrow.

(2)Take care when you ride a bike.[When you ride a bike, take care.]

(3)What time will the train arrive?

❸ (1)When I saw her, she was crying.

(2)We are not going to meet them

(3)Read these books if you come to Japan.

❹ (1)do, best (2)By, way (3)keep, touch

❺ (1)is (2)When is she going to leave?

(3)Can[Will] you (4)My pleasure

(5)ミキ，お別れパーティー

❻ (1)How many (2)Will / It'll be

(3)when / to

❼ (1)My sister won't be busy this afternoon.

(2)If you go to Aomori, you can eat[have] delicious apples.[You can eat[have] delicious apples if you go to Aomori.]

(3) **When he was young, where did he live?**
  [**Where did he live when he was young?**]
(4) **Which room are they going to use?**

━━━━━━━━ 解説 ━━━━━━━━

❶ ⏸LISTENING 「ミキは今度の土曜日に何をする
でしょうか」という質問。ミキの最後の発言に，
I'm going to go shopping that day.（その日は買
い物に行く予定です）とある。that day「その日」
は，直前のベンの発言にある next Saturday「今
度の土曜日」のこと。

♪音声内容
A: Hi, Ben. I had a picnic with my family
  last Saturday.
B: That's good! I played baseball that day.
  If it's hot next Saturday, I'll go swimming.
  Can you come, Miki?
A: Sorry, I'm going to go shopping that day.
  Question: What will Miki do next
        Saturday?

❷ (1)ミス注意！ tomorrow は未来を表す語。語数
指定から，will ではなく〈be going to＋動詞の原
形〉を使い，he is は短縮形の he's とする。gets
を原形の get にすることを忘れないように。
(2)「自転車に乗るときは気をつけなさい」という
文にする。「～する[である]とき」は〈when＋主
語＋動詞 ～〉で表す。
(3)「その電車は何時に到着するでしょうか」とい
う文にする。「何時」の what time を文の初めに
置き，あとに will の疑問文を続け，〈What time
will＋主語＋動詞の原形 ～?〉の形にする。
❸ (1)語群にカンマがあるので，「Aする[である]
とき，B」は，〈When A, B.〉の形にする。「泣い
ていました」は過去進行形〈was[were]＋動詞の
-ing 形〉で表す。
(2)「～する予定はありません」なので be going
to ～の否定文にする。〈be 動詞＋not going to＋
動詞の原形 ～〉の語順にする。
(3)語群にカンマがないので，「もしAすれば[であ
れば]，B」は，〈B if A.〉で表す。「～を読みなさい」
は命令文なので，動詞の原形(read)で文を始める。
❹ (1)「最善をつくす」は do one's best。主語に
よって所有格 one's の部分がかわることに注意。
(2)「ところで」by the way
(3)「連絡を取り続ける」keep in touch

❺ (1)主語(Miki)が三人称単数 → be 動詞は is。
(2)「いつ～する予定ですか」は，when「いつ」
を文の初めに置き，あとに be going to ～の疑問
文の形を続け，〈When＋be 動詞＋主語＋going
to＋動詞の原形 ～?〉の語順にする。
(3)「～してもらえますか」と依頼するときは〈Can
[Will] you＋動詞の原形 ～?〉で表す。
(4)「喜んで。」My pleasure.
(5)本文 3 行目で，真央が I'm planning a farewell
party for her.「私は彼女(= 美希)のためにお別
れパーティーを計画しています」と述べている。
❻ (1)Bが「およそ 70 枚」と「数」を答えている
ので，〈How many＋複数名詞 ～?〉を使って，「い
くつ[何枚]～か」とたずねる文にする。A「あな
たは何枚の年賀状を書く予定ですか」B「およそ
70 枚です」
(2) next Monday があるので未来の文にする。B
は空所の数から it will の短縮形 it'll を使う。A「今
度の月曜日は寒いでしょうか」B「いいえ。暖か
くなるでしょう」
(3)A は空所の直後に〈主語＋動詞〉があるので，
〈when＋主語＋動詞 ～〉「Aが～する[である]と
き」の形にする。listen to ～で「～を聞く」。
A「ひまなときケンはたいてい何をしますか」
B「彼はひまな時間にたいてい音楽を聞きます」
❼ (1)「～ではないでしょう」は語数指定から will
not の短縮形 won't を使い，〈won't＋動詞の原形〉
の形にする。まず My sister is busy. という現在
形の肯定文を作ってから，won't を入れて is を原
形の be にしてもよい。
(2)「もし～すれば」は〈if＋主語＋動詞 ～〉で表す。
if ～の中の動詞は，未来のことでも現在形を使う
ことに注意。「食べられる」は〈can＋動詞の原形〉
を使う。
(3)「若いころ」は「彼が若かったとき」と考え，
〈when＋主語＋動詞 ～〉の形にする。「どこで～し
ましたか」は〈Where did＋主語＋動詞の原形 ～
?〉の形。
(4)「どちらの～」は〈which＋名詞〉で表す。語数
指定から，〈Which＋名詞＋be 動詞＋主語＋going
to＋動詞の原形 ～?〉の形にする。

6

❶ 🎧LISTENING (1)イ (2)ウ (3)ウ

❷ (1)Take care (2)a little bit

(3)What's up (4)Say hello to

(5)Can[Will] / My pleasure

❸ (1)Are / are (2)if (3)I'll (4)rains

❹ (1)She won't[She'll not] wear a *yukata* at the festival tomorrow.

(2)If he leaves Tokyo now, he'll be in Kobe at six.[He'll be in Kobe at six if he leaves Tokyo now.]

(3)When you called me, I was taking a bath.[I was taking a bath when you called me.]

(4)How long is Kota going to stay here?

❺ (1)do my best

(2)If you have time, tell me about

(3)もう少しで泣きそうになった。

(4)Yes, did

❻ (1)If you want to be a doctor, study hard.

(2)I read *manga* when I cannot[can't] sleep.

(3)How will the weather be in London tomorrow?

(4)Who is going to go camping this weekend?

❼ (1)例 I liked Japanese[music].

(2)例 I am[I'm] going to go to Okinawa [Australia].

(3)例1 I will[I'll] listen to music at home.
例2 I will[I'll] go to the movies.

━━━━━━ 解説 ━━━━━━

❶ 🎧LISTENING (1)「ニューヨークに行ったとき，ユキは何歳でしたか」という質問。5文目に，When she was 23, she went to New York(彼女が23歳のとき，彼女はニューヨークに行きました)とある。

(2)「ユキはどこに旅行するでしょうか」という質問。6文目に，She's going to travel in France(彼女はフランスを旅行する予定です)とある。

(3)「ユキはいくつの言語を話すことができますか」という質問。How many ～? で「いくつの～か」。最後から2文目に，She can speak Japanese, English and French.「彼女は日本語，英語とフランス語を話すことができます」とある。

🎵 音声内容

　I'm Shota. I'm going to talk about my grandmother, Yuki. She's 75. She lives in Osaka. When she was 23, she went to New York and worked there for 30 years, so she can speak English well. She's going to travel in France for 20 days this spring. Now she is studying French hard. She can speak Japanese, English and French. I love her.

Questions :

(1) How old was Yuki when she went to New York?

(2) Where will Yuki travel?

(3) How many languages can Yuki speak?

❷ (1)「気をつける，注意する」take care

(2)「少し」a little bit

(3)「どうしたの？」What's up?

(4)「～によろしくと言う」say hello to ～

(5)「～してくれませんか」〈Can[Will] you＋動詞の原形 ～?〉。「喜んで」My pleasure.

❸ (1)〈be going to＋動詞の原形〉の be は主語で使い分ける。主語は they → be 動詞は are。

(2)if「もし～ならば」を選べば，「今度の土曜日にひまなら花火を見に行きましょう」となって意味が通る。

(3)「電話が鳴っています」「私が(電話に)出ます」の意味。「その場で決めた未来のこと」は〈will＋動詞の原形〉で表す。

(4) ミス注意❗ 「もし～すれば[であれば]」は〈if＋主語＋動詞 ～〉で表す。未来のことでも動詞は現在形を使う。本問では，主語(it)が三人称単数なので動詞の形は rains。

❹ (1)tomorrow「明日」は未来を表す語。語数指定から，will not の短縮形 won't を使い，〈won't＋動詞の原形〉の形にする。

(2) ミス注意❗ 「もし～すれば[であれば]」は〈if＋主語＋動詞 ～〉。主語が he で未来のことでも動詞は現在形を使うので，leaves となることに注意。

(3)「～したとき」は〈when＋主語＋動詞 ～〉の形。〈when＋主語＋動詞 ～〉を文の前半に置くときは，カンマが必要。take a bath は「ふろに入る」。

(4)「コウタはどのくらいの間，ここに滞在する予定ですか」という文にする。how long「どのくらいの間」を文の初めに置き，〈How long＋be 動詞

＋主語＋going to＋動詞の原形 ～?〉の形にする。

❺ (1)「最善をつくす」は do one's best。本問では主語が I なので，do <u>my</u> best とする。

(2)カンマと if があるので，〈If A, B.〉「もし A すれば，B」の形にする。文の後半(tell me about ～)が命令文になっていることに注意。

(3) almost は「もう少しで，すんでのところで～しそうになる」。

(4)「美希はパーティーを楽しみましたか」という質問。冒頭の文に注目。have a great time「すばらしい時を過ごす」から Yes の答え。

❻ (1)カンマを使うので，〈If A, B.〉の形にする。「～したい」は〈want to＋動詞の原形〉。「～になる」は指示から be 動詞の原形 be を使うので，「～になりたい」は want to be ～の形にする。

(2)カンマを使わないので，〈B when A.〉の形にする。「～できない」は〈cannot[can't]＋動詞の原形〉で表す。

(3)「～の天気はどうですか」は〈How is the weather in＋場所＋時?〉で表す。本問では，未来の文なので，How のあとに will の疑問文の語順を続け，is は原形の be になる。

(4) ミス注意 「だれが～しますか」という疑問詞 who が主語の疑問文は，肯定文と同じ語順で表す。「キャンプに行く」は go camping。語数指定から，be going to を使うが，疑問詞 who は三人称単数の扱いなので be 動詞は is を使う。

❼ (1)「あなたが小学生だったとき，どんな科目が好きでしたか」という質問。

(2)「あなたは夏休みの間，どこに行く予定ですか」という質問。be going to でたずねられているので，〈I am[I'm] going to go to＋行き先.〉「私は～に行く予定です」の形で答える。

(3)「今度の土曜日に雨が降ったら，あなたは何をするつもりですか」という質問。will を使ってたずねられているので，〈I will[I'll]＋動詞の原形～.〉「私は～するつもりです」の形で答える。

PROGRAM 2

p.16〜17 ステージ **1**

Words チェック (1)ケース (2)歴史
(3)たやすい (4) difficult (5) worry
(6) guide

❶ (1) think that
(2) (that) the movie is
(3) I think (that) your rackets are

❷ (1) Tom says he wants to be a teacher.
(2) I hear that it will rain tomorrow.
(3) We do not[don't] think (that) she will come.

❸ (1) hope I can see him
(2) Do you know Miki moved

❹ (1) goes hiking (2) Is, true
(3) Why don't we (4) Are, interested in

❺ (1) (that) Sam lives
(2) does not[doesn't] know (that) we're planning
(3) hopes (that) he can become

──── 解説 ────

❶ 「私は～だと思う」は，〈I think (that)＋主語＋動詞 ～.〉で表す。that のあとには〈主語＋動詞 ～〉の形を置くことに注意。that は省略可能。

❷ (1) ミス注意 〈人＋say(s) (that)～〉「～と言っている」の形にする。主語(Tom)が三人称単数なので，says となることに注意。語数指定から，that は省略する。

(2)〈人＋hear (that)～〉「～と聞いている」の形にする。語数指定から，that を省略しない形にする。

(3) ミス注意 「～ではないと思う」は，ふつう，think を否定して，〈人＋don't[doesn't] think (that)～〉の形で表す。

❸ (1)(2)ともに接続詞 that が省略された文。

(1)語群に hope があるので，「～(だと)いいなと思います」は「～と希望している」と考え，I hope (that)～で表す。

(2) know (that)～「～と知っている」の疑問文は，ふつうの一般動詞の疑問文と同じように，主語の前に Do[Does]を置いて〈Do[Does]＋主語＋know (that)～?〉の語順にする。「～に引っ越す」は move to ～。

❹ ⑴「ハイキングに行く」go hiking。主語(Jun)が三人称単数なので go は goes とする。

⑵「ほんとうの」は true。that には前に出た文全体の内容を受ける用法があることに注意。

⑶「(提案して)~しませんか」Why don't we ~?

⑷「~に興味がある」be interested in ~。主語が you の疑問文なので，Are you ~? の形にする。

❺ ⑴「~だと聞いている」は〈人＋hear(s) (that) ~〉で表す。

⑵「~だと知らない」は〈人＋don't[doesn't] know (that)~〉。主語が三人称単数なので doesn't を使う。

⑶「~だと望んでいる」は，〈人＋hope(s) (that) ~〉。主語が三人称単数なので hopes にする。

> **ポイント①** 「~だと思う」の文
> ・「~だと思う」〈人＋think(s) (that) ~〉
> ・「~ではないと思う」〈人＋don't[doesn't] think (that) ~〉
> ・that は接続詞で，省略可能。

> **ポイント②** 接続詞 that を使った think 以外の文
> ・「~だと知っている」〈人＋know(s) (that) ~〉
> ・「~だと言う」〈人＋say(s) (that) ~〉
> ・「~だと希望する」〈人＋hope(s) (that) ~〉
> ・「~だと聞いている」〈人＋hear(s) (that) ~〉

p.18~19 **ステージ1**

Words チェック ⑴守る，保護する ⑵廊下
⑶ bring ⑷ trouble

❶ ⑴ must work ⑵ must clean
⑶ must study math

❷ ⑴ must do his homework
⑵ You mustn't play baseball here.
⑶① Must she help her mother?
　② No, she does not[doesn't] have to.

❸ ⑴ Mai must leave school
⑵ You must not eat this cake.
⑶ Why must I call Mr. Sato?

❹ ⑴ First, all ⑵ pick, up ⑶ Here, go
⑷ leave, by ⑸ There's a

WRITING Plus🖊 ⑴例1 clean my room
　　例2 cook dinner
⑵例1 finish my homework
　　例2 help my father

━━━━━ 解説 ━━━━━

❶ ⑴「~しなければならない」は，〈must＋動詞

の原形〉で表す。

⑵, ⑶**ミス注意**❗ 主語(Emily, Sam)は三人称単数だが，must には s はつかず，あとの動詞にも s はつかない(＝ 原形)ことに注意。

❷ ⑴「~しなければならない」は，〈must＋動詞の原形〉の形。設問の英文の does は「~する」という意味の一般動詞 do の三人称・単数・現在形であることに注意。

⑵〈Don't＋動詞の原形~.〉で「~してはいけません」。〈must not[mustn't]＋動詞の原形〉「~してはいけない」を使って同じ内容の文にするが，語数指定から，must not の短縮形 mustn't を使う。

⑶**ミス注意**❗ must の疑問文は，主語の前に must を置く。No で答えるときは，「~する必要はない」の意味になるので，must not「~してはいけない」ではなく，don't[doesn't] have to を使う。

❸ ⑴「~しなければならない」は，〈must＋動詞の原形〉で表す。by は「~までに」の意味。

⑵「~してはいけない」は〈must not＋動詞の原形〉で表す。

⑶「なぜ」why を文の初めに置き，あとに must の疑問文を続け，〈Why must＋主語＋動詞の原形 ~?〉の形にする。

❹ ⑴「何よりもまず」first of all
⑵「~を拾い上げる」pick up ~ / pick ~ up
⑷期限を表す「~までに」は by。
⑸**ミス注意**❗ 「…に~がある」は There is[are] ~. の形。restaurant が単数なので is を使うが，空所の数から there is の短縮形 there's を使う。

WRITING Plus🖊 「今日しなければならないこと」を書くので，〈I must＋動詞の原形 ~ today.〉の形で書く。

> **ポイント** must の用法
> 【肯定文】〈must＋動詞の原形 ~〉
> →「~しなければならない」
> 【否定文】〈must not[mustn't]＋動詞の原形 ~〉
> →「~してはいけない」
> 【疑問文】〈Must＋主語＋動詞の原形 ~?〉
> 【答え方】Yes, ~ must.
> 　　　　No, ~ don't[doesn't] have to.

p.20～21 ■ステージ**1**■

Wordsチェック （1）正確に，（Exactly. で）まったくそのとおり。 （2）ダム （3）国の
（4）たくさん （5）engineer （6）we'll
（7）believe （8）build

❶ （1）have to （2）has, finish （3）has to walk
❷ （1）Eric does not[doesn't] have to call Ms. Green.
（2）You have to be kind
❸ （1）Does / does （2）don't have to
❹ （1）You don't have to worry
（2）He had to go to Tokyo
❺ （1）should go, bed （2）How / took
（3）cut down
❻ 📦**Word Box** （1）has to practice
（2）cook dinner （3）doesn't have to study

■ 解説 ■

❶ （1）「～しなければならない」は，〈have[has] to＋動詞の原形〉でも表せる。
（2）（3）**ミス注意** 主語（Jane, my brother）は三人称単数なので，has to を使う。ただし，to のあとの動詞には原形を使うことに注意。
❷ （1）「～する必要はない」は，〈do[does] not have to＋動詞の原形〉で表す。本問では，主語（Eric）が三人称単数なので，〈does not[doesn't] have to＋動詞の原形〉の形にする。
（2）**ミス注意** 語数指定から，「～しなければならない」は，〈have to＋動詞の原形〉で表す。are を原形の be にかえることに注意。be kind to ～ で「～に親切にする」。
❸ （1）have to があり，主語（Miho）が三人称単数なので，〈Does＋主語＋have to＋動詞の原形 ～?〉の形に。答えるときも，does を使う。
（2）**ミス注意** A の文は「私はその辞書を買わなければなりませんか」。Must ～?「～しなければなりませんか」に，No で答えるときは，「いいえ，～する必要はありません」の意味になるので，must not「～してはいけません」ではなく〈No, 主語＋don't[doesn't] have to.〉の形を使う。
❹ （1）「～する必要はない」は，〈do[does] not have to＋動詞の原形〉。本問では，主語が you で語群に don't があるので，〈don't have to＋動詞の原形〉の語順にする。
（2）「～しなければなりませんでした」は，〈have

to＋動詞の原形〉の have を過去形にして，〈had to＋動詞の原形〉で表す。
❺ （1）「～すべきである」は〈should＋動詞の原形〉で表す。「寝る」は go to bed。
（2）**ミス注意** 「なんて～なんだろう」は〈How＋形容詞［副詞］!〉で表す。「だれが～か」という疑問詞が主語の疑問文は，ふつうの文と同じ語順＝〈疑問詞＋動詞 ～?〉の語順になる。「写真をとる」は take a picture。take の過去形は took。
（3）「～を切り倒す」cut down ～
❻ 主語の Yui は三人称単数なので，「しなければならないこと」は〈Yui has to＋動詞の原形～.〉で，「今日する必要がないこと」は〈Yui does not[doesn't] have to＋動詞の原形～.〉で表す。
（1）「テニスを練習する」practice tennis
（2）「夕食を料理する」cook dinner
（3）「英語を勉強する」study English

ポイント have to の用法
【肯定文】〈have[has]＋動詞の原形〉
→「～しなければならない」
【否定文】〈do[does] not have to＋動詞の原形〉
→「～する必要はない」
【疑問文】
〈Do[Does]＋主語＋have to＋動詞の原形 ～?〉
→「…は～しなければなりませんか」
【答え方】Yes, ～ do[does].
　　　　　No, ～ don't[doesn't]（have to）.

p.22～23 ◀ 英語のしくみ

① （1）buy （2）that （3）doesn't （4）be
② （1）don't have to （2）must not
（3）When does
③ （1）I hear（that）the movie is very funny.
（2）You must be kind to other people.
（3）He does not[doesn't] have to write a letter to Miki.
（4）Do you think（that）Shota is a good baseball player?
④ （1）Must the students bring their garbage
（2）hope it will be sunny
（3）You must not watch TV
⑤ （1）Tom must get up at six.
（2）We don't think（that）Eric speaks Japanese.
（3）You do not[don't] have to wait here.
（4）Did he have to work yesterday?

10

《 解説 》

1 (1) must のあとの動詞は原形。

(2)〈人＋think(s)(that)～〉「～だと思う」の形にすると意味の通る文になる。この接続詞 that は省略することができる。

(3)主語(Yuta)は三人称単数なので，〈doesn't have to＋動詞の原形〉「～する必要はない」の形にする。

(4) ミス注意 have to のあとの動詞は原形なので，be 動詞の原形 be が適切。quiet(静かな)は形容詞なので，do は不適。

2 (1) ミス注意 Must ～? に No で答えるときは，「いいえ，～する必要はありません」の意味になるので，〈No, 主語＋don't[doesn't] have to.〉の形を使う。must の否定の形，mustn't[must not]は「～してはいけない」という禁止を表す。

(2) Can I ～? は「～してもいいですか」。「博物館で写真をとってもいいですか」とたずねた A に対し，B は No.「いいえ」と答えているので，〈must not＋動詞の原形〉「～してはいけません」の形にし，「写真をとってはいけません」という文にする。

(3) B は「毎週金曜日」と「時」を答えているので，A は「いつ～しなければなりませんか」とたずねたとわかる。「いつ」when を文頭に置き，あとに have to の疑問文を続け，〈When do[does]＋主語＋have to＋動詞の原形 ～?〉の形にする。

3 (1)「私は～と聞いています」は，〈I hear (that)～.〉で表す。

(2)語数指定から，「～でなければならない」は〈must＋動詞の原形〉で表す。are(be 動詞)の原形は be。be kind to ～で「～に親切である」。

(3) ミス注意 主語(he)が三人称単数なので，「～する必要はない」は〈does not[doesn't] have to＋動詞の原形〉の形にする。writes を原形の write にすることに注意。

(4)「…は～と思いますか」は，〈人＋think(s)(that)～〉を疑問文にして表す。ふつうの一般動詞の疑問文と同じように，do[does]を主語の前に置き，think は原形を使い，〈Do[Does]＋主語＋think (that)～?〉の形にする。

4 (1)語群に must があるので，「～しなければなりませんか」は〈Must＋主語＋動詞の原形 ～?〉の語順にする。「～を家に持ち帰る」は bring ～ home。この home は「家に」という副詞。

(2)「～ならいいなと思う」は「～ということを望む」と考えて，〈人＋hope(s)(that)～〉を使う。「晴れる」は，天気を表す文なので it を主語にし，It is sunny. とする。未来のことなので will を使い，is を原形の be にして表す。

(3)語群に must があるので，「～してはいけません」は，〈must not＋動詞の原形〉で表す。Don't watch TV after dinner. とほぼ同じ意味。

5 (1)語数指定から「～しなければなりません」は〈must＋動詞の原形〉。「起きる」は get up。

(2)「～ではないと思う」は，think を否定し，〈人＋don't[doesn't] think (that)～〉の形にする。「日本語を話す」は speak Japanese。

(3)「～する必要はない」は〈do[does] not have to＋動詞の原形〉の形。「ここで」は here。

(4) ミス注意 「～しなければならなかった」(肯定文)は，〈have to＋動詞の原形〉の have を過去形の had にし，〈had to＋動詞の原形〉の形。〈had to＋動詞の原形〉の疑問文は，ふつうの過去の一般動詞の疑問文と同じように，〈Did＋主語＋have to＋動詞の原形 ～?〉で表す。

p.24 ステージ1

Words チェック (1)温度，気温

(2)氷点下の，マイナスの (3)coat

(4) Good evening.

❶ (1) It'll, snowy

(2) have showers

(3) low, degrees, high, degrees

解説

❶ (1)天気は it を主語にして表す。この it は特に訳さない。未来の文なので，It is snowy.「雪が降っています」という現在形の文に will を入れて，It will be snowy. となるが，空所の数から it will の短縮形 it'll を使う。snow は「雪」(名詞)または「雪が降る」(動詞)。snowy は「雪の，雪が降っている」(形容詞)。

(2)「にわか雨が降る」は have showers。have a lot of rain は「雨がたくさん降る」。

(3)「最高気温は～度です」は〈The high is＋数字＋degree(s).〉，「最低気温は～度です」は〈The low is＋数字＋degree(s).〉で表す。それぞれ未来の文なので，is は will be になる。

ポイント 天気の表し方

①〈be 動詞＋形容詞〉の文：snowy「雪の」
　It will be snowy tomorrow.
　（明日は雪（＝雪模様）でしょう）
②一般動詞の文：snow「雪が降る」
　It will snow tomorrow.
　（明日は雪（＝雪が降る）でしょう）

p.25　ステージ1

Wordsチェック　(1)またね。[じゃあね。]
(2)少々お待ちください。　(3) wrong　(4) late

1 (1) Hello / This　(2) Hold on
(3) Could you

2 (1) May, speak　(2) Good morning

──── 解説 ────

1 (1)電話で，「もしもし」は Hello., 「（こちらは）
～です」は，This is ～. で表す。
(2)電話で，「少々お待ちください」は，Hold on,
please. で表す。Just a moment. でもよい。
(3)「～していただけませんか」とていねいに依頼
するときは,〈Could you＋動詞の原形 ～?〉で表す。

2 (1)電話で，「～さんをお願いします」と取り次
ぎを頼むときは，May I speak to ～? で表す。
May I ～? は「～してもいいですか」の意味。
(2)「おはようございます」は Good morning. を
使う。「こんにちは」Good afternoon., 「こんば
んは」Good evening. も確認しておこう。

ポイント① 電話での表現

・「（こちらは）～です」This is ～.
・「～さんをお願いします」May I speak to ～?
・「（本人が出て）私です」Speaking.
・「少々お待ちください」Hold on, please.
・〈少々お待ちください〉Just a moment.
・「番号をお間違えのようです」
　I think you have the wrong number.

ポイント② 依頼の表現

・「～していただけませんか」（ていねいな依頼）
　→〈Could you＋動詞の原形 ～?〉
・相手の依頼に応じるとき
　→「いいですよ」Sure.
　　「いいですよ」All right.

p.26〜27　ステージ2

1 🎧LISTENING　イ
2 (1) Yuki has to stay home today.
(2) Do you hope that the test will be easy?
(3) You mustn't watch TV.
3 (1) hopes that he can study
(2) Could you close the door?
(3) I had to cook lunch
4 (1) interested in　(2) First, all
(3) cut down　(4) Thanks, calling
5 (1) I think everything is fine.
(2)ハイキング　(3)ウ　(4) why don't
(5) Tom's uncle Eric
6 (1) May, speak　(2) This / Speaking
7 (1) They don't have to clean the room.
(2) Who's calling?
(3) I don't think she can swim well.
(4) You must be kind to your friends.

──── 解説 ────

1 🎧LISTENING　「今度の日曜日の朝[午前中]の天
気はどうでしょうか」という質問。How will the
weather be ～? はこれからの天気についてたず
ねるときによく使う表現，How about next
Sunday?「今度の日曜日はどう?」― It'll be
cloudy in the morning ...「朝[午前中]はくもり
で…」というやり取りがあるので，日曜日の朝[午
前中]はくもりの天気。

> ♪音声内容
> A: It's snowy today. I'm going to play
> 　 tennis next Saturday. I hope it'll be
> 　 sunny.
> B: The newspaper says it'll be rainy next
> 　 Saturday morning.
> A: Really? How about next Sunday?
> B: It'll be cloudy in the morning and sunny in
> 　 the afternoon.
> 　 Question: How will the weather be next
> 　 　　　　　　Sunday morning?

2 (1)「ユキは今日，家にいなければなりません」
という文。主語(Yuki)は三人称単数なので，〈has
to＋動詞の原形〉を使って書きかえる。
(2)**ミス注意**「あなたはテストが簡単であること
を望んでいますか」という文にする。hope (that)
～で「～と希望している」。語数指定から，that
を省略せずにつける。

12

(3)〈Don't＋動詞の原形 ～.〉は「～してはいけません」（否定の命令文）。〈You must not[mustn't]＋動詞の原形 ～.〉で同じ内容を表すが，語数指定から短縮形の mustn't を使う。

❸(1)「～ならいいと思う」は，「～と希望する」と考え hope (that)～で表す。「留学する」は「外国で勉強する」と考え study abroad を使う。

(2)「～していただけませんか」とていねいに依頼するときは〈Could[Would] you＋動詞の原形 ～?〉の形。「ドアを閉める」は close the door。

(3)**ミス注意!** 「～しなければならなかった」は，〈have to＋動詞の原形〉の have を過去形にし，〈had to＋動詞の原形〉で表す。

❹(1)「～に興味がある」be interested in ～

(2)「まず最初に(＝何よりもまず)」first of all

(3)「～を切り倒す」cut down ～

❺(1)「～と思います」は〈人＋think(s) (that) ～〉で表す。「～」には〈主語＋動詞 ～〉が入る。

(2)直前で，トムが「あなたはハイキングが好きだと聞いています」と述べていることに着目。

(3) when を入れて「私が日本にいたとき」とすると文の前半と自然につながる。〈when＋主語＋動詞～〉で「…が～する[である]とき」。

(4)〈Why don't we＋動詞の原形 ～?〉は「(いっしょに)～しませんか」と提案するときの表現。

(5)疑問詞 who が主語の疑問文。トムが最後に「私のおじのエリックが私たちを案内してくれます」と述べていることに着目。

❻(1)電話で「～さんをお願いします」は May I speak to ～?。

(2)電話で「(本人が出て)私です」は Speaking. や This is he[she]. などとも言う。

❼(1)主語(they)は複数なので，「～する必要はありません」は〈do not[don't] have to＋動詞の原形〉で表す。

(2)電話で「どちら様ですか」は Who's calling?。Who am I speaking to? と言ってもよい。

(3)「～ではないと思う」は，〈人＋don't[doesn't] think (that)～〉の形にする。

(4)「～に親切にする」は be kind to ～。語数指定から，「～にしなければならない」は〈must＋動詞の原形〉を使う。be 動詞の原形は be。

---

p.28～29 ステージ❸

❶ 🎧LISTENING (1)ア (2)イ (3)エ

❷(1) go to bed (2) Here, go (3) late for
(4) went hiking (5) picked it up

❸(1) that (2) Where (3) must not

❹(1) Do you know (that) Judy is going to move to Chiba?
(2) He must help his sister with her homework.
(3) You should keep in touch with your parents.
(4) What does Bob have to buy?

❺(1)ビーバー，国の[国を代表する]動物
(2)まったくそのとおり。
(3) that
(4)ビーバーは昼間は巣の中で眠っているから。
(5) we have to be quiet

❻(1) You don't have to work
(2) Must I eat lunch
(3) hear the low will be

❼(1) Could you take a picture for me?
(2) We don't think that this problem is difficult.
(3) Did you have to get up at five?

解説

❶🎧LISTENING (1)「だれが電話に出ましたか」という質問。この answer は「(電話に)出る」。May I speak to Nancy?(ナンシーさんをお願いできますか)とトムがたずねたのに対し，ナンシーが Speaking.(私です)と答えている。
(2)「トムとナンシーは何時に駅で会うでしょうか」という質問。ナンシーが3番目の発言で，How about two?(2時はどう?)と述べたのに対し，トムが OK.(わかった)と応答している。
(3)「トムとナンシーは買い物のあと何をするでしょうか」という質問。トムが最後の発言で Let's have dinner after shopping.(買い物のあと夕食を食べよう)と言い，ナンシーも同意している。

🎵音声内容
A : Hello. This is Tom. May I speak to Nancy?
B : Speaking. Hi, Tom.
A : I'm going to go shopping in the afternoon. Can you come with me?
B : Sure.

A : Let's meet at the station at one thirty.

B : Well, I have to wash the dishes after lunch.　How about two?

A : OK.　Let's have dinner after shopping.

B : That's a good idea.

Questions :

(1) Who answered the phone?

(2) What time will Tom and Nancy meet at the station?

(3) What will Tom and Nancy do after shopping?

❷ (1)「寝る」go to bed

(2)「さあ，行きますよ。」Here we go.

(3)「～に遅れる」be late for ～

(4)「ハイキングに行く」は go hiking。go の過去形は went。

(5)**ミス注意** 「～を拾い上げる」は pick ～ up [pick up ～]。本問では，「～」が it(代名詞)なので，pick it up の形にする。pick up it は不可。

❸ (1)直前に says があるので，「～だと言う」〈人＋say(s) (that)～〉の形にする。

(2)「駅で」と「場所」を答えているので，where「どこで」を使い，「あなたはどこで待たなければなりませんか」という文にする。

(3)**ミス注意** Can I ～? は「～してもよいですか」。No「いいえ」で答えているので，must not「～してはいけません」の形にする。

❹ (1)「～と知っている」は〈人＋know(s) (that)～〉。まず，You know (that) Judy is going to move to Chiba. を作り，これを疑問文にする。主語は you なので，疑問文は do を主語の前に置く。

(2)語数指定から，「～しなければならない」は〈must＋動詞の原形〉で表す。〈help＋人＋with＋ことがら〉で「(ことがら)について(人)を手伝う」。

(3)「～すべきだ」は〈should＋動詞の原形〉。keep in touch は「連絡を取り続ける」。

(4)「ボブは何を買わなければなりませんか」という文にする。what「何」を文の初めに置き，あとに have to の疑問文を続け，〈What do[does]＋主語＋have to＋動詞の原形 ～?〉の形にする。

❺ (1)Are they のあとは直前の文の one of Canada's national animals が省略されている。

(2)Exactly.「まったくそのとおり。」

(3)think のあとが〈主語＋(助)動詞～〉の形なので，〈人＋think(s) (that)～〉「～だと思う」の that が省略された形と考える。

(4)直後の文でトムが「彼ら(＝ビーバーたち)は昼間は巣で眠ります」と述べていることに着目。

(5)**ミス注意** 語数指定から，「～しなければなりません」は〈have[has] to＋動詞の原形〉で表す。quiet「静かな」は形容詞なので，to のあとには be を使う。

❻ (1)語群に，don't, to, have があるので，〈don't have to＋動詞の原形 ～〉の文にする。「あなたは土曜日に働く必要はありません」

(2)語群に must があり文末が？なので，〈Must＋主語＋動詞の原形 ～?〉の語順にする。「私はここで昼食を食べなければなりませんか」

(3)語群に be と hear という２つの動詞があるので，「～だと聞いている」〈人＋hear (that)＋主語＋動詞 ～〉の文にする。「私は明日は最低気温は８度になるだろうと聞いています」

❼ (1)「～していただけませんか」は〈Could you＋動詞の原形 ～?〉。「～のために」は for ～で，「～」に代名詞を使う場合は目的格にする。

(2)**ミス注意** 「～ではないと思う」は〈人＋don't [doesn't] think (that)～〉。接続詞 that に続く文中では，ふつう否定の形は使わない。

(3)「～しなければならなかった」は〈had to＋動詞の原形〉。「～しなければならなかった」を疑問文にし，〈Did＋主語＋have to＋動詞の原形 ～?〉の形にする。

PROGRAM 3

p.30〜31　**ステージ 1**

Words チェック　(1)綿あめ

(2)演技，パフォーマンス　(3)風味，味わい

(4) present　(5) racket　(6) expensive

❶ (1) **to play**　(2) **likes to make**

(3) **wants to be**

❷ (1) **need, read**　(2) **Do, want to**

(3) **tried to**

❸ (1) **It started to rain**

(2) **I do not like to wash**

(3) **What does your brother want to be?**

❹ (1) **There are**　(2) **something cold**

(3) **that**

❺ **Word Box**　(1) **wants to go**　(2) **to play**

(3) **wanted to see[watch]**

━━━ 解説 ━━━

❶ (1)「～することが好きだ」は〈like to＋動詞の原形〉で表す。

(2)**ミス注意** 主語(Ken)が三人称単数なので like は likes となるが，to のあとの make は常に原形。

(3)「～したい」は〈want to＋動詞の原形〉で表す。「～になる」は be 動詞の原形 be を使う。主語(my brother)は三人称単数なので want は wants となるが，to のあとの be は原形。

❷ (1)「～する必要がある」は〈need to＋動詞の原形〉で表す。

(2)「～したい」〈want to＋動詞の原形〉の疑問文。ふつうの一般動詞の疑問文と同様に，do[does]を主語の前に置く。

(3)**ミス注意** 「～しようとする」は〈try to＋動詞の原形〉で表す。本問では，「～しようとした」という過去の文なので〈tried to＋動詞の原形〉の形にする。to のあとの動詞(speak)は過去の文でも常に原形。

❸ (1)「～し始めた」は〈started to＋動詞の原形〉。天気を表す文なので主語は it を使い，「雨が降る」は動詞の rain で表す。

(2)「～することが好きではない」は〈like to＋動詞の原形〉の文を否定文にして表す。主語は I なので，〈do not[don't] like to＋動詞の原形〉の語順。

(3)「～したい」は〈want to＋動詞の原形〉。「～になる」は be で表す。what「何」を文の初めに置き，あとに一般動詞 want の疑問文を続け，〈What do[does]＋主語＋want to be?〉の形にする。be は be 動詞の原形。

❹ (1)「～がある[いる]」は，〈There is[are]＋単数名詞[複数名詞]＋場所を表す語句.〉で表す。本問では，flowers(複数名詞)なので be 動詞は are を使う。

(2)**ミス注意** 「何か～なもの」は〈something＋形容詞〉。形容詞があとに来ることに注意。

(3)that には，本問のように前に出た文全体の内容を受けることがある。

❺ (1)「～したいです」は〈want(s) to＋動詞の原形〉で表す。

(2)(3)「～したかったです」は〈wanted to＋動詞の原形〉で表す。

ポイント① 不定詞の形
・〈to＋動詞の原形〉
→ 主語が何でも，時がいつでも，to のあとの動詞は常に原形(＝ s も ed もつかないもとの形)。

ポイント② 〈動詞＋不定詞(名詞的用法)〉の意味
・want to ～「～したい」
・like to ～ 「～することが好きだ」
・need to ～「～する必要がある」
・start[begin] to ～「～し始める」
・try to ～ 「～しようとする」

p.32～33 ステージ1

Wordsチェック (1)物売り
(2)登場人物，キャラクター (3)quiz
(4)noodle

❶ (1)like running (2)enjoys taking
(3)enjoys reading

❷ (1)started[began] practicing
(2)Studying math
(3)is seeing[watching]

❸ (1)ア，イ (2)イ (3)ア (4)ア

❹ (1)Did you finish doing
(2)Miho is interested in learning
(3)Speaking English isn't easy.

❺ (1)so on (2)instead of (3)Sounds

WRITING Plus (1)例1 My mother enjoys singing.
例2 My brother enjoys swimming.
(2)例1 Kota enjoys watching TV.
例2 Ayaka enjoys playing the piano.

━━━ 解説 ━━━

❶ (1)「～することが好きだ」は〈like＋動詞の -ing 形〉で表す。

(2)主語(Sue)が三人称単数なので，「～して楽しむ」は〈enjoys＋動詞の -ing 形〉で表す。

(3)主語(Mr. Kudo)が三人称単数なので，「～して楽しむ」は〈enjoys＋動詞の -ing 形〉で表す。

❷ (1)不定詞の名詞的用法でも表せるが，空所の数から，「～し始めた」は〈started[began]＋動詞の -ing 形〉で表す。

(2)「～すること」は，空所の数から〈動詞の -ing 形〉で表すので，「数学を勉強すること」は studying math。本問では，studying math が文の主語になっていることに注意。動名詞は三人称単数の扱いなので be 動詞は is になる。

(3) ミス注意！ 空所の数から，「映画を見ること」は seeing[watching] a movie で表す。本問は，seeing[watching] a movie が補語になっている文。be 動詞(is)のあとに動詞の –ing 形が続くので，現在進行形〈be 動詞＋動詞の –ing 形〉と混同しないように注意。

❸ (1) love は目的語に，不定詞も動名詞も両方使える動詞。

(2) want は目的語に，不定詞だけ使える動詞。

(3) stop は目的語に，動名詞だけ使える動詞。

(4)前置詞 for のあとの動詞の形は動名詞。不定詞は使えない。Thanks for ～ing. は「～してくれてありがとう」。

❹ (1)「～し終える」は〈finish＋動名詞〉で表す。finish は目的語に，動名詞だけ使える動詞。

(2)「～に興味がある」は be interested in ～ で表す。前置詞 in のあとの動詞は，動名詞だけ使えることに注意。

(3)語群に speaking があるので，「英語を話すこと」は speaking English で表す。動名詞が主語になる文。To speak English is ～. としても同じ意味。

❺ (1)「～など」 ～, and so on

(2)「～の代わりに」instead of ～

(3)「～に聞こえる[思われる]」は〈sound＋形容詞〉。

WRITING Plus 「…は～することを楽しんでいます」という文にする。主語の「あなたの家族や友人」のあとに〈enjoy(s)＋動名詞(動詞の –ing 形)～〉を続ける。enjoy のあとには，目的語として不定詞(名詞的用法)を使うことはできない。

> **ポイント❶ 動名詞の形と意味**
> ・〈動詞の –ing 形〉で，「～すること」の意味。
> → 目的語・補語・主語になるほか，前置詞のあとにも置ける。

> **ポイント❷ 動名詞と不定詞の使い分け**
> ・動名詞のみ目的語に使う動詞
>   enjoy, finish, stop, practice など
> ・不定詞のみ目的語に使う動詞
>   want, hope など
> ・動名詞も不定詞も目的語に使う動詞
>   like, begin, start など
> ・前置詞のあと → 動名詞のみ可。

p.34～35 ステージ❶

Wordsチェック (1)つまようじ (2)健康によい

(3) each (4) voice (5) Go for it

❶ (1) to teach (2) to do (3) to help

❷ (1)読むための本 (2)訪れるべき場所

(3)何か食べるもの

❸ (1) to be (2) to talk

(3) Why / To see[meet]

❹ (1) Did you get up early to make

(2) have no time to watch TV

(3) go to London to study English

(4) wants something sweet to eat

❺ WordBox (1) Some / Others (2) looks like

(3) around the (4) in, future (5) came true

━━ 解説 ━━

❶ 「～するために」は〈to＋動詞の原形〉で表す。主語が何であっても，時が現在でも過去でも，to のあとの動詞は常に原形。

❷ (1)〈(代)名詞＋to＋動詞の原形〉で「～するための…，～すべき…」の意味。

(2) places を to visit が説明。

(3) something は「何か」。something to eat(食べるための何か)は「何か食べるもの」。

❸ (1)「～になる」は be(be 動詞の原形)を使うので，「～になるために」は to be ～ で表す。

(2)〈a chance to＋動詞の原形〉は「～するための機会」。

(3)「なぜ～か」は Why ～? で表す。To see[meet] my brother. は，I visited Sapporo to see[meet] my brother. の省略。Why ～? に目的を表す副詞的用法の不定詞で答える。

❹ (1)「朝食を作るために」は to make breakfast。

(2)〈time to＋動詞の原形〉は「～するための時間」。〈have[has]＋no＋名詞〉で「～がまったくない」を表す。

(3)「～する予定だ」は〈be going to＋動詞の原形〉で表す。

(4) ミス注意！ 「何か甘い食べもの」は「『①食べるための』『②甘い』何か」と考える。「何か」は something。①は形容詞的用法の不定詞(to eat)で②は形容詞(sweet)で説明する。本問のように，something や anything などを，形容詞と不定詞の両方で説明するときは，〈-thing＋形容詞＋to＋動詞の原形〉の語順になる。

16

5 (1)「～もいれば，…もいる」は Some ～. Others ....。英文の意味は「大声で泣いている赤ちゃんもいれば，静かな赤ちゃんもいる」。

(2) ミス注意! 「～(＝名詞)のように見える」は〈look like＋名詞〉で表す。「～(＝形容詞)のように見える」の〈look＋形容詞〉との違いに注意。

(3)「世界じゅうに[で]」around the world。ほぼ同じ意味に all over the world がある。英文の意味は「私の夢は世界じゅうを旅することです」。不定詞の名詞的用法が補語になっている。

(4)「将来に[は]」in the future

(5)「実現する」come true。この come は「～になる」という意味。

> **ポイント①** 不定詞の副詞的用法
> ・「～するために」
> → 〈to＋動詞の原形〉の形。
> ※副詞的用法の不定詞〈to＋動詞の原形〉は，文の終わりに置くことが多い。

> **ポイント②** 不定詞の形容詞的用法
> ・「～するための…，～すべき…」
> → 〈(代)名詞＋to＋動詞の原形〉の形。
> ① 〈to＋動詞の原形〉が，あとから前の(代)名詞を説明する。
> ② -thing の形の語を，形容詞と不定詞(形容詞的用法)の両方で説明するときは，
> → 〈-thing＋ 形容詞 ＋ 不定詞 〉の語順。

p.36～37 《 英語のしくみ 》

1 (1) came to see (2) to listen
 (3) to wash (4) Why did / To go
 (5) To watch[see]，is

2 (1)ウ (2)ウ (3)エ

3 (1)宿題をし始めました
 (2)部屋を掃除するための時間
 (3)音楽を勉強するために

4 (1) Do they have many chances to speak English?
 (2) I meet Mr. Lee to learn Chinese
 (3) Her plan is to go shopping

5 (1) To swim in the river is dangerous.
 (2) There are a lot of places to visit in Fukuoka.
 (3) What do you want to do this weekend?
 (4) Tom came[went] home early to help his mother.
 (5) Do you want something hot to eat?

《 解説 》

1 (1)「会いに来た」は，「会うために来た」と考え，副詞的用法の不定詞を使う。

(2)「～することが好きだ」は，不定詞(名詞的用法)か動名詞で表す。本問では，空所の数から不定詞を使う。「～を聞く」listen to ～

(3)「洗わなくてはならない何枚かの皿」は，「洗うための何枚かの皿」と考える。「洗うための～」は〈名詞＋to wash〉，「何枚かの」は some で表す。

(4)「なぜ～したのか」は，why を使った一般動詞の過去の疑問文 →〈Why did＋主語＋動詞の原形 ～?〉の形。Why ～? には，本問では，〈To＋動詞の原形 ～〉「～するためです」の形で目的を答える。「つりに行く」go fishing

(5) ミス注意! 空所の数から，「～すること」は，名詞的用法の不定詞で表す。主語になる不定詞は三人称単数の扱いなので be 動詞は is。games につられて are としないことに注意。

2 (1)ウに入れて「仕事を得るために」(副詞的用法)とする。

(2)ウに入れて「花の写真をとること」(名詞的用法)とする。

(3)エに入れて「メンバーに書くべき手紙」(形容詞的用法)とする。

3 (1)〈start to＋動詞の原形〉「～し始める」

(2)〈time to＋動詞の原形〉「～するための時間」

(3)He came to Italy までで文が完成しているので，不定詞は修飾部分 → 副詞的用法か形容詞的用法の不定詞。「～するために」(副詞的用法)と訳すと意味が通る。

4 (1)「～する機会」は〈chances to＋動詞の原形〉の語順。「機会がある」は「機会を持っている」と考え，have を使う。

(2)「～するために」は，目的を表す副詞的用法の不定詞で表せる。

(3) ミス注意! 「AはBです」の文なので〈A＋be 動詞＋B〉の形。本問では，B＝「～すること」。語群に to があるので，B を名詞的用法の不定詞で表し，to go shopping in the morning とする。

5 (1)「AはBです」の文なので〈A＋be 動詞＋B〉の形。本問では，A＝「～すること」で，不定詞を使う条件なので，A を名詞的用法の不定詞で表し，to swim in the river とする。不定詞は三人称単数の扱いなので，be 動詞は is。

(2)「訪れるべき場所」は「訪れるための場所」と考え，places「場所」を to visit(形容詞的用法)であとから説明する。「～がある」は〈There is [are]＋名詞＋場所を表す語句.〉で表す。

(3)「～したい」は〈want to＋動詞の原形〉で表す。what「何」を文の初めに置き，あとに一般動詞 want の疑問文を続け，〈What do[does]＋主語＋want to＋動詞の原形 ～?〉の形にする。

(4)「～するために」は〈to＋動詞の原形〉で表し，文の終わりに置くことが多い。「家に帰る」は come home または go home。

(5)ミス注意！ 「何か温かい食べもの」は，「『食べるための』『温かい』何か」と考える。-thing の形の語を，形容詞と不定詞の両方で説明するときは，〈-thing＋形容詞＋to＋動詞の原形〉の語順。

p.38 《 英語のしくみ 》

1 (1)enjoy skiing
(2)Watching[Seeing] birds
(3)growing flowers
2 (1)eating (2)to cry / crying (3)to see
(4)climbing
3 (1)She doesn't like playing video games.
(2)Thanks for helping me.

《 解説 》

1 (1)「～することを楽しむ」は，〈enjoy＋動名詞〉で表す。enjoy の目的語には不定詞(名詞的用法)を使わないことに注意。ski は「スキーをする」という動詞。

(2)「A は B です」なので〈A＋be 動詞＋B〉の形。「～すること」は不定詞(名詞的用法)でも動名詞でも表せるが，空所の数から動名詞を使う。A＝動名詞＝主語の文。

(3)ミス注意！ 「A は B です」なので〈A＋be 動詞＋B〉の形。「花を栽培すること」は，空所の数から動名詞を使う。B＝動名詞＝補語の文。現在進行形と混同しないように注意。

2 (1)finish「終える」は動名詞のみを目的語にする動詞。

(2)start「始める」は不定詞と動名詞の両方を目的語にする動詞。

(3)hope「希望する」は不定詞のみを目的語にする動詞。

(4)前置詞 about のあとの動詞の形は動名詞のみ。How about ～ing?「～するのはどうですか」

3 (1)「～することが好きだ」は，不定詞(名詞的用法)でも動名詞でも表せるが，語数指定から動名詞を使う。主語が三人称単数の一般動詞の現在の否定文なので，〈主語＋doesn't like＋動詞の-ing 形〉の形。

(2)「～をありがとう」は Thanks for ～. で表す。前置詞 for のあとの動詞は，動名詞にすることに注意。Thank you for ～ing. もほぼ同じ内容。

p.39 ステージ1

Wordsチェック (1)すぐ近くで[に]
(2)場所，地点 (3)tall (4)among (5)tourist
(6)sky

1 (1)エ (2)ウ (3)イ (4)ア

━━━━ 解説 ━━━━

1 Thank you for listening.(ご清聴ありがとうございました)はスピーチの最後でよく使う表現。
【訳】私たちは，日光は訪れるのにすばらしい場所だと思います。第1に，有名な寺を訪れることができます。第2に，中禅寺湖でつりを楽しむことができます。最後に，とてもおいしいイチゴを楽しむことができます。私たちのプランについてどう思いますか。聞いていただきありがとうございました。

ポイント スピーチの構成
① Beginning(導入)：結論を述べる。
→ We think that ～.(私たちは～と思います)
② Body(展開)：理由を列挙する。
→ First, ～. Second, ～. Lastly, ～.
(第1に，～。第2に，～。最後に，～。)
③ Ending(まとめ)：意見を聞き，お礼を述べる。
→ How do you like our ～?
(私たちの～はどう思いますか)
→ Thank you for listening.
(聞いていただきありがとうございました)

p.40～41 Try! READING

Question (1)① thought ③ stole ⑤ sank
(2)兵十の母親が病気だったとき，彼女はウナギを食べたがっていました。
(3)母親，ウナギ，盗んで
(4)⑥ One night ⑦ These days
(5)クリ，見つける
(6)Someone brings them when I'm not at
(7)his neighbor

Word Box BIG 1 (1)ウナギ (2)ずるい，悪賢い
(3)たぶん，十中八九 (4)叫ぶ (5)うなずく

(6)弱く，弱々しく　(7)煙　(8)銃身　(9)**decide**

(10) **basket**　(11) **ground**　(12) **clothes**

(13) **teeth**　(14) **drop**　(15) **die**　(16) **fell**

2 (1) **One day**　(2) **play, trick on**

(3) **came back**　(4) **runs away**

(5) **said to myself**　(6) **This time**

(7) **looked around**　(8) **was sorry for**

(9) **pick up**　(10) **fell down**

3 (1) **I was wearing a *yukata* then.**

(2) **He went to the river to catch (some) fish.**

──────── 解　説 ────────

Question (1)①直後の " " の内容をゴンが「考えた」とすると文意が通る。think の過去形thought が適切。

③it は直前の文の eel「ウナギ」を指すので，steal「盗む」の過去形 stole が適切。

⑤直前に I'm sorry.(ごめんなさい)とあるので，sink(沈む)の過去形 sank を入れて「気持ちが沈んだ」とするのが適切。

(2)〈when＋主語＋動詞 ～〉は「…が～する[である]とき」。

(3)直前の 2 つの文を参照。

(4)⑥「ある夜」は one night。

⑦「近ごろ」は these days。

(5)直後の文を参照。

(6)語群に when があり，カンマはないので，〈when＋主語＋動詞 ～〉「…が～する[である]とき」を文の後半に置いた形にする。

(7)本文 5～6 行目から，この発言は，兵十が his neighbor(彼の隣人)に話しているもの。you ＝ 聞き手 ＝ his(＝ Hyoju's) neighbor。

Word Box BIG **2** (1)「ある日」one day　(2)「～にいたずらをする」play a trick on～　(3)「もどる」come back　(4)「逃げる」run away　(5)「心の中で考える，独り言を言う」say to ～self　(6)「今度は」this time　(7)「あたりを見回す」look around　(8)「～をすまないと思う」be sorry for ～　(9)「～を拾い上げる」pick up ～　(10)「倒れる」fall down

3 (1)「そのとき」は at that time も使えるが語数指定より then。「～していました」は過去進行形〈was[were]＋動詞の -ing 形〉で表す。

(2)「～するために」は〈to＋動詞の原形〉を文の終わりに置く。fish(魚)は複数形も fish。

p.42～43 **ステージ2**

1 🎧**LISTENING** ウ

2 (1) **walking**　(2) **to do**　(3) **nothing, eat**

(4) **playing tennis**

3 (1) **I do not want to have**

(2) **Is studying math difficult**

(3) **need another chance to meet**

4 (1) **kind of**　(2) **look like**　(3) **come true**

5 (1) **there are**

(2)アメリカンドッグ，コーンドッグ

(3) **What do you want to have?**

(4)何か甘いものが食べたい

6 (1)イ　(2)ア　(3)ウ

7 (1) **It stopped snowing in the afternoon.**

(2) **He bought[got] some eggs to make a cake.**

(3) **Do you have anything cold to drink?**

──────── 解　説 ────────

1 🎧**LISTENING** 「ケンは今，何になりたいですか」という質問。ケンの最後の発言に，but now I want to be a vet like my mother(でも今は，母のような獣医になりたいです)とある。

🎵**音声内容**

A: Ms. Suzuki, why did you become a teacher?

B: When I was in high school, a new teacher came to our school. His English class was great, and I wanted to be like him. Ken, what do you want to be?

A: I wanted to be a scientist or a singer before, but now I want to be a vet like my mother.

Question: What does Ken want to be now?

2 (1)「その赤ちゃんは昨日歩き始めました」。start は，目的語に不定詞も動名詞も使えるので，〈to＋動詞の原形〉→〈動詞の -ing 形〉にする。

(2)「私は今日，たくさんのことをしなければなりません」→「私は今日，たくさんのするべきことがあります」。things を to do(形容詞的用法の不定詞)であとから説明する形。

(3)ミス注意!「私たちは食べものをまったく持っていませんでした」→「私たちは食べるためのものをまったく持っていませんでした」。nothing(何も～ない)を to eat(形容詞的用法の不定詞)であとから説明する形。

(4)「放課後テニスをしましょう」→「放課後テニスをするのはどうですか」。How about ～?「～するのはどうですか」の「～」に, play「～する」の動名詞 playing を入れる。

❸ (1)「～したくない」は, 〈do[does] not want to ＋動詞の原形〉で表す。

(2) **ミス注意!** 語群に studying があるので, 主語＝「数学を勉強すること」は, 動名詞を使い studying math と表す。be 動詞の文なので, 疑問文は be 動詞 is を主語の前に置く。

(3)「私たちはホワイトさんと会うもう1つの機会を必要としています」と考える。「～する機会」は〈chance to＋動詞の原形〉。「もう1つの」は another。「～が必要だ」は need。

❹ (1)「どんな種類の～」what kind of ～

(2)「～のように見える」look like ～。like のあとには名詞がくる。

(3)「実現する」come true

❺ (1) food stands「食べ物の屋台」という複数名詞があるので,「～があります」は〈There are＋複数名詞＋場所を表す語句.〉の形にする。

(2) I see.「なるほど[そうですか]」。直前のやり取り参照。

(3)「～したい」は〈want to＋動詞の原形〉。what「何」を文の初めに置き, 〈What do[does]＋主語＋want to＋動詞の原形 ～?〉の語順にする。

(4) How about ～?「～はどうですか」。直前でダニエルが「私は甘いものが食べたい」と発言していることに着目。

❻ (1) art museum「美術館」があるので, イ「美しい絵を見るために」(副詞的用法)が適切。

(2) dream「夢」があることと, (1), (3)と重複しないようにすることで, ア「数学の教師になること」が適切。

(3) dishes「皿」があるので, ウ「昼食前に洗わなければならない」(形容詞的用法)が適切。

❼ (1) **ミス注意!** 天気を表す文なので it を主語にする。この it には「それ」の意味はない。「雪が降る」は snow。「雪が降りやむ」→「雪が降るのをやめる」と考え, 〈stop＋動名詞〉で表す。stop は動名詞のみ目的語にできる。

(2)「～するために」は〈to＋動詞の原形〉(副詞的用法)を文の終わりに置く。

(3) **ミス注意!** 「『飲むための』『冷たい』何か」と

考える。-thing の形の語を, 形容詞と不定詞で説明するときは, 〈-thing＋形容詞＋不定詞〉の語順。疑問文なので, anything とすることにも注意。

p.44～45 ステージ③

❶ 🎧LISTENING (1)ア (2)エ (3)ウ

❷ (1) and so on (2) instead of
(3) in the future (4) ran away
(5) said to himself

❸ (1) writing (2) To (3) is (4) taking
(5) to study

❹ (1) To be a Broadway dancer was
(2) cooked something hot to
(3) How about having dinner

❺ (1)⑦ Some ⑦ Others
(2) Around the world
(3) many kinds of street food to try
(4)食文化, 表している[示している]

❻ (1) Don't forget to turn off the TV.
(2) What is the best way to learn[study] English?
(3) Did you enjoy seeing[watching] fireworks?
(4) I want to be a nurse to help sick people.

❼ (1) 例1 I started studying English four years ago.
例2 I started studying English when I was in elementary school.
(2) 例1 I want to go to Yokohama.
例2 I want to go to the library next Saturday.

解説

❶ 🎧LISTENING (1)「ジョンは昨日何を食べましたか」という質問。ジョン(＝A)の2番目の発言に, But I had pizza yesterday.(でも, 私は昨日ピザを食べました)とある。

(2)「メグはカレーライスが大好きですか」という質問。メグ(＝B)の最初の発言に, I don't like curry and rice so much.(私はカレーライスがあまり好きではない)とある。

(3)「いつ新しい日本料理店が開店しましたか」という質問。ジョン(＝A)の2番目の発言に, I hear a new Japanese restaurant opened last week.(新しい日本料理店が先週開店したと聞いている)とある。

20

音声内容

A: It's Sunday, so let's go out for lunch, Meg.　How about curry and rice?

B: I don't like curry and rice so much.　Do you like pizza, John?

A: Yes.　But I had pizza yesterday.　I hear a new Japanese restaurant opened last week.　Why don't we go there and eat *tempura* or *sukiyaki*?

B: Sounds nice.

Questions :

(1) What did John eat yesterday?

(2) Does Meg like curry and rice very much?

(3) When did a new Japanese restaurant open?

❷ (1)「〜など」〜, and so on

(2)「〜の代わりに」instead of 〜

(3)「将来に[は]」in the future

(4)「逃げる」run away。run の過去形は ran。

(5)「心の中で考える」say to 〜self。〜self の形は主語によってかわる。「私」のⅠが主語の場合は myself。

❸ (1) finish は目的語に動名詞だけを置く動詞。

(2) Why 〜?「なぜ〜」には、〈To＋動詞の原形〉「〜するために」で目的を答えることもできる。

(3)ミス注意! 動名詞 learning 〜が主語の文。動名詞は三人称単数扱いなので be 動詞は is が適切。

(4)前置詞のあとの動詞は、動名詞のみを置くことができる。be interested in 〜は「〜に興味がある」。

(5) decide は目的語に不定詞だけを置くことができる動詞。

❹ (1)語群に to, be があるので、名詞的用法の不定詞 to be a Broadway dancer を文の主語にする。「ブロードウェイのダンサーになることが彼の夢でした」

(2)語群に something, to, hot があるので、〈-thing＋形容詞＋不定詞〉の語順にする。「ナンシーは兄[弟]のために温かい食べものを料理しました」

(3)語群に how, about, having があるので、〈How about＋動名詞 〜?〉「〜することはどうですか」の文にする。「その韓国料理店で夕食をとるのはどうですか」

❺ (1)「〜もいる。…もいる」Some 〜.　Others ....

(3)まず、語群の kinds, of, many から、many kinds of 〜「多くの種類の〜」を作り、残りの語句で

street food を形容詞的用法の不定詞 to try「試すべき」であとから説明する形を作る。

(4)最後の文参照。I think (that)〜「〜だと思う」。

❻ (1)「〜しないで」は〈Don't＋動詞の原形 〜.〉の形。「〜し忘れる」は〈forget to＋動詞の原形〉。「(テレビなどを)消す，止める」は turn off。

(2)「〜する(ための)方法」に不定詞の形容詞的用法を使い way to 〜の形で表す。

(3)ミス注意! 「〜して楽しむ」は〈enjoy＋動名詞〉で表す。enjoy は不定詞を目的語にできないことに注意。一般動詞 enjoy の過去の疑問文なので、〈Did＋主語＋動詞の原形 〜?〉の形にする。

(4)2つの不定詞を使った文。「〜したい」は〈want to＋動詞の原形〉(名詞的用法)。「〜になる」は be を使うので、「〜になりたい」は want to be 〜。「〜するために」は〈to＋動詞の原形〉(副詞的用法)を文の終わりに置く。

❼ (1)「あなたはいつ英語を勉強し始めましたか」という質問。質問文の語句を使って、「私は〜に英語を勉強し始めました」〈I started studying English＋英語を勉強し始めた時期.〉の形で答える。「英語を勉強し始めた時期」は、〈when＋主語＋動詞〉「〜であるとき」の形を使える。

(2)「あなたは今度の土曜日にどこに行きたいですか」という質問。質問文の語句を使って、「私は〜に行きたいです」〈I want to go to＋行きたい場所(＋next Saturday).〉の形で答える。

PROGRAM 4

p.46〜47　ステージ1

Wordsチェック (1)雨だれ，雨つぶ (2)効果 (3)葉 (4)company (5)lid (6)leaves

❶ (1) newer than (2) is larger than

(3) is busier than

❷ (1) bigger than (2) more difficult

(3) earlier than (4) Which, faster

❸ (1) was more useful than that one

(2) I like summer better than

❹ (1) may rain (2) stick to

(3) No problem / one

❺ WordBox (1) is easier than

(2) is more famous than

(3) is more popular than

解説

❶ (1)「…よりも～」は〈形容詞の比較級＋than …〉で表す。
(2) large は e で終わるので，原級に -r をつけて比較級にする。
(3) ミス注意！ busy は〈子音字＋y〉で終わるので，y を i にかえて -er をつけて比較級にする。

❷ (1)「…よりも～」は〈形容詞の比較級＋than …〉で表す。big は最後の文字 g を重ねて -er をつけて比較級にする。mine は my box のこと。
(2) difficult は，原級の前に more を置いて比較級にする。
(3)副詞の比較級も形容詞と同じように作る。early は，〈子音字＋y〉で終わるので，y を i にかえて -er をつけて比較級にする。
(4)「A と B ではどちらがより～か」は，〈Which … 比較級 , A or B?〉で表す。that one は that car のこと。

❸ (1)「…よりも～」は〈形容詞の比較級＋than …〉で表す。useful の比較級は more useful。
(2)「A よりも B のほうが好きだ」は〈like B better than A〉で表す。

❹ (1)「～かもしれない」は〈may＋動詞の原形〉。may には「～してよい」の意味もある。
(3)「問題ありません」No problem.　答えの第２文の there's＝there is。another one は，another train「もう１台の(＝次の)電車」。

❺「…よりも～」は〈形容詞の比較級＋than …〉の形で表す。
(1) easy の比較級は，y を i にかえて -er をつける。that one＝that question
(2)，(3) famous，popular の比較級は，原級の前に more を置く。

ポイント① 比較級の文の意味と形
「…よりも～」
→〈形容詞[副詞]の比較級＋than …〉

ポイント② 比較級の作り方
・ふつうの語 →　原級に -er をつける
・e で終わる語 →　原級に -r をつける
・big，hot など →　最後の文字を重ねて -er
・〈子音字＋y〉で終わる語 →
　y を i にかえて -er
・つづりが長い語 → 原級の前に more を置く
・good，well など → better

p.48～49 ステージ1

Wordsチェック (1)～なしで
(2)(音・声が)大きな　(3) solve　(4) gave

❶ (1) the oldest　(2) is the youngest[shortest]
(3) the longest

❷ (1) the strongest in his class
(2) This book is the most interesting of the three.
(3) home the earliest in her family
(4) Aya played the piano the best of all the students.

❸ (1) is the highest mountain in Japan
(2) English the best of all the subjects
(3) What is the most famous city

❹ (1) He did[Did he]　(2) useful[helpful] to
(3) model, after　(4) because of

WRITING Plus (1) 例1 Shota does.
例2 Moe swims the fastest in my class.
(2) 例1 Basketball is.
例2 Tennis is the most exciting sport for me.

解説

❶ (1)「…の中でもっとも～」は，〈the＋形容詞の最上級＋in[of] …〉で表す。絵から「トムが４人の中でもっとも年上です」という文。old は原級に -est をつけて最上級にする。
(2)「メグが４人の中でもっとも若い[背が低い]です」という文。young，short は原級に -est をつけて最上級にする。
(3) ミス注意！「ジュディが４人の中でもっとも長い髪を持っています[髪が長いです]」という文にする。long は原級に -est をつけて最上級にする。

❷ (1)〈the＋形容詞[副詞]の最上級＋in[of] …〉の形にする。「彼のクラスで」は「場所・範囲」なので，in his class で表す。
(2) interesting は，前に most を置いて最上級にする。「３冊の中で」は，「３冊」は複数なので，of the three で表す。
(3) early(副詞)は，y を i にかえ -est をつけて最上級にする。「彼女の家族の中で」は「場所・範囲」なので，in her family にする。
(4) well の最上級は best(不規則変化)。well-better-best と変化する。「すべての生徒」は「仲間・同類」なので，of all the students とする。

❸ (1) ミス注意！ 「もっとも高い山」と名詞の「山」(mountain)があるので，〈the＋形容詞の最上級＋名詞＋in[of] …〉の語順にする。
(2)「Aがもっとも好きだ」〈like A the best〉
(3) ミス注意！ 日本文は「どこ」だが，「位置」ではなく，「都市名」をたずねているので，「カナダでもっとも有名な都市は何ですか」と考え，〈What ～最上級＋of[in] …?〉文で表す。疑問詞は what を使うことに注意。

❹ (1) 前に出た動詞のかわりをする did を使って，He did? 「彼はした[＝勝った]の？」で表す。did ＝ won the game。Did he? としてもよい。
(2)「～するのに役立つ」は be useful[helpful] to ～。
(3)「～を手本にして…を形作る」は model … after ～。
(4)「～のために」は because of ～。

WRITING Plus (1)「あなたのクラスでだれがもっとも速く泳ぎますか」という質問。〈人名など＋swim(s) the fastest (in my class).〉「～がもっとも速く泳ぎます」と答える。swims ～のくり返しをさけるため，does を使うことができる。
(2)「あなたにとってもっともわくわくするスポーツは何ですか」という質問。〈スポーツ名＋is (the most exciting sport (for me).〉と答える。

ポイント❶ 最上級の文の意味と形
「…の中でもっとも～」
→〈the＋形容詞[副詞]の最上級＋in[of] …〉

ポイント❷ 最上級の作り方
・ふつうの語 → 原級に -est をつける
・e で終わる語 → 原級に -st をつける
・big, hot など → 最後の文字を重ねて -est
・〈子音字＋y〉で終わる語→ y を i にかえて -est
・つづりが長い語 → 原級の前に most を置く
・good, well など → best

p.50～51 ステージ❶

Wordsチェック (1)可能性 (2)花粉 (3)救助 (4)生物 (5)農業 (6)money (7)carry (8)plant (9)search (10)space

❶ (1) as, as (2) old as (3) is as expensive as
❷ (1)あのアニメと同じくらい (2)早く起きません (3)あなたの(もの)ほど長くありません

❸ (1) as cute (2) as hard as (3) is not[isn't] as useful (4) cannot[can't] dance as well as
❹ (1) Is tennis as exciting as (2) runs as fast as his (3) English is not as difficult as
❺ (1) Are you (2) able to (3) Why / Because, think

━━ 解説 ━━

❶ 「…と同じくらい～」は，〈as＋形容詞[副詞]の原級＋as …〉で表す。原級とは，-er も -est もつかないもとの形のこと。
(3) that one は that bag を指す。

❷ (1)〈as＋形容詞[副詞]の原級＋as …〉で「…と同じくらい～」。that one は that anime を指す。
(2)(3)〈not as＋形容詞[副詞]の原級＋as …〉で「…ほど～ない」。

❸ (1)形容詞 cute の文。「…と同じくらい～」は，〈as＋形容詞の原級＋as …〉の形。
(2)副詞 hard の文。「…と同じくらい～」は，〈as＋副詞の原級＋as …〉の形。
(3)形容詞 useful の文。「…ほど～ない」は〈not as＋形容詞の原級＋as …〉の形。
(4)副詞 well の文。「…ほど～ない」は〈not＋動詞＋as＋副詞の原級＋as …〉の形。

❹ (1) be 動詞(is)の文の疑問文は，be 動詞(is)を主語の前に出す。
(2) This car runs fast. 「この車は速く走ります」を作ってから，「彼の車と同じ」の意味を加えるために，fast の前後に as と as his を置く。
(3) ミス注意！ 「～と感じる」は〈feel (that)～〉の形。「～」の部分に，〈not as＋形容詞の原級＋as …〉を使って「英語は数学ほど難しくない」を入れる。語群に that はないので that は省略する。

❺ (1)「そうなの？」は Are Jose and you from Mexico? の意味なので，Jose and you 「ホセとあなたは」を you 「あなたたちは」にかえて，from Mexico を省略し，Are you? とする。
(2)「～することができる」〈be able to＋動詞の原形 ～〉
(3)「なぜ～」は Why ～?。「～だから」は〈Because＋主語＋動詞 ～.〉。「～だと思う」は〈人＋think(s) (that)＋主語＋動詞 ～〉。

ポイント 原級の文の意味と形

① 「…と同じくらい～」
→〈as＋形容詞[副詞]の原級＋as …〉
② 「…ほど～ない」
→〈not as＋形容詞[副詞]の原級＋as …〉

p.52～53 《 英語のしくみ 》

1 (1) the busiest in (2) as tall as
(3) isn't as, as (4) faster than

2 (1) is shorter than (2) heavier than
(3) doesn't, as, as

3 (1) This is the most exciting game of them all.
(2) Ms. White is as kind as Mr. Brown.
(3) Shota likes yellow better than blue.
(4) This dictionary isn't as new as yours [your dictionary].

4 (1) July is the coldest month
(2) Is writing English as important as speaking
(3) Which is larger, Canada or

5 (1) Is science more difficult than math?
(2) Yuki studied the hardest of the six.
(3) This picture is not[isn't] as old as that one[picture].
(4) What subject do you like the best?

《 解説 》

1 (1)「…の中でもっとも～」は〈the＋形容詞[副詞]の最上級＋in[of] …〉。busy は，y を i にかえ -est をつけて最上級にする。「家族」は「場所・範囲」なので，in を使う。
(2)「…と同じくらい～」は〈as＋形容詞[副詞]の原級＋as …〉。
(3)「…ほど～ない」は〈not as＋形容詞[副詞]の原級＋as …〉。this one は this bike を指す。
(4)「…よりも～」は〈形容詞[副詞]の比較級＋than …〉。fast は，-er をつけて比較級にする。

2 (1)「私のペンはあなたのものよりも長い」は「あなたのペンは私のものよりも短い」。
(2)「このかばんは，あのかばんほど重くない」は「あのかばんは，このかばんより重い」。
(3)「ケンはヒロより上手にギターをひく」は「ヒロはケンほど上手にギターをひかない」。well（原級）→ better（比較級）→ best（最上級）

3 (1) exciting は，前に most を置いて最上級にする。「それらすべての中で」は of them all。
(2) kind（原級）を，as と as Mr. Brown ではさんで，〈as＋原級＋as …〉の形にする。
(3)「A よりも B のほうが好きだ」は，〈like B better than A〉で表す。
(4)「…ほど～でない」は〈not as＋原級＋as …〉の形で表す。

4 (1) ミス注意！ 「もっとも寒い月」に着目。month（月）という名詞が入るので，〈the＋形容詞の最上級＋名詞＋in …〉の語順になる。
(2) ミス注意！ 「～すること」は語群から，動名詞で表す。難しく感じるときは，次の手順で作る。①まず，A is as important as B. を作る。②A ＝ writing English，B ＝ speaking it を①に入れる。③be 動詞(is)を主語の前に出し疑問文にする。
(3)「A と B ではどちらがより～か」は，〈Which … 比較級，A or B?〉の語順。

5 (1)まず，Science is difficult. を作り，Science is more difficult than math. と比較級の文にし，さらに Is science more difficult than math? と疑問文にするとよい。
(2)まず，Yuki studied hard. を作り，hard を最上級にして the をつけ，of the six を文末に置く。
(3)まず，This picture is old. を作り，This picture is as old as that one. とし，さらに This picture isn't as old as that one. と否定文にするとよい。
(4)「A がもっとも好きだ」は〈like A the best〉。「…は何がもっとも好きですか」は〈What do[does]＋主語＋like the best?〉。本問では，「何の科目」なので，〈What＋名詞(subject)〉を文頭に置く。

p.54～55 ステージ2

1 LISTENING イ
2 (1) larger (2) well (3) of (4) more
3 (1) is as big as mine
(2) Does your brother study harder than
(3) Which book was the most interesting? [Which was the most interesting book?]
4 (1) helpful to (2) Did you[You did]
(3) I feel (4) without
(5) modeled, after
5 (1) think it's the most beautiful bird of
(2) neer (3)カワセミ[その鳥]，ヒント
(4)トンネルに入った (5) The Shinkansen

6 (1) The museum is the most famous in China.

(2) I got up earlier than my sister.

(3) Ren is not[isn't] as busy as Nanami.

7 (1) This is the most expensive watch of the five.

(2) Is Ken as old as Shota?

(3) Which do you like better, math or English?

━━━━━━━━ 解説 ━━━━━━━━

1 🔊**LISTENING** 「どれがユリのクラスを示していますか」という質問。ユリの発言, and it (= basketball) is more popular than tennis. But basketball isn't as popular as soccer. に着目。

🎵**音声内容**

I'm Yuri. What sports do you like the best? I interviewed the students in my class. My favorite sport is basketball, and it is more popular than tennis. But basketball isn't as popular as soccer. I don't play soccer, but I like soccer.

Question : Which shows Yuri's class?

2 (1) than があるので, 比較級が適切。

(2)前後に as があるので, 原級が適切。

(3)あとが複数(four)なので, of が適切。

(4) popular の比較級は more popular。

3 (1)「…と同じくらい〜」は〈as＋形容詞[副詞]の原級＋as …〉の語順。mine は my cat を指す。

(2)「…よりも〜」は〈形容詞[副詞]の比較級＋than …〉。一般動詞の疑問文なので,〈Do[Does]＋主語＋動詞の原形 〜?〉の形。

(3)**ミス注意!** 「どの一がもっとも〜か」は,〈Which＋名詞＋be動詞＋the＋最上級 …?〉の語順。

4 (1)「〜するのに役立つ」be helpful to 〜

(2)相手の発言＝主語が I で一般動詞の過去形の文→ Did you (watch the soccer game)? で表す。

(4)「〜なしで」without 〜

5 (1)語群に think と is(← it's＝it is)という2つの動詞があるので, I think it is 〜. 「私はそれは〜と思います」の形にし, it is 〜の部分を most を使った最上級の文にする。

(3)直前の文参照。It＝直前の文の The bird。did＝直前の文の gave 以下の内容。

(4)最後の文に着目。it は the Shinkansen を指す。

(5)「日本でもっとも速い電車は何ですか」という質問。ジャックの最後の発言の1文目参照。

6 (1)「…(の中)でもっとも〜」は〈the＋形容詞[副詞]の最上級＋in[of] …〉の形。

(2) early の比較級は y を i にかえて er をつける。

(3)「…ほど〜ない」は〈not as＋形容詞[副詞]の原級＋as …〉の形。

7 (1) expensive の最上級は前に most を置く。

(2)「同じ年」→「同じくらい年をとっている」

(3)〈Which do[does]＋主語＋like better, A or B?〉の形にする。

p.56〜57 ≡≡ **ステージ3**

1 🔊**LISTENING** (1)イ (2)ア (3)イ

2 (1) because of (2) Can it[It can]

(3) is able to

3 (1) younger than (2) not as easy

(3) higher, any, mountain

4 (1) is the best player of them all

(2) This racket may be lighter than

(3) feel tennis is not as exciting as

5 (1) bigger (2) stick to

(3)もう1つの例はヨーグルトのふたよりもおもしろいかもしれません。

(4)雨だれ[雨つぶ], ぬれない

6 (1) Ayaka got up as early as Moe yesterday.

(2) Which is heavier, this camera or that one[camera]?

(3) He is one of the most popular singers in Japan.

(4) I do not[don't] have as many books as you.

7 (1)**例1** I like oranges better (than apples). **例2** I like apples better (than oranges).

(2)**例1** Hiroshi can (speak English the best in my class). **例2** I can.

━━━━━━━━ 解説 ━━━━━━━━

1 🔊**LISTENING** (1)「シロはココと同じくらいの大きさですか」という質問。絵からシロはココより大きいので, イが適切。

(2)「クロはシロよりも長い耳を持っていますか」という質問。絵からクロの耳はシロの耳より長いので, アが適切。

(3)「3匹の中でどれがもっとも年上ですか」という質問。絵から5歳のクロがもっとも年上なので, イが適切。

Questions :
(1) Is Shiro as big as Coco?
(2) Does Kuro have longer ears than Shiro?
(3) Which is the oldest of the three?

❷ (1)「～のために」は because of ～。
(2)相手の発言は，主語が this car で can の文なので，it と can を使って問い返す。
(3)「そのスマホはきれいな写真をとることができる」と考える。「～できる」は be able to ～。to のあとは動詞の原形。

❸ (1)「ブラウンさんはグリーンさんより年上です」→「グリーンさんはブラウンさんより若いです」
(2)「この問題は，あの問題より難しいです」→「この問題は，あの問題ほど簡単ではありません」
(3)**ミス注意!**「富士山は日本でもっとも高い山です」→「富士山は日本のほかのどの山より高いです」。〈比較級＋than any other＋単数名詞〉で「ほかのどの…より～」。other のあとは単数名詞。

❹ (1)「もっともよい」は good の最上級 best で表す。good-better-best と変化する。
(2)**ミス注意!**「～かもしれない」は〈may＋動詞の原形〉。This racket is lighter than mine. を作り，is を〈may＋動詞の原形(be)〉の形にする。be 動詞の原形は be。
(3)「～と感じる」〈主語＋feel (that)～〉。「…ほど～ない」は〈not as＋形容詞[副詞]の原級＋as …〉。

❺ (1)直後に than があるので比較級にする。big の比較級は g を重ねて，bigger とする。
(3)it ＝直前の文の another example。may は「～かもしれない」。
(4)エミリーの 2 番目の発言参照。

❻ (1)「…と同じくらい～」は〈as＋形容詞[副詞]の原級＋as …〉。
(2)「A と B ではどちらがより～か」は，〈Which … 比較級，A or B?〉の形。
(3)**ミス注意!**「もっとも～な…の 1 つ[1 人]」は〈one of the＋最上級＋複数名詞〉で表す。最上級のあとに複数名詞がくることに注意。
(4)**ミス注意!**「…ほど～ない」は〈not as＋形容詞[副詞]の原級＋as …〉。まず，I do not[don't] have many books. を作ってから，many books の前後を as と as you ではさめばよい。

❼ (1)「あなたはリンゴとオレンジではどちらがより好きですか」。〈I like＋好きなほうの果物＋better (than＋もう一方の果物).〉の形で答える。
(2)「あなたのクラスでだれがもっとも上手に英語を話せますか」。〈人名＋can (speak English the best in my class).〉の形で答える。

PROGRAM 5

p.58～59　ステージ❶

Wordsチェック (1)扱う (2)とがめる，責める，非難する (3)shelves (4)goods
❶ (1)how to (2)how, play
(3)knows how to use
❷ (1)何を言えばよいか (2)いつ出発したらよいか
❸ (1)to make (2)where to go
(3)which camera, buy
❹ (1)she know when to call
(2)don't know how to use
❺ (1)good at singing (2)Good, you
(3)by mistake (4)couldn't
❻ **WordBox** (1)how to play
(2)know how to ride
(3)know how to write *kani* in

— 解説 —

❶「～の仕方を知っている」は，〈know how to＋動詞の原形 ～〉で表す。
❷ (1)〈what to＋動詞の原形 ～〉で「何を～したらよいか」。what to say ＝ know の目的語であることに注意。
(2)〈when to＋動詞の原形 ～〉で「いつ～したらよいか」。
❸ (1)「～の仕方」は〈how to＋動詞の原形 ～〉。
(2)「どこで[へ]～したらよいか」は〈where to＋動詞の原形 ～〉。
(3)「どちらの…を～したらよいか」は〈which＋名詞＋to＋動詞の原形 ～〉。
❹ (1)「いつ電話すればよいか」を〈when to＋動詞の原形 ～〉で表し，know のあとに置く。
(2)「～の使い方」を〈how to＋動詞の原形 ～〉で表し，know のあとに置く。
❺ (1)「～が得意である」は be good at ～。「～することが得意である」は，動名詞を使い，〈be good at＋動詞の -ing 形〉で表す。

26

(2)「よかったですね。」Good for you.

(3)「誤って，間違って」by mistake

(4)「～できなかった」は，can の過去形 could を使って〈could not[couldn't]＋動詞の原形〉で表す。

❻ 「～の仕方を知っていますか」は〈Do[Does]＋主語＋know how to＋動詞の原形 ～?〉で表す。

(3)「漢字で」in *kanji*

ポイント❶〈疑問詞＋to＋動詞の原形〉
・how to ～「～の仕方」
・what to ～「何を～したらよいか」
・which to ～「どちら[どれ]を～したらよいか」
・when to ～「いつ～したらよいか」
・where to ～「どこで[へ]～したらよいか」

ポイント❷〈疑問詞＋名詞＋to＋動詞の原形〉
・〈what＋名詞＋to ～〉「何の…を～したらよいか」
・〈which＋名詞＋to ～〉「どの…を～したらよいか」

p.60～61 ステージ1

Words チェック (1)メートル (2)聞き手
(3)さびしい (4)待合室 (5)action
(6)remember

❶ (1)looks cute (2)look exciting
(3)looks lonely

❷ (1)sounds interesting (2)didn't become
(3)looked like (4)got

❸ (1)My father looked busy
(2)feel very cold
(3)Did the singer become famous?

❹ (1)while (2)take action (3)got, place
(4)was new

WRITING Plus (1)例 Mao looked sad.
(2)例 My brother became a vet.

━━━ 解説 ━━━

❶ 「～に見える」〈look＋形容詞〉。(1)(3)は主語が三人称単数で現在の文なので looks とする。

❷ (1)「～に聞こえる[思われる]」と考え，〈sound＋形容詞〉の形にする。
(2)「～(名詞)になる」は〈become＋名詞〉。
(3)「～(名詞)のように見える」は〈look like＋名詞〉。
(4)「～(形容詞)になる」は〈get＋形容詞〉。get は become より口語的。一時的な状態を表すときにだけ使うので，ずっとその状態でいる形容詞（例：tall）は進行形を除き，ふつう使えない。

❸ (2)「～に感じる」は〈feel＋形容詞〉で表す。very「とても」は形容詞(cold)の前に置く。

(3)「～(形容詞)になる」は〈become＋形容詞〉。become の過去形は became だが，過去の疑問文なので〈Did＋主語＋動詞の原形 ～?〉の語順にする。

❹ (1)**ミス注意** 「～する間に」は〈while＋主語＋動詞 ～〉。while は接続詞なので，あとに〈主語＋動詞〉がくる。似た意味の during(～の間に)は前置詞なので，〈during＋名詞〉の形で使う。
(2)「行動を起こす」は take action.
(3)get ～ place は「(競争などで)～位になる」。
(4)everything は三人称単数の扱い。過去の形なので be 動詞は was。

WRITING Plus (1)「～に見えた」なので，〈looked＋形容詞〉で表す。
(2)「～(名詞)になった」なので，〈became＋名詞〉で表す。「～になる」の意味では get のあとに名詞は置けない。

ポイント 「～に見える」「～になる」の文
・「～に見える」〈look＋形容詞〉
・「～のように見える」〈look like＋名詞〉
・「～になる」〈become＋名詞[形容詞]〉
・「～になる」〈get＋形容詞〉
・「～に感じる」〈feel＋形容詞〉
・「～に聞こえる」〈sound＋形容詞〉

p.62～63 ステージ1

Words チェック (1)貸す (2)息子 (3)story
(4)daughter

❶ (1)showed him (2)my racket
(3)showed Ms. Ito her notebook

❷ (1)Mr. Brown teaches us English.
(2)I'll give you this pen.
(3)tell me how to use

❸ (1)He made Aya a cake.
(2)Ann showed her new house to them.
(3)Please buy a computer for me.

❹ (1)found out (2)glad to (3)walk up
(4)many times

❺ **Word Box** (1)my brother
(2)made[cooked] my father
(3)Yuta some books

━━━ 解説 ━━━

❶ 「～に…を見せました」は，show の過去形 showed を使い〈showed＋人＋もの〉の形にする。

❷ (1)「～に…を教える」は〈teach＋人＋もの〉。
(2)「～に…を与える」は〈give＋人＋もの〉。

(3)「～してくれますか」は Can you ～?。「～に
…を教える」は〈tell＋人＋もの〉。「もの」の部分
に「～の仕方」を表す〈how to＋動詞の原形〉を
入れる。

❸ (1)**ミス注意** 〈動詞＋もの＋to[for]＋人〉を〈動
詞＋人＋もの〉に書きかえる。

(2)〈動詞＋人＋もの〉を〈動詞＋もの＋to[for]＋
人〉に書きかえる。show は to を使う動詞。

(3)buy は「人」の前に for を使う動詞。

❹ (1)「～を知る，～に気づく」find out ～。find
の過去形は found。he の前に接続詞の that が省
略されている。

(2)「～してうれしい」〈be glad to＋動詞の原形〉

(3)「歩いて～を上る」walk up ～

❺ (1)「～に…を与える」は〈give＋人＋もの〉。

(2)「～に…を作る」は〈make[cook]＋人＋もの〉。

(3)「～に…を貸す」は〈lend＋人＋もの〉。

ポイント❶ 「(人)に(もの)を～する」の文
・「～に…を与える」〈give＋人＋もの〉
・「～に…を作る」〈make＋人＋もの〉など

ポイント❷ 〈もの＋to[for]＋人〉への書きかえ
・to を使う動詞
　→ give, tell, send, teach, show など
・for を使う動詞
　→ buy, make, cook, get など

p.64～65 《英語のしくみ》

1 (1)looks　(2)for　(3)to write

(4)became

2 (1)us the picture(s)　(2)looks very cool

(3)how to cook[make]　(4)teach you math

(5)me where, go

3 (1)My father cooked dinner for us.

(2)Tom's idea sounds interesting.

(3)He didn't know what subject(s) to study.

4 (1)Bob got sick when

(2)didn't send him an email

(3)Does she know when to call

5 (1)We gave them a lot of oranges.

(2)The boy looked hungry.

(3)Tell me which dress to wear.

《 解 説 》

1 (1)**ミス注意** look at ～(～を見る)はあとに名
詞が必要。〈look＋形容詞〉は「～に見える」。

(2)〈make＋もの＋for＋人〉「(人)に(もの)を作る」

の形にする。

(3)〈what to＋動詞の原形〉は「何を～したらよい
か」。

(4)あとに名詞(musician)があるので，become の
過去形 became を入れ「～になった」とする。

2 (1)「～に…を見せる」は〈show＋人＋もの〉。

(3)「～の仕方」は〈how to＋動詞の原形〉。

(4)「～に…を教える」は〈teach＋人＋もの〉。

(5)「どこで[へ]～したらよいか」は〈where to＋
動詞の原形〉。

3 (1)〈動詞＋人＋もの〉を〈動詞＋もの＋to[for]＋
人〉に書きかえる。cook は for を使う動詞。

(2)「～に聞こえる」は〈sound＋形容詞〉。

(3)**ミス注意** 「何の…を～したらよいか」〈what
＋名詞＋to＋動詞の原形 ～〉

4 (1)語群から，get の過去形 got を使い，〈got＋
形容詞〉で表す。

(2)「～に…を送る」は〈send＋人＋もの〉。

(3)「いつ～したらよいか」は〈when to＋動詞の
原形〉。

5 (1)語数指定から，〈give＋人＋もの〉を使う。
a lot of ～は「たくさんの～」。

(3)「どちらの…を～したらよいか」〈which＋名
詞＋to＋動詞の原形～〉

p.66～67 ステージ1

Words チェック (1)勧める　(2)order

❶ (1)イ　(2)ウ　(3)ア

❷ (1)How many　(2)ready / have

(3)Can, have　(4)Anything / all

❸ (1)Would you like something to

(2)How would you like

(3)We'd like to share

❹ (1)Good afternoon　(2)Would, like

(3)this way

WRITING Plus (1)例1 How many in your party?

　例2 How many seats do you need?

(2)例1 What do you recommend?

　例2 What do you suggest?

解 説

❶ (1)「いらっしゃいませ」は May I help you?。

(2)「ご注文はお決まりですか」は Are you ready
to order?。

(3)「お勧めは何ですか」は What do you
recommend?。

❷ (1) How many in your party? は「何名様でしょうか」。

(2) I'll have[I'd like]〜(, please). は「〜をお願いします」で注文するときに使う。

(3) Can we have a table 〜?「〜の席は取れますか」

(4) Anything else? は「他に何かございますか」。

❸ (1)「〜はいかがですか」は Would you like 〜?。疑問文でも，勧める場合などは something を使う。

❹ (2)ものを勧めて「〜はいかがですか」は Would you like 〜?。

WRITING Plus (1)例2は「席はいくつ必要ですか」。

(2) suggest は「提案する，勧める」。

> **ポイント レストランで使う表現**
> ・「いらっしゃいませ」May I help you?
> ・「何名様でしょうか」How many in your party?
> ・「ご注文はお決まりですか」Are you ready to order?
> ・「お勧めは何ですか」What do you recommend?
> ・「〜をいただきたいのですが」I'd like to have 〜.

p.68〜69 ステージ2

❶ LISTENING イ

❷ (1) them math (2) looks like (3) to
(4) for

❸ (1) know what to do next
(2) How many in your
(3) asked him some questions

❹ (1) is good at (2) Good evening
(3) glad[happy] to (4) I'd like
(5) ready, order

❺ (1)(たくさんの)商品[品物]を置く方法
(2) by mistake (3) No one
(4) I couldn't forget about it (5)間違える

❻ (1) She showed her guitar to us.
(2) He became a soccer player.
(3) He doesn't know when to start.

❼ (1) Your mother looks young.
(2) My brother gave me his camera.
(3) Can you tell me where to put this book?

解説

❶ LISTENING B は最初の発言で Go straight and turn right at the second corner.「まっすぐ行って2つ目の角を右に曲がってください」，2つ目の発言で You'll see the library on your left.「左手に図書館が見えます」と言っている。

> **♪ 音声内容**
> A: Excuse me, could you tell me how to get to the library?
> B: Sure. Go straight and turn right at the second corner.
> A: Turn left at the second corner?
> B: No. Turn right at the second corner. You'll see the library on your left.
> A: Thank you.

❷ (2)「〜(名詞)のように見える」は〈look like＋名詞〉。
(3)〈when to＋動詞の原形〉は「いつ〜したらよいか」。
(4) make は「人」の前に前置詞 for を使う。

❸ (1)「何を〜すればよいか」は〈what to＋動詞の原形〉。
(3)「〜に…をたずねる」は〈ask＋人＋もの〉。

❹ (1)「〜が得意である」be good at 〜
(3)「〜してうれしい」be glad[happy] to 〜
(4)「〜したいのですが」I would[I'd] like to 〜

❺ (1)直前の文を参照。place は「〜を置く」。
(3) no one 〜「だれも〜ない」
(5)直後の「私たちはみんな間違います」に着目。

❻ (1) show は「人」の前に前置詞 to を使う。
(3)「いつ〜したらよいか」〈when to＋動詞の原形〜〉を know の目的語にする。

❼ (1)「〜に見える」〈look＋形容詞〉
(2)動詞のあとに目的語が2つ続くとき，〈動詞＋人＋もの〉の形。
(3)〈where to＋動詞の原形〜〉の形。

p.70〜71 ステージ3

❶ LISTENING (1)エ (2)エ (3)ア

❷ (1) found out (2) many times
(3) Good for you (4) walked up
(5) Would you like

❸ (1) to me (2) how to use

❹ (1) talk about when to meet him
(2) Can we have a table by
(3) My son did not become a police officer.

❺ (1) most (2)お年寄りの男性，さびしそう
(3) spoke to him
(4)私はただ，よい聞き手であろうとしました。
(5) very happy while he was
(6)行動を起こす，重要[大切]

❻ (1)We taught them how to make *takoyaki*.

(2) She looked tired yesterday.

(3) I don't [do not] know what language(s) to study [learn].

❼ (1) Who gave you the flowers?

(2) It tasted so [very] good.

━━━━━━━━━━▶ 解説 ◀━━━━━━━━━

❶ 🎧LISTENING (1)「ブラウン先生と会ったときミキは悲しかったですか」という質問。最初の「あなた(=ミキ)はうれしそうですね」「はい」に着目。

(2)「だれがミキにすてきな帽子をあげましたか」という質問。ミキ(B)が最初の発言で「兄[弟]が私にすてきな帽子をくれました」と述べている。

(3)「ブラウン先生のお姉[妹]さんはいつ彼に腕時計をあげましたか」。ブラウン先生(A)が2番目の発言で「私の誕生日は7月6日」「姉[妹]が誕生日にこの腕時計をくれました」と述べている。

♪音声内容

A : Hi, Miki. You look happy.

B : Yes, Mr. Brown. June 7 was my birthday, and my parents gave me a new computer on my birthday. My brother gave me a nice hat.

A : That's good. My birthday is July 6. My sister gave this watch to me on my birthday. It's my treasure.

Questions :

(1) Was Miki sad when she met Mr. Brown?

(2) Who gave Miki a nice hat?

(3) When did Mr. Brown's sister give a watch to him?

❷ (3)「よかったですね」Good for you.

(5)「~はいかがですか」Would you like ~?

❸ (1)〈動詞+人+もの〉=〈動詞+もの+to[for]+人〉。show は to を使う動詞。

(2)「あなたはこの機械を使えますか」→「あなたはこの機械の使い方を知っていますか」

❹ (1)「いつ~したらよいか」は〈when to+動詞の原形〉。

(3)「~(名詞)になる」は〈become+名詞〉。

❺ (1) the があるので最上級。much-more-most

(2)文の初めの So「それで」に着目。

(4)〈try to+動詞の原形〉は「~しようとする」。

(5) ミス注意! 〈look (very)+形容詞〉のあとに〈while+主語+動詞~〉を続ける。

(6)最後の文に着目。

❻ (1)「~に…を教える」は〈teach+人+もの〉。「~の仕方」は〈how to+動詞の原形〉。

(3)「何の…を~したらよいか」は〈what+名詞+to+動詞の原形〉。

❼ (1) ミス注意! 疑問詞が主語の文は、ふつうの文と同じ語順。語数指定から、〈give+人+もの〉の形で表す。

(2)〈taste+形容詞〉で「~な味がする」

╭━━━━━━━━━━━━━━━━━━╮
┃   PROGRAM 6   ┃
╰━━━━━━━━━━━━━━━━━━╯

p.72~73 ステージ1

Wordsチェック (1)問題 (2)政治の

(3)取り組む (4) kitchen (5) sell

(6) through

❶ (1)① listened ② listened

(2)① loved ② loved

(3)① carried ② carried

(4)① bought ② bought

❷ (1) is played (2) is used (3) are seen

❸ (1)愛されています (2)書かれました

❹ (1) is cooked (2) are closed

(3) was studied (4) were painted

❺ (1) This song is sung

(2) Science and math are taught

(3) The xylophone was brought

(4) These books were sold

❻ (1) all over (2) interested in (3) when she

━━━━━━━━━━▶ 解説 ◀━━━━━━━━━

❶ (1)~(3)は規則動詞。(4)は不規則動詞。

❷ 「~され(てい)る」は〈am[is, are]+過去分詞〉で表す。(3)は主語が複数なので be 動詞は are。

❸ be 動詞が現在形か過去形かに着目する。

(2)〈was[were]+過去分詞〉「~され(てい)た」

❹ 受け身の文は〈be 動詞+過去分詞〉の形にする。

(1)主語が三人称単数で現在なので be 動詞は is。

(2)主語が複数で現在なので be 動詞は are。

(3)主語が単数で過去なので be 動詞は was。

(4)主語が複数で過去なので be 動詞は were。

❺ 主語の人称・数と時制から受け身の形を考える。

(1)主語が三人称単数で現在、〈is+過去分詞〉。

(2)主語が複数で現在、〈are+過去分詞〉。

(3)主語が単数で過去、〈was+過去分詞〉。

(4)主語が複数で過去、〈were+過去分詞〉。

6 (1)「世界じゅうで」all over the world

(2)「～に興味がある」be interested in ～

(3)「～する[した]とき」は〈when＋主語＋動詞 ～〉。

ポイント 受け身の文

・「～され(てい)る」(現在の受け身)
→〈am[is, are]＋過去分詞〉
・「～され(てい)た」(過去の受け身)
→〈was[were]＋過去分詞〉

---

p.74～75 ステージ **1**

Wordsチェック (1)影響を及ぼす，感化する

(2)尊敬，敬意 (3)holiday (4)fight

1 (1)is not (2)Was, built (3)by him

2 (1)known to (2)covered with

(3)made of (4)made from

3 (1)Is the book loved by

(2)These rooms are not used

(3)When was the book written?

4 (1)set up (2)fought for (3)Millions of

(4)afraid of

5 (1)along (2)around (3)between

(4)in front (5)out of

解説

1 (1)受け身の否定文は，be 動詞のあとに not を置き，〈主語＋be 動詞＋not＋過去分詞〉の形。

(2)受け身の疑問文は，主語の前に be 動詞を出し，〈be 動詞＋主語＋過去分詞 ～?〉の形。

(3)**ミス注意!** 上の文の目的語＝the picture を主語にし，上の文の動詞＝painted を〈be 動詞＋過去分詞〉にする。最後に，上の文の主語＝he を〈by＋目的格〉にして文の終わりに置く。

2 (1)「～に知られている」be known to～

(2)「～でおおわれている」be covered with～

(3), (4)「～で[から]できている」は be made of [from] ～。(3)は見て材料がわかるので of，(4)は見ても何でできているかわからないので from。

3 (1)疑問文は〈be 動詞＋主語＋過去分詞 ～?〉。

(2)否定文は〈主語＋be 動詞＋not＋過去分詞 ～.〉。

(3)**ミス注意!** when「いつ」を文の初めに置き，あとに受け身の疑問文を続け，〈When＋be 動詞＋主語＋過去分詞?〉の語順にする。

4 (1)「～を創設する，～を設立する」set up

(2)fight(たたかう)の過去形は fought。

(3)「何百万もの～」millions of ～

(4)「～を恐れる」be afraid of ～

---

5 (4)「～の前で[に]」in front of ～

(5)「～から外へ」out of ～

ポイント1 受け身の否定文・疑問文

・受け身の否定文：be 動詞のあとに not を置く。
→〈主語＋be 動詞＋not＋過去分詞 ～.〉
・受け身の疑問文：主語の前に be 動詞を出す。
→〈be 動詞＋主語＋過去分詞 ～?〉

ポイント2 受け身の連語表現

・「～に知られている」be known to ～
・「～でおおわれている」be covered with ～
・「～で[から]できている」(材料：見てわかる)
be made of ～
・「～で[から]できている」(原料：見てわからない)
be made from ～

---

p.76～77 英語のしくみ

1 (1)are (2)was (3)practicing

(4)weren't (5)Is (6)from

2 (1)is read (2)was sung by

(3)aren't cleaned (4)Was, covered with

(5)When was, washed

3 (1)We were helped by the man.

(2)Math was studied by Ayaka last night.

(3)Basketball is played by many people there.

4 (1)This bird is seen

(2)Was the computer brought

(3)Potatoes are not sold

5 (1)This book is written in easy English.

(2)These rooms weren't used last Saturday.

(3)Was the notebook put on this desk?
— Yes, it was.

解説

1 (1)主語が複数なので，be 動詞は are が適切。

(2)～ago は過去を表す語句なので，was が適切。

(3)「ビルは今，剣道の練習をしています」と考え，現在進行形の文に。

(4)直後が〈過去分詞＋by〉なので，受け身の否定文。

(5)受け身の疑問文なので，be 動詞が主語の前にくる形。

(6)素材が変化(個体 → 液体)しているので，be made from ～ を使う。

2 (1)現在の受け身の文。read は，read[ri:d] -read[red]-read[red]と活用。

(3)主語が複数の受け身の否定文。主語が複数なので aren't を使う。

(4)「～におおわれている」be covered with ～

(5) when「いつ」を文頭に置き，あとに過去の受け身の疑問文を続ける。

3 (1)，(2) 過去の受け身は〈was[were]＋過去分詞〉の形。

(3)「バスケットボールはそこで多くの人々にプレーされます」という受け身の文にする。

4 (2)過去の受け身の疑問文は〈Was[Were]＋主語＋過去分詞 ～?〉の語順。

(3)受け身の否定文は〈be動詞＋not＋過去分詞〉。

5 (1)「～(言語)で」は〈in＋言語〉。

(2)過去の受け身の否定文で主語が複数なので，〈were not＋過去分詞〉の形。語数指定から weren't。

(3)受け身の疑問文には be 動詞で答える。put は put-put-put と活用。

p.78〜79　Try! READING

Question (1)① came ④ rescued ⑦ left

(2) on，way back　(3)強力な[強い]台風

(4)ウ

(5) they gave the survivors their last chickens

(6)①トルコ語　②食べ物　③ニワトリ　④死者

(7)親善　(8) a[one] month

WordBox BIG 1 (1)海岸　(2)～の上に[の]，～の上方に　(3)打撃を与える　(4)大使

(5)前の，先の，以前の　(6)境界，国境

(7)東部の，東の　(8)～の間に

(9) land　(10) airport　(11) sent　(12) suddenly

(13) flew　(14) earthquake　(15) continue

(16) return

2 (1) at war　(2) shot down

(3) one after another　(4) running short

(5) couldn't see[watch]　(6) the dead

(7) leave for　(8) This time[Next time]

(9) helped each other

解説

Question (1)過去の出来事なので，それぞれ過去形にする。①直後に to → came to～(～に来た)。④直後が「69人の生存者」→ rescued(救助した)。⑦ミス注意! 直後が〈for＋場所〉→ left for ～で「～に向け出発した」。〈leave＋場所〉の「～を出発した」と区別する。

(2)「～に帰る途中」on the way back to ～

(3)直前の文を参照。

(4)⑦，④ →「近くの漁村の人々」。⑤ →「トルコ人の生存者」

(5)〈give＋もの＋to＋人〉→〈give＋人＋もの〉の形にする。

(6)ミス注意! 直前の4つの文参照。③ chickens は複数形なので「ニワトリ」。「とり肉」の意味では「数えられない名詞」。

(7)本文1行目参照。

(8)「トルコ人の生存者はどのくらいの間，神戸の病院にいましたか」。本文10〜11行目参照。

WordBox BIG 2 (1)「戦争中で」at war　(2)「～を撃ち落す」shoot down ～。本問は受け身の文。shoot の過去分詞は shot　(3)「次々と」one after another　(4)「不足する」run short　(5)「～できなかった」〈could not[couldn't]＋動詞の原形〉　(6)「死者」the dead　(7)「～に向けて出発する」leave for ～　(8)「今度は」this[next] time　(9)「おたがいに[を]」each other

p.80〜81　ステージ2

1 LISTENING　イ

2 (1) played　(2) were　(3) Is　(4) from

3 (1) are loved by our uncle

(2) The window was not closed

(3) Are Japanese cameras sold

4 (1) all over　(2) set up　(3) each other

(4) afraid of　(5) kept[continued] raining

5 (1) was known to　(2) He was locked in jail

(3) sung　(4) millions of

(5)調和，人生を送る

6 (1) Kanazawa is visited by a lot of tourists.

(2) Many stars were seen from here last night.

(3) Was the door opened at ten?

7 (1) These cars are not[aren't] used on Sunday(s).

(2) The road was covered with snow.

(3) When was the temple built?

解説

1 LISTENING 「冬の月に使われる」「軽くて暖かい」「出かけるときに着る」→「ダウンジャケット」

🎵音声内容

It is usually used during winter months.　It's light and warm.　We often wear it when we go out.

❷ (1)直前が be 動詞 is なので現在進行形か受け身。「プレーされている」とすると意味が通る。
(2)主語が複数で，in 1890 から過去の受け身の文なので，〈were＋過去分詞〉の形に。
(3)〈過去分詞＋by〉があるので，受け身の疑問文にする。〈be 動詞＋主語＋過去分詞 ～?〉の形に。
(4)素材が変化するので，be made <u>from</u> ～。

❸ (1)「～によって」は〈by＋行為をする人[もの]〉。
(2)受け身の否定文は be 動詞のあとに not を置く。
(3)〈be 動詞＋主語＋過去分詞 ～?〉の語順に。sell（売る）は sell-sold-sold と活用する。

❹ (1)「世界じゅうで」all over the world
(2)「～を創設する，～を設立する」set up ～
(3)「おたがいに」each other
(4)「～を恐れる」be afraid of ～
(5)「～し続ける」は keep ～ing。keep の代わりに continue を使ってもよい。

❺ (1)**ミス注意！**「～に知られている」be known to ～。過去の文なので was known to ～ とする。
(2)過去の受け身は〈was[were]＋過去分詞〉の形。
(3)直前が be 動詞で，直後が by なので過去分詞にして受け身に。sing-sang-sung と活用する。
(4)「何百万もの～」millions of ～
(5)本文 5～6 行目参照。

❻ (1)Kanazawa を主語にして，〈be 動詞＋過去分詞〉を続け，by のあとにもとの文の主語＝a lot of tourists を置く。
(2)過去の受け身の文に。be 動詞 are を were にする。
(3)受け身の疑問文は be 動詞を主語の前に出す。

❼ (1)受け身の否定文は〈be 動詞＋not＋過去分詞〉。主語は複数形(these cars)なので be 動詞は are。
(2)「～でおおわれている」は be covered with ～。過去の文なので be 動詞は was を使う。
(3)when「いつ」を文頭に置き，過去の受け身の疑問文を続ける。build（建てる）は build-built-built と活用する。

p.82~83 ━━ステージ❸

❶ **①LISTENING** (1)ウ (2)ウ (3)エ
❷ (1)way of (2)one after another
(3)as (4)is known as
❸ (1)washed the cars (2)was built
❹ (1)The park is cleaned on
(2)Korean was not taught at
(3)Where were these boxes put

❺ (1)Was it written by Stevie Wonder?
(2)used (3)fought for
(4)スティービーはキング牧師に大いに[非常に]影響を受けました。
(5)国の休日[祝日]，創設
❻ (1)Were the bags carried by him?
(2)This jacket isn't sold on the internet.
(3)My father made the chair.
❼ (1)The song was not[wasn't] sung at the concert.
(2)That dog is known to everyone in our town.
(3)How much money is needed to live in Tokyo?

━━━━━━► **解 説** **◄━━━━━**

❶ **①LISTENING** (1)「だれが壁の絵を描きましたか」という質問。ミキは最初の発言で「それ(＝壁の絵)はおじによって描かれました」と述べている。
(2)「ミキのお姉[妹]さんは絵を描くことが得意ですか」という質問。ダニエルに「あなたは絵を上手に描くの?」とたずねられたミキは，「いいえ。でも姉[妹]はじょうずに描きます」と述べている。does「～する」は paints (well)「(上手に)描く」の代わりに使われている。
(3)「ダニエルはいつ美術館に行きますか」という質問。ダニエルは最後の発言で「私は毎週土曜日に美術館を訪れます」と述べている。

♪ 音声内容
A: Miki, the picture on the wall is beautiful. Did you paint it?
B: No, Daniel. It was painted by my uncle. He is an art teacher at a high school.
A: Do you paint well?
B: No. But my sister does. She learns painting from my uncle on Tuesdays and Fridays.
A: I see. I like seeing art. I visit the art museum on Saturdays.
Questions:
(1) Who painted the picture on the wall?
(2) Is Miki's sister good at painting?
(3) When does Daniel go to the art museum?

❷ (1)「～する方法」は〈a way of＋動詞の -ing 形〉。
(2)「次々と」one after another
(4)「～として知られている」be known as ～

33

❸ (1)「その車は私の兄[弟]によって洗われました」
→「私の兄[弟]がその車を洗いました」
(2)ミス注意！「この博物館は創立70年です」→
「この博物館は70年前に建てられました」

❹ (1)「～されます」は〈be動詞＋過去分詞〉。
cleanを過去分詞cleanedに。
(2)過去の受け身の否定文は〈was[were] not＋過
去分詞〉の語順。teachを過去分詞taughtに。
(3)whereを文頭に置き，受け身の疑問文を続け，
〈Where＋be動詞＋主語＋過去分詞?〉の形に。
putは過去分詞もput。

❺ (1)wasと過去分詞writtenと？があるので過
去の受け身の疑問文にする。
(2)主語Itは『ハッピー・バースデー』の歌を指す。
「歌」は「使われた」と考え受け身の文に。
(5)下線部②の文参照。to set up ～は「～を創設
するために」で副詞的用法。

❻ (1)まず，肯定文の① He carried the bags. にし，
①を受け身にして② The bags were carried by
him. を作り，②を疑問文にするとよい。
(2)受け身の否定文。語数指定から短縮形isn't を
使う。
(3)「そのいすは父によって作られました」→「父
がそのいすを作りました」

❼ (1)過去の受け身の否定文は〈was[were] not＋
過去分詞〉の形。
(3)ミス注意！「どのくらいのお金が～か」は，疑
問詞を含むHow much moneyが主語の疑問文。
「～するために」は副詞的用法の不定詞で表す。

PROGRAM 7

p.84～85 ステージ1

Wordsチェック (1)結末 (2)小説 (3)bowl
(4)word

❶ (1)have just (2)has, called
(3)has just sent

❷ (1)I've already (2)has just
(3)have, eaten (4)has already written

❸ (1)ちょうど知ったところです
(2)すでに読んでしまいました

❹ (1)have already listened to
(2)Ms. Ito has just read
(3)has already gotten the email

(4)has just started to rain

❺ (1)are used (2)like (3)something cold

━━━━ 解説 ━━━━

❶ 「ちょうど～したところです」は〈have[has]
just＋過去分詞〉で表す。

❷ (1)空所の数から，I have の短縮形 I've を使う。
(3)eat は eat-ate-eaten と活用する。
(4)write は write-wrote-written と活用する。

❸ (1)〈have[has] just＋過去分詞〉は「ちょうど～
したところだ」。
(2)〈have[has] already＋過去分詞〉は「すでに～
してしまった」。

❹ already, just は過去分詞の前に置く。
(4)「～し始める」は〈start to＋動詞の原形 ～〉。

❺ (1)「～される」は〈be動詞＋過去分詞〉。
(3)something, anything は，形容詞をあとに置き，
〈-thing＋形容詞〉の形にする。

ポイント 現在完了（完了用法）
・「ちょうど～したところだ」
　→〈have[has] just＋過去分詞〉
・「すでに～してしまった」
　→〈have[has] already＋過去分詞〉

p.86～87 ステージ1

Wordsチェック (1)翼，羽 (2)帰宅する
(3)foreign (4)professional

❶ (1)not, yet (2)Have, yet / have
(3)has not[hasn't] carried the bag yet
(4)Has the game started yet /
it has not[hasn't]

❷ (1)Have / haven't (2)yet / it has

❸ (1)have not taken the picture yet
(2)Has she done her homework yet?
(3)has not finished writing the email yet

❹ (1)After, watch (2)got[came] home
(3)According to (4)gave him

❺ Word Box (1)Kota had lunch yet
(2)Have you walked your dog
(3)Has your father read today's newspaper
yet?

━━━━ 解説 ━━━━

❶ (1)(3)現在完了の否定文 → have[has]のあとに
not を置く。yet は文の終わりに置く。yet は否
定文では「まだ」の意味。
(2)(4)現在完了の疑問文 → have[has]を主語の前

に出す。答えるときも，have[has]を使う。yet
は文の終わりに置く。yet は疑問文では「もう」
の意味。

❷ (1)**ミス注意!** 答えの文では，空所の数から，
have not の短縮形 haven't を使う。

❸ (1)「まだ～していません」は〈have[has] not
＋過去分詞 ～ yet〉の語順。

(2)「もう～しましたか」は〈Have[Has]＋主語＋
過去分詞 ～ yet?〉の語順。

(3)「まだ」を表す yet は文末に置く。「～し終える」
は〈finish＋動詞の -ing 形(動名詞)〉。

❹ (1)「～したあと」〈after＋主語＋動詞～〉

(2)「帰宅する」get[come] home

(3)「～によれば」according to ～

(4)「(人)に(もの)を与える」〈give＋人＋もの〉

❺ 「もう～しましたか」は〈Have[Has]＋主語＋
過去分詞 ～ yet?〉で表す。

> **ポイント❶ 現在完了の否定文・疑問文**
> ・現在完了の否定文
> 　→ have[has]のあとに not を置く。
> ・現在完了の疑問文
> 　→ have[has]を主語の前に出す。答えるときも，
> 　　 have[has]を使う。

> **ポイント❷ yet の使い方**
> ・位置：文の終わり
> ・意味：疑問文 →「もう」 否定文 →「まだ」

p.88～89 ステージ1

Wordsチェック (1)情勢，状況
(2)引きつける，魅了する (3)part (4)heard

❶ (1)have visited, twice
(2)has seen, times (3)has learned, before

❷ (1)has never listened
(2)Have, ever sung (3)has been to

❸ (1)Has / she has
(2)ever read / I've never (3)How many

❹ (1)have met Mr. Green before
(2)has never been to Nagoya
(3)Have you ever caught

❺ (1)heard of (2)In those
(3)between, and (4)day by day

━━━━ 解説 ━━━━

❶ 「～したことがある」は〈have[has]＋過去分詞〉。
(1)「2 回」は twice。
(3)**ミス注意!** この before「以前(に)」は副詞。

❷ (1) never は have[has]の直後に置く。
(2)〈Have[Has]＋主語＋ever＋過去分詞 ～?〉に。
(3)「～に行ったことがある」have[has] been to ～

❸ (1)現在完了の疑問文には have[has]を使って答
える。
(3)「何回～したことがありますか」は〈How many
times have[has]＋主語＋過去分詞 ～?〉。

❹ (2)「一度も～に行ったことがない」have[has]
never been to ～
(3)ever(これまでに)は過去分詞の前に置く。

❺ (1)「～のことを耳にする」hear of ～，hear の
過去分詞は heard。
(2)「当時，そのころ」in those days
(3)「～と…の間の[に]」between ～ and …

> **ポイント❶ 現在完了(経験用法)**
> ・「～したことがある」→〈have[has]＋過去分詞〉
> 《「経験用法」でよく使う語句》
> once(1 回)，twice(2 回)，〈数＋times〉(～回)，
> before(以前に)，ever(これまでに)

> **ポイント❷ 経験用法の重要表現**
> ・「～に行ったことがある」
> 　→ have[has] been to ～
> ・「一度も～したことがない」
> 　→〈have[has] never＋過去分詞〉

p.90～91 ステージ1

Wordsチェック (1)正方形の，四角い
(2)環境に配慮した，環境にやさしい
(3)プラスチック[ビニール]の
(4)(料理の)ソース (5)パンケーキ (6)passenger
(7)gate (8)sugar (9)cloth (10)paper

❶ (1)お客様にご案内申し上げます
(2)24 番から 32 番に変更されました

❷ (1)The boarding time was changed from
7:30
(2)was cancelled due to bad weather
(3)To all passengers on EFG Airlines Flight
147

❸ (1)kind (2)of (3)have (4)kinds
(5)places

❹ (1)piece of (2)more useful[helpful]
(3)looks like

━━━━ 解説 ━━━━

❶ (2)〈was＋過去分詞〉→ 過去の受け身の文。
❷ (2)due to ～「～のせいで」

③ (1), (4)の kind は「種類」。a kind of ～「～の一種」

(2) be made of ～は「～(材料)でできている」。

④ (1)「1枚の紙」a piece[sheet] of paper

(3)「～に似ている」look like ～

ポイント　空港でよく使われる表現

・May I have your attention, please?
「お客様にご案内申し上げます」

・The flight was cancelled due to bad weather.
「その便は悪天候のため，欠航になりました」

・The boarding gate was changed from 24 to 32.
「搭乗口が24番から32番に変更されました」

p.92～93 ■■■ステージ2

❶ 🎧LISTENING　ア

❷ (1) I've　(2) Has　(3) sung

❸ (1) have used the machine many times

(2) She has already seen

(3) Have you ever heard of

❹ (1) According to　(2) piece of

(3) parts of　(4) after　(5) was changed

❺ (1) I've just gotten an email

(2) are used in

(3)㋐スポーツライター　㋑イタリア
㋒マンガ，アニメ

❻ (1) Meg has eaten Japanese food before.

(2) We haven't cleaned our classroom yet.

(3) How many times has Ken caught an eel?

❼ (1) Have you taken a bath yet?

(2) My sister has never been to Hokkaido.

◆ 解説 ◆

❶ 🎧LISTENING　「トムは昨日何をしましたか」という質問。トムは最初の発言で「昨日つりに行ったから～」と述べている。

♪音声内容

A : Good morning, Tom. I'm going to the park to play tennis. Do you want to come?

B : Sorry, I have to clean my house.
Yesterday, I went fishing, so I haven't finished it yet.

A : Can you come in the afternoon?

B : I have to visit my uncle in the afternoon.
Question : What did Tom do yesterday?

❷ (1)過去分詞と before がある → 現在完了に。

(2)主語 Mike は三人称単数なので Has。

(3)文頭が have → 現在完了の疑問文。sing は sing-sang-sung と活用する。

③ (1)「何回も」many times

(2) already(すでに)は過去分詞の前。

(3) ever(これまでに)は過去分詞の前，「～のことを耳にする」hear of ～

④ (1)「～によれば」according to ～

(2)「1つ[1切れ]の～」a piece of ～

(3) **ミス注意！**　複数なので parts of ～の形に。

⑤ (1) just は過去分詞の前に置く。

(2)現在の受け身の文 →〈am[are, is]＋過去分詞〉

⑥ (2)「まだ」は yet を文の終わりに置く。

(3)「何回～したことがありますか」は〈How many times have[has]＋主語＋過去分詞 ～?〉の形。

⑦ (1) yet「もう」は文末に置く。

(2)「～に行ったことがある」have[has] been to ～の been の前に never を置く。

p.94～95 ■■■ステージ3

❶ 🎧LISTENING　(1)エ　(2)エ　(3)ア

❷ (1) In those days　(2) day by day

(3) between, and　(4) cancelled due to

❸ (1) Has / Yes, has　(2) Have / Not yet

❹ (1) The train has already left the station.

(2) Have you ever written an email in

(3) I have not taken the picture yet.

❺ (1) get home　(2) Have you done it yet?

(3)私はまだ(スピーチのための)宿題を終えていません。

(4)④ writing　⑤ were

(5)サッカー選手，子ども

❻ (1) How, times have

(2) has already eaten　(3) I've never seen

❼ (1) I have[I've] been to Sydney to see [meet] my brother.

(2) He has just finished drawing[painting] the picture.

◆ 解説 ◆

❶ 🎧LISTENING　(1)「だれが昨日，若葉フラワーパークに行きましたか」。メグは最初の発言で「私は昨日，両親と～に行きました」と述べている。

(2)「ショウタは何回若葉フラワーパークに行ったことがありますか」。ショウタは最初の発言で「そこに5回行ったことがあります」と述べている。

(3)「メグは姉[妹]に何を買いましたか」。メグは3番目の発言で「私はその公園でカップを買い，姉[妹]にあげました」と述べている。

♪ 音声内容

A: Hi, Shota. I went to Wakaba Flower Park with my parents yesterday.

B: That's good, Meg. I've been there five times.

A: Really? I've been there three times.

B: Your sister didn't go there, right?

A: No. She had to work yesterday. I bought a cup at the park and gave it to her. My parents got some postcards for her.

Questions :

(1) Who went to Wakaba Flower Park yesterday?

(2) How many times has Shota been to Wakaba Flower Park?

(3) What did Meg buy for her sister?

❷ (1)「当時，そのころ」in those days

(4)過去の受け身の文。「～のせいで」due to ～

❸ (1)あとの文から B は Yes で答えたとわかる。

(2)ミス注意 Not yet.「まだです」

❹ (1)already は過去分詞の前。leave → left

(2)ever(これまでに)は過去分詞の前。write → written

(3)「まだ～していません」は〈have[has] not＋過去分詞 ～ yet〉の語順。take → taken

❺ (2)done は do の過去分詞。yet は文末に置く。

(4)④は現在進行形，⑤は過去形にする。

(5)ダニエルの最後の発言参照。

❻ (1)「何回」How many times ～？

(3)空所の数から，I have の短縮形 I've を使う。

❼ (1)「～に行ったことがある」have been to ～。「～するために」は〈to＋動詞の原形〉(副詞的用法)で表す。

PROGRAM 8

p.96～97 ステージ1

Words チェック (1)みやげ (2)粘土 (3)soap
(4)belt

❶ (1) have used (2) has had
(3) has been busy since

❷ (1) since (2) for (3) for (4) since

❸ (1) have stayed in Osaka
(2) has not[hasn't] rained
(3) Has Mr. Brown been in the room / Yes, he has.
(4) How long has he loved

❹ (1) have studied English since I was

---

(2) has been a teacher for twenty years

(3) How long have you known

❺ (1) am I (2) Take, look (3) Me neither
(4) look like

━━━ 解説 ━━━

❶ 「ずっと～しています」は〈have[has]＋過去分詞〉で表す。(3) be 動詞の過去分詞は been。

❷ for(～の間)のあとは「期間の長さ」を表す語句。since(～以来)のあとは「過去のある時点」を表す語句や文。

❸ (2)否定文は have[has]のあとに not を置く。
(3)疑問文は have[has]を主語の前に出す。
(4)ミス注意 「どのくらいの間～していますか」は〈How long have[has]＋主語＋過去分詞 ～？〉の形。

❹ (1)since のあとに〈主語＋動詞 ～〉がくる形。この since は接続詞。
(3)「いつから」は「どのくらいの間」と考える。

❺ (1)ミス注意 「A もそうです」→〈So＋(助)動詞＋A(主語)〉で表せる。語順に注意。
(2)「見てください」は Take a look.。
(3)(相手の「～しません」という発言を受けて)「私も～しません」は Me neither.。
(4)「似ている」は「～のように見える」と考える。

ポイント❶ 現在完了(継続用法)
・「(ずっと)～している」→〈have[has]＋過去分詞〉
《「継続用法」でよく使う語句》
〈for＋期間の長さを表す語句〉「～の間」
〈since＋過去のある時点を表す語句・文〉「～以来」

ポイント❷ 期間をたずねる疑問文
・「どのくらいの間～していますか」
→〈How long have[has]＋主語＋過去分詞 ～？〉

p.98～99 ステージ1

Words チェック (1)記念碑 (2)原子(力)の
(3) hair (4) forgot

❶ (1) have been (2) has, studying
(3) has been running

❷ (1) have been practicing soccer since
(2) Has he been thinking about it / he has

❸ (1) have been studying Korean for
(2) Has it been raining since
(3) How long has he been working

❹ (1) get well (2) passed away (3) half, hour

❺ Word Box (1) has been looking for
(2) has been choosing (3) have been sleeping

◀══ 解説 ══▶

❶ 「ずっと～しています」は〈have[has] been＋動詞の -ing 形〉(現在完了進行形)で表す。主語が三人称単数のときは has を使う。

(3) run は n を重ねて ing をつける。

❷ (2)疑問文は have[has]を主語の前に出す。答えるときも，have[has]を使う。

❸ (1)「2 時間」は for two hours.

(2)**ミス注意** 天気は it を主語にして表す。「雨が降る」は動詞の rain を使う。

(3)語群から現在完了進行形を使う。「どのくらい～していますか」は〈How long have[has]＋主語＋been＋動詞の -ing 形 ～?〉。

❹ (1)「(体調が)よくなる」get well

(2)「亡くなる」は pass away.

(3)**ミス注意** 「30 分」は half an hour。語順注意。

❺ それぞれ，〈have[has] been＋動詞の -ing 形〉の形にする。(1)「～をさがす」look for ～

ポイント 現在完了進行形
・意味：「(ずっと)～し(つづけ)ている」
→「動作」が現在まで続いていることを表す。
・形：〈have[has] been＋動詞の -ing 形〉

p.100～101 《 英語のしくみ 》

1 (1)イ (2)イ (3)ウ (4)イ (5)ウ (6)ウ

2 (1) just washed (2) We've used, twice

(3) Have, been, since

3 (1) I have heard the song before.

(2) Has she arrived at Narita yet?
— No, she hasn't[has not].

(3) He has been doing his homework at the library since this morning.

4 (1) have not eaten lunch yet

(2) has been listening to music for

5 (1) Has he ever been to Canada?

(2) I have not seen[met] Maki since last month.

《 解説 》

1 (3) この He's は He is でなく He has の短縮形。

(6) been があるので現在完了進行形にする。

2 (1) just 「ちょうど」は過去分詞の前に置く。

(3) playing がある → 現在完了進行形の疑問文に。〈Have[Has]＋主語＋been＋動詞の -ing 形 ～?〉の形。

3 (2) yet 「もう」は文末に置く。

(3)〈have[has] been＋動詞の -ing 形〉の形に。

「～から」since ～。「今朝」this morning

4 (1)現在完了の否定文は have[has]のあとに not を置く。yet は文末。

(2)現在完了進行形の文。〈have[has] been＋動詞の -ing 形〉の形に。

5 (1) ever「これまでに」は過去分詞の前。「～に行ったことがある」have[has] been to ～

(2)現在完了の否定文 → have[has]のあとに not.

p.102～103 ═ ステージ1

Words チェック (1)(～である)けれども，～にもかかわらず (2)実際は (3) felt (4) nervous

❶ (1) don't agree (2) better (3) less

❷ (1) better than (2) because (3) enjoy

(4) agree (5) Besides

❸ (1) was touched[moved]

(2) Could[Would / Can / Will], tell[show]

(3) Turn, third

❹ **Word Box** (1) amusement park (2) office

(3) police station (4) factory

(5) department store (6) bank

(7) city hall (8) hospital

◀══ 解説 ══▶

❶ (2) good-better, (3) little-less と変化する。

❷ (2)〈because＋主語＋動詞〉「～なので」

(3)〈enjoy＋動詞の -ing 形〉「～して楽しむ」

(5) besides「そのうえ，さらに」

❸ (1)「感動する」は〈be 動詞＋touched[moved]〉。受け身の表現。

(2)**ミス注意** 道を聞くときは teach は使わない。

ポイント 相手の主張への賛否の表し方
・I agree.「私は賛成です」
・I don't agree.「私は賛成[同意]しません」

p.104～105 Try! READING

Question (1)① heard ④ arrived ⑤ said

(2) asking for (3) free (4)①条件 ②ビザ

(5) Lithuania (6) However

(7)①ユダヤ人 ②すべての困難 ③決心

(8) ask[get], write

Word Box BIG 1 (1)政府 (2)やめる

(3)発音する (4)涙 (5)従う (6)ほんとうに

(7)電報 (8)限る，制限する (9) arrive

(10) anyone (11) wrote (12) lives (13) against

(14) condition (15) satisfy (16) permission

2 (1) looked for (2) ate, little

(3) In spite of　(4) any more　(5) cried out
(6) in tears　(7) introduced himself
(8) thousands of　(9) went against

━━━━━━━━━━━●　解説　●━━━━━━━━━━━

Question　(1)①直後の noise(騒音)に着目。hear は hear-heard-heard と活用する。
⑤say「(新聞，掲示，手紙などに)〜と書いてある」
(2)「〜していた」は過去進行形の文で表す。「〜を求める」ask for 〜
(3) be free from 〜「〜から自由である」
(4) the order「命令」。直前の文参照。
(5) the country「その国」。本文の最初の文参照。
(6) also「さらに」, even「〜でさえ」, however「しかし」
(7) make up one's mind「決心する」。直前，直後の文参照。in spite of 〜「〜にもかかわらず」
(8)本文 6〜8 行目参照。

Word Box BIG　**2** (1)「〜をさがし求める」look for 〜
(2)「ほとんど〜ない」little。本問は very で little が強調された形。a little「少し」との違いに注意。
(3)「〜にもかかわらず」in spite of 〜　(4)「これ以上の…を〜ない」not 〜 any more …　(5)「叫ぶ」cry out　(6)「涙を流して，泣いて」in tears
(7)「自己紹介をする」introduce 〜self　(8)「何千もの〜，数千もの〜」thousands of 〜　(9)「〜に逆らう」go against 〜。go の過去形は went。

p.106〜107　ステージ2
❶ 🎧LISTENING　ア
❷ (1) since　(2) has　(3) cleaning
❸ (1) has stayed here since August
(2) I have never seen
(3) Have they been playing tennis for
❹ (1) in tears　(2) Half, hour　(3) long time
(4) make up　(5) Go straight, on
❺ (1) became　(2) passed away
(3) have been sending millions of paper cranes
(4)折る[作る]，(体調が)よりよくなる
(5) 1955
❻ (1) We have not[haven't] cleaned our classroom yet.
(2) Has Judy ever climbed the mountain?
(3) She has been practicing the violin since this morning.

❼ (1) Emi has just finished the work.
(2) I've known Tom for ten years.

━━━━━━━━━━━●　解説　●━━━━━━━━━━━

❶ 🎧LISTENING　「ナナミは今度の土曜日，どこに行くでしょうか」という質問。ナナミ(B)は最初の発言で「でも，今度の土曜日はそこ(= ピアノ学校)に行けないの。レストランで母を手伝わなければならないの」と述べている。

> ♪音声内容
> A : Hi, Nanami. I hear you go to piano school on Saturdays, right?
> B : Yes, John. I've been practicing the piano for ten years. But I can't go there next Saturday. I have to help my mother at her restaurant.
> A : You're a good daughter. Next Saturday, I'll go to the library in the morning and visit the museum in the afternoon.
> Question : Where will Nanami go next Saturday?

❷ (1) last Tuesday は「過去のある時点」を表す語句なので since(〜以来[〜から])が適切。
(3) ミス注意! 前に have been があるので現在完了進行形〈have[has] been＋動詞の -ing 形〉にする。
❸ (1)継続用法の現在完了の文。since 〜は文末に置く。
(2)「一度も〜したことがない」は〈have[has] never＋過去分詞〉。
(3)語群に been, playing, have があるので，現在完了進行形〈have[has] been＋動詞の -ing 形〉の文。疑問文なので have[has]を主語の前に出す。
❹ (1)「涙を流して，泣いて」in tears
(2)「30 分」half an hour
(3)「長い間」for a long time
(4)「決心する」make up one's mind
(5)「まっすぐ行く」go straight。「左[右]手に」「左[右]側に」on your left[right]
❺ (1) In 1954 は過去を表す語句。
(2) ミス注意! 「亡くなる」は pass away。過去形にすることに注意。
(3)語群に been, sending, have → 現在完了進行形〈have[has] been＋動詞の -ing 形〉の語順にする。「何百万もの〜」millions of 〜
(4)本文第 2 文参照。〈believe (that)＋主語＋動詞〜〉「〜と信じる」。本文では，She believed のあとに接続詞 that が省略されている。

(5)「貞子さんはいつ亡くなりましたか」という質問。本文1行目に「1954年に～」，下線部②の文に「彼女は翌年亡くなった」とあることに着目。

6 (1)現在完了の否定文は have[has]のあとに not を置く。「まだ」は yet を文の終わりに置く。

(2)現在完了の疑問文は have[has]を主語の前に置く。ever「これまでに」は過去分詞の前に。

(3)主語 she は三人称単数なので〈has been＋動詞の -ing 形〉の形にする。

7 (1) just「ちょうど」は，過去分詞の前に置く。

(2)「私は10年間ずっとトムを知っています」という文に。know は know-knew-known と活用する。

p.108～109 ステージ3

1 🎧LISTENING (1)イ (2)エ (3)ウ

2 (1) looking for (2) In fact (3) In spite of
(4) would win

3 (1) has been to (2) been raining for

4 (1) I have talked with them once.
(2) My mother has already left home.
(3) has been sleeping in this room since

5 (1) burned[burnt]
(2) have been thinking about this problem for
(3)費用，環境 (4) 10[ten] million

6 (1) We've wanted, for
(2) has, playing, since
(3) How, times, been
(4) Have, read, yet
(5) haven't seen, for

7 (1) He has been interested in art since he visited France.
(2) How long have you been waiting for Meg?

━━ 解説 ━━

1 🎧LISTENING (1)「どのくらいの間ビルはみどり高校で先生をしていますか」という質問。2，3文目に，「私は2年前日本に来ました。それ以来，みどり高校で英語を教えています」とある。

(2)「ビルはひまな時間に何をしますか」という質問。4文目に，「～ひまなときは，よく古いお寺を訪れます」とある。

(3)「みどり高校英語クラブには何人の生徒がいますか」という質問。最後から4文目に，「10人の男子生徒と12人の女子生徒が金曜日の放課後に集まって英語を楽しんでいます」とある。

🎵**音声内容**

I'm Bill. I came to Japan two years ago. I've been teaching English at Midori High School since then. I'm interested in Japanese traditional culture, so when I am free, I often visit old temples. Do you know Midori High School English Club? Ten boys and twelve girls meet and enjoy English after school on Fridays. I often help the club. If you're interested, please join us. Thank you.

Questions :
(1) How long has Bill been a teacher at Midori High School?
(2) What does Bill do in his free time?
(3) How many students does Midori High School English Club have?

2 (4)ミス注意！ 〈You thought (that)＋主語＋動詞 ～〉「あなたは～だと思った」の疑問文。「優勝する」は，「過去（＝思ったとき）から見た未来のこと」。「過去から見た未来のこと」は，would（＝will の過去形）で表すのが基本。

3 (1) have been to ～「～に行ったことがある」で言いかえる。
(2)「2時間前に雨が降り出し，今も降っている」は「2時間ずっと降っている」と考える。

4 (1)「一度」は once。ふつう文末に置く。
(2) already（すでに）は過去分詞の前に置く。

5 (1) be 動詞（are）のあとは進行形か受け身。折り鶴は「燃やされる」と考え，受け身の文にする。
(2) been, thinking, have があるので現在完了進行形の文。
(3)本文3行目参照。cost「費用がかかる」
(4)「その記念碑は毎年，何羽の折り鶴を受け取りますか」という質問。本文最初の文参照。

6 (1)〈want to＋動詞の原形〉を現在完了にする。空所の数から we have の短縮形 we've を使う。
(3)「何回～か」は How many times ～?。
(5)「私はあなたに長い間会っていない」と考える。

7 (2)「いつから～か」は「どのくらいの間～か」の How long ～? と考える。語数指定から現在完了進行形を使う。

定期テスト対策 得点 アップ！ 予想問題

p.122~123 第 1 回 PROGRAM 1 / Steps 1

1 🎧LISTENING エ

2 (1) By, way　(2) What's up　(3) My pleasure
(4) Take care　(5) do, best　(6) Say hello

3 (1) He'll clean his room next Sunday.
(2) Meg won't have lunch at the Japanese restaurant.
(3) We will go fishing if it is[it's] sunny tomorrow.
(4) Are they going to get up at six? — No, they are not[aren't].

4 (1) Are you going to go　(2) little bit
(3) 友人　(4) Keep in touch
(5) 私はあなた(たち)にしばしばメールを送るつもりです。

5 (1) How will the weather be this
(2) When I came home, he was watching
(3) When are you going to leave Sendai?

6 例1 I will[I'll] buy a big house.
例2 I will[I'll] visit London.

▶ 解説 ◀

1 🎧LISTENING 「雨の日のひまなとき，ジュディは何をしますか」という質問。ジュディの2番目の発言に「もし雨が降れば，私は家で音楽を聞きます」とある。

♪音声内容
A: What do you usually do when you are free, Tom?
B: I watch TV or practice soccer. How about you, Judy?
A: I usually play tennis. But if it's rainy, I listen to music at home.
Question: What does Judy do when she is free on rainy days?

2 (1)「ところで」by the way
(2)「どうしたの？」What's up?
(3)「喜んで。」My pleasure.
(4)「気をつける，注意する」take care
(5)「最善をつくす」do one's best
(6)「～によろしくと言う」say hello to ～

3 (1) ミス注意! next「次の～」は未来を表す語。

未来は，〈will＋動詞の原形〉か〈be going to＋動詞の原形〉で表すが，本問では語数指定から，he will の短縮形 he'll を使う。
(2) will の否定文は，will のあとに not を置く。語数指定から，will not の短縮形 won't を使い，〈won't＋動詞の原形〉の形にする。
(3) ミス注意! カンマを使わないので，「もし A ならば，B」は〈B if A.〉の形。天気は it を主語にするが，A の部分にくる動詞は，未来のことでも現在形で表すので，it is sunny となることに注意。
(4) They're は They are の短縮形。be going to の疑問文は，主語の前に be 動詞を出す。答えるときも be 動詞を使う。

4 (1) 語群に，going, to, are があり，文末に？があるので，be going to の疑問文。〈be 動詞＋主語＋going to＋動詞の原形 ～?〉の語順にする。
(2)「少し」は a little bit。
(3) 直前でダニエルが「あなたはすぐに新しい友人ができるでしょう」と述べていることに着目。
(4) 命令文。「連絡を取り続ける」は keep in touch。
(5) I'll は I will の短縮形。email には「(電子)メール」(名詞)のほか，「(電子)メールを送る」(動詞)の意味があることに注意。

5 (1) ミス注意! 「～の天気はどうですか」は How is the weather ～?。本問は未来の文なので，how のあとを〈will＋主語＋動詞の原形 ～?〉の語順にする。is(be 動詞)の原形は be。
(2) 語群にカンマがあるので，「A する[である]とき，B」は，〈When A, B.〉の語順にする。「帰宅する」come home。come の過去形は came。「テレビを見ていました」は過去進行形(was[were]＋動詞の -ing 形)で表す。
(3) 語群から be going to を使った疑問文にすると考える。when(いつ)を文の初めに置き，あとに疑問文を続け，〈When＋be 動詞＋主語＋going to＋動詞の原形 ～?〉の語順にする。

6 「あなたがたくさんのお金を持っていたら，あなたは何をしますか」という質問。will を使って「あなたは何をしますか」とたずねられているので，〈I will[I'll]＋動詞の原形 ～.〉の形で「私は～します」と答える。

p.124~125 第2回 PROGRAM 2 ～ Word Web 1

1 🎧LISTENING エ

2 (1) go hiking (2) interested in (3) Pick up
(4) First, all (5) a lot (6) Here, go

3 (1) I know that Ann speaks Japanese well.
(2) He has to leave school at four.
(3) You do not[don't] have to wash the dishes after dinner.
(4) Must she work on Saturdays?
— No, she does not[doesn't] have to.

4 (1) 私たちは，森から何も[何一つ]持っていってはいけません
(2) have to (3) of course (4) must protect

5 (1) don't think that Ms. Green is from Canada
(2) Could you bring this box over
(3) The low will be 6 degrees

6 (1) May I speak to Saki?
(2) They had to clean the room.

◀ 解説 ▶

1 🎧LISTENING 「サリーは父親のために何を買うでしょうか」。父は最初の発言で「バナナとリンゴを買ってきてくれる？」と頼んだが，次の発言で「テーブルの上にバナナがあるので，それら（＝バナナ）は買う必要はない」と述べている。

♪ 音声内容
A: Dad, I'm going to the supermarket. I'll buy some ice cream.
B: Can you buy some bananas and apples for me, Sally?
A: Sure.
B: Oh, sorry, there are some bananas on the table, so you don't have to buy them.
A: OK, Dad.
Question: What will Sally buy for her father?

2 (1)「ハイキングに行く」go hiking
(2)「～に興味がある」be interested in ～
(3)「～を拾い上げる」pick up ～
(4)「何よりもまず」first of all
(5)「たくさん（＝よく）」a lot
(6)「さあ，行きますよ」Here we go.

3 (1) ミス注意❗ 「私は～ということを知っています」は〈I know (that)＋主語＋動詞 ～.〉で表す。語数指定から，that を省略しない形にする。

(2) 語数指定から，「～しなければなりません」は〈have[has] to＋動詞の原形〉で表す。主語(he)が三人称単数なので，has を使う。
(3) 主語が you,「～する必要はありません」は〈do not[don't] have to＋動詞の原形〉で表す。
(4) ミス注意❗ must の疑問文は主語の前に must を置く。No で答えるときは，「～する必要はない」の意味になるので，must not「～してはいけない」ではなく，don't[doesn't] have to を使う。

4 (1) must not は「～してはいけない」。否定文の anything は「何も[一つも]～ない」。
(2)「～しなければならない」は〈must＋動詞の原形〉と〈have[has] to＋動詞の原形〉で表せる。
(3)「もちろん」of course
(4) 空所の数から，〈must＋動詞の原形〉で表す。「保護する」は protect。

5 (1)「～ではないと思う」は，think を否定し，〈人＋don't[doesn't] think (that)～〉で表す。「～の出身である」は〈be 動詞＋from＋場所〉。
(2)「～していただけますか」というていねいな依頼は〈Could you＋動詞の原形～?〉で表せる。「向こうに」は over there.
(3)「最低気温」は the low と表す。「最高気温」は the high。「～度」は～ degree(s)。The low is 6 degrees. を〈will＋動詞の原形〉の形にして未来の文にするので，is(be 動詞)の原形 be を補う。

6 (1)「（電話で）～さんをお願いできますか」と取り次ぎを頼むときは，May I speak to ～? で表す。
(2)「～しなければなりませんでした」は，〈have to＋動詞の原形 ～〉の have を過去形にして，〈had to＋動詞の原形 ～〉で表す。

p.126~127 第3回 PROGRAM 3 / Steps 2

1 🎧LISTENING (1)ウ (2)ウ (3)ウ

2 (1) around, world (2) Instead of
(3) Some / Others (4) looks like
(5) come true (6) in, future

3 (1) She likes to visit old temples.
(2) I will go to Sapporo to see my father.
(3) It stopped raining this morning.

4 (1) ニューヨークにはたくさんの露天商がいます。
(2) We enjoy eating outside.
(3) What kind of food do you have?
(4) and so on

42

⑤ (1) didn't have time to listen to music
(2) Is studying science interesting to
(3) What do you want to do during
⑥ (1) I want something cold to drink.
(2) Bob's hobby is playing the piano.

◆━━━━━━━━━━━ 解説 ◆━━━━

① 🎧LISTENING (1)「ジャックとベッキーは何をしていますか」という質問。ベッキーが最初の発言で「これは兄[弟]のケビンの写真です」と言っており、それ以降2人はケビンについて話している。
(2)「ケビンはじょうずに料理をしますか」という質問。ベッキー(＝A)は2番目の発言で「彼(＝ケビン)はとても料理がじょうずです」と述べている。
(3)「ケビンは何をしたいと思っていますか」という質問。ベッキーは2番目の発言で「彼(＝ケビン)の夢は、ニューヨークに自分のラーメンレストランを持つことです」と述べている。

┌─ ♪音声内容 ──────────┐
A : Hi, Jack. Look. This is a picture of my brother, Kevin. He lives in Japan.
B : Hi, Becky. What does he do there?
A : He works at a famous *ramen* restaurant in Fukuoka. His dream is to have his *ramen* restaurant in New York. He's really good at cooking.
B : Wow! I hope his dream will come true.
Questions :
(1) What are Jack and Becky doing?
(2) Does Kevin cook well?
(3) What does Kevin want to do?
└──────────────────┘

② (1)「世界じゅうに[で]」around the world
(2)「～の代わりに」instead of ～
(3)「～もいる。…もいる」Some ～. Others ....
(4)「～のように見える」look like ～
(5)「実現する，かなう」come true
(6)「将来に[は]」in the future
③ (1)「～することが好きだ」は，語数指定から，〈like to＋動詞の原形〉を使う。
(2)語数指定から，「～するつもりだ」は，〈will＋動詞の原形〉。「～するために」は，〈to＋動詞の原形 ～〉(副詞的用法の不定詞)で表す。
(3)**ミス注意!** 天気は it を主語にして表す。「雨が降る」は rain(動詞)。「雨が降りやむ」は「雨が降ることをやめる」と考えて，〈stop＋動詞の -ing

形(動名詞)〉で表す。stop は不定詞を目的語にできないので，stopped to rain は不可。
④ (1)〈There is[are]～＋場所を表す語句。〉で「…に～がある[いる]」。
(2)「～することを楽しむ」は〈enjoy＋動詞の -ing 形〉で表す。enjoy は不定詞を目的語にできないので，enjoy to eat は不可。「外で」は outside。
(3) What kind of ～? は「どんな種類の～か」。
(4)「～など」は ～, and so on。
⑤ (1)「～する時間」は〈time to＋動詞の原形〉で表す。形容詞的用法の不定詞。「～を聞く」は listen to ～。
(2)動名詞を使った studying science「理科を勉強すること」が主語の文。動名詞は三人称単数の扱い。疑問文なので，be 動詞(is)を主語の前に出す。
(3)「～したい」は〈want to＋動詞の原形〉。what(何)を文の初めに置き，〈What do[does]＋主語＋want to＋動詞の原形 ～?〉の語順にする。
⑥ (1)**ミス注意!** something「何か」を形容詞的用法の不定詞(to drink)と，形容詞(cold)の両方で説明する。〈-thing＋形容詞＋to＋動詞の原形〉の語順にする。
(2)「ピアノをひくこと」が補語になる文。語数指定から，「ピアノをひくこと」は，不定詞ではなく，動名詞(動詞の -ing 形)で表す。

━━━━━━━━━━━━━━━━━━━
p.128〜129 第4回 Our Project 4 / Reading 1

① 🎧LISTENING (1)エ (2)エ (3)ウ
② (1) come back (2) run away
(3) said, himself (4) These days
(5) sorry for (6) fall down
③ (1) Tom was running in the park at nine last night.
(2) Please help us if you are[you're] free.
(3) I decided to work at the library.
④ (1)① this time ④ looked around
(2) Is he here to play a trick
(3)③ shot ⑦ rising
(4)クリを持ってきてくれたのはお前だったんだ！
(5)ウ
⑤ (1) went to the shop to buy some oranges
(2) When my father was a student, he lived in
⑥ 例1 I want to be a doctor.
例2 I want to be a famous comedian.

1 🎧LISTENING (1)「ボブの母親はなぜ横浜に行ったのですか」。ボブ（＝B）は２番目の発言で「母は彼女の父親に会いに横浜に行きました」と述べている。母親の父親＝ボブの祖父

(2)「昨日，だれが夕食を料理しましたか」。ボブは２番目の発言で「〜，それで私が料理しなければなりませんでした。姉[妹]が手伝ってくれました」と述べている。

(3)「ボブのおとうさんはそのカレーライスが気に入りましたか」。ボブは最後の発言で「父は，そのカレーライスをおいしいと言ってくれました」と述べている。

🎵音声内容
A： What were you doing at six yesterday evening, Bob?
B： I was cooking dinner.
A： Do you usually cook dinner for your family?
B： No. But yesterday, my mother went to Yokohama to see her father, so I had to cook. My sister helped me.
A： What did you cook?
B： We cooked curry and rice. My father said it was delicious.
Questions :
(1) Why did Bob's mother go to Yokohama?
(2) Who cooked dinner yesterday?
(3) Did Bob's father like the curry and rice?

2 (1)「もどる」come back
(2)「逃げる」run away
(3)ミス注意！「心の中で考える，ひとり言を言う」say to 〜self. 主語が Mr. Brown（男性）なので，himself を使う。〜 self は主語に合わせてかえる。主語が I なら myself（私自身の）。
(4)「このごろ，近ごろ」these days
(5)「〜をすまないと思う」be sorry for 〜
(6)「倒れる」fall down

3 (1)過去進行形は〈was[were]＋動詞の -ing 形〉の形。run の -ing 形は runnig。
(2)カンマを使わないので〈B if A.〉の語順にする。
(3)ミス注意！「〜することを決める」〈decide to ＋動詞の原形〉。動名詞は不可であることに注意。

4 (1)①「今度は」this time
④「あたりを見回す」look around

(2)「いたずらをする」play a trick
(3)⑦直前が be 動詞の過去形(was)なので過去進行形の文と考える。
(4)直後の文を参照。
5 (1)「〜するために」は〈to＋動詞の原形〉。
(2)カンマがあるので〈When A, B.〉「A する［である］とき，B」の形にする。
6 質問は「大人になったら，何になりたいですか」。〈I want to be＋なりたい職業.〉の形にする。

p.130〜131 第5回 PROGRAM 4
1 🎧LISTENING イ
2 (1)because of (2)stick to
(3)may be
(4)without having[eating]
(5)modeled, after (6)feel that
3 (1)That bag is bigger than this one[bag].
(2)This book is the most interesting of the five.
(3)He got up as early as his mother.
4 (1)Each robot is as small as a penny
(2)それはペーパークリップほど重くありません。
(3)able to (4)ハチ，花粉
5 (1)Is this bike more expensive than
(2)did not study math as hard as Kota
(3)Who speaks English the best in
6 例 I like dogs better (than cats).

解 説
1 🎧LISTENING 「どの絵がジョンとニックを示していますか」。「ニック（黒いシャツ）はジョン（白いシャツ）ほど背が高くない」「ニックはジョンより速く走る」の２つを満たす絵を選ぶ。

🎵音声内容
Two boys are running in the park. The boy in a white shirt is John, and the boy in a black shirt is Nick. Nick isn't as tall as John, but Nick can run faster than John.
Question : Which picture shows John and Nick?

2 (1)「〜のために」because of 〜
(2)「〜にくっつく」stick to 〜
(3)「〜かもしれない」は〈may＋動詞の原形〉。may には「〜してもよい」の意味もある。
(5)「…を手本にして〜を作る」model 〜 after …
(6)「〜だと感じる」は〈feel (that)＋主語＋動詞 〜〉。

③ (1)「…よりも～」は〈比較級＋than …〉。big の比較級は最後の文字 g を重ねて -er をつける。

(2)「…の中でもっとも～だ」は〈the＋最上級＋in [of] …〉。「5 冊」という複数を表す語句がくるので、「…の中で」は of を使う。

(3)「…と同じくらい～」は〈as＋形容詞[副詞]の原級＋as …〉。get up「起きる」

④ (1)Each robot is small. を作り、形容詞の原級 small を as と as a penny ではさむ形にする。

(2)〈not as＋形容詞[副詞]の原級＋as …〉で「…ほど～ない」。

(3)直前が is（← it's＝it is）なので、「～することができる」は〈be able to＋動詞の原形〉で表す。

(4)最後の文を参照。like ～「～のように」

⑤ (1)〈be 動詞＋主語＋比較級＋than …?〉の語順にする。expensive の前に more を補う。

(2)did not study math「数学を勉強しませんでした」のあとに〈as＋副詞(hard)の原級＋as …〉を続ける。

(3)**ミス注意!** well の最上級は best。「だれが～か」という疑問詞が主語の疑問文なので、ふつうの文と同じ語順にする。疑問詞(本問では who)は三人称・単数の扱いなので、動詞は speaks(三人称・単数・現在形)になることに注意する。「あなたのクラスで」は「場所・範囲」を表す語句なので、in を補う。

⑥ 〈Which … 比較級, A or B?〉で「A と B ではどちらがより～か」。「あなたはイヌとネコではどちらがより好きですか」という質問。「私は…よりも～のほうが好きです」〈I like ～ better (than …).〉の形で答える。

p.132～133　第6回 PROGRAM 5 / Power-Up 3

① **LISTENING** (1)ア　(2)ア　(3)イ

② (1)good at　(2)Good for　(3)by mistake
(4)take action　(5)No one　(6)Would, like

③ (1)We didn't know what to do.
(2)Your mother looks very[so] busy.
(3)He showed us the picture.

④ (1)to her
(2)② found out　④ many times
(3)looked
(4)I was so glad to see that.
(5)この職業体験が私にほかの人々のために働く

ことの大切さを教えてくれました。

⑤ (1)asked him which computer to buy
(2)Can we have a table by the window?
(3)His daughter became a famous writer.

⑥ 例 Could you tell me how to get to the station?

▶ 解説 ◀

① **LISTENING** (1)「ジョンの姉[妹]はいつ日本に来ますか」。ジョンは最初の発言で「姉[妹]が来月、私に会いに日本に来ます」と述べている。

(2)「アヤカは学校の料理クラブに入っていますか」。アヤカは「私は学校の料理クラブのメンバーです」と述べている。

(3)「料理クラブのメンバーは週に何日集まりますか」。アヤカは「私たちのクラブは毎週月曜日と木曜日の放課後に集まります」と述べている。

> ♪ 音声内容
> A: My sister is going to come to Tokyo to see me next month. She wants to learn how to cook Japanese food. Can you help me?
> B: Of course, John. I'm a member of the cooking club at our school. Our club meets after school on Mondays and Thursdays. If you come to our club meetings, we can teach you how to cook Japanese food.
> A: Thank you, Ayaka.
> Questions:
> (1) When will John's sister come to Japan?
> (2) Is Ayaka in the cooking club at her school?
> (3) How many days a week do the members of the cooking club meet?

② (1)「～が得意である」be good at ～。本問では at に動名詞(動詞の -ing 形)が続く形。

(2)「よかったですね。」Good for you.

(3)「誤って、間違って」by mistake

(4)「行動を起こす」take action

(5)「だれも～ない」no one ～

(6)「～はいかがですか。」Would you like ～? someting to eat(何か食べるもの)の to eat は、形容詞的用法の不定詞。

③ (1)「何を～したらよいか」〈what to＋動詞の原形～〉。語数指定から短縮形の didn't を使う。

(2)「～に見える」〈look＋形容詞〉。主語が三人称・単数で現在の文なので looks にする。

(3)語数指定から，「〜に…を見せる」は〈show＋人＋もの〉で表す。show の過去形は showed。

4　(1)「〜に…を与える」〈give＋人＋もの〉を，〈give＋もの＋to＋人〉に書きかえる。

(2)②「〜を知る，〜に気づく」find out。find の過去形は found。

④「何度も」many times

(4)「〜してうれしい」は〈be glad to＋動詞の原形〉で表す。

(5)**ミス注意!**〈teach＋人＋もの〉「〜に…を教える」の文。「人」＝ me，「もの」＝ the importance of working for others。working は動名詞。

5　(1)「〜に…をたずねる」〈ask＋人＋もの〉の「もの」の部分に，「どの…を〜したらよいか」〈which＋名詞＋to＋動詞の原形〉を入れる。

(2)「〜の席はとれますか。」は Can we have a table 〜?

(3)「〜(＝名詞)になる」は〈become＋名詞〉。become の過去形は became。

6　「駅への行き方を私に教えていただけませんか」という文にする。「〜していただけませんか」は〈Could you＋動詞の原形 〜?〉。「〜への行き方」は how to get to 〜で表す。道順をたずねるときは go to 〜「〜に行く」ではなく，get to 〜「〜に着く」を使うことが多い。

p.134〜135　第**7**回　PROGRAM 6 / Steps 3

1　🎧 LISTENING　ウ

2　(1) set up　(2) built over　(3) way of
(4) made from　(5) Millions of
(6) interested in

3　(1) The car is washed by Bill on Saturdays.
(2) Japanese isn't studied at the school.
(3) Were the pictures painted by Mr. Ito?

4　(1)その歌はテレビコマーシャルで使われました。
(2) His songs are sung all over the
(3)ⓐミュージシャン[音楽家]
　ⓑ音楽，問題

5　(1) These bags are sold at the department store.
(2) Is the festival known to people around

6　(1) The road is covered with snow in winter.
(2) When was this book written?

解説

1　🎧 LISTENING　「ジュディの家族では日曜日はだれが昼食を料理しますか」という質問。ジュディ(＝ A)は 2 番目の発言で，「〜，でも週末はおとうさんが私たちのために作ってくれるの」と述べている。does「〜する」は，ここでは cooks の代わり。

♪ **音声内容**
A : Did you cook lunch yesterday, Tom?
B : No.　Lunch was cooked by my sister. Who cooks lunch in your family, Judy?
A : My mother and I usually cook lunch, but on weekends my father does it for us.
Question : Who cooks lunch on Sundays in Judy's family?

2　(1)「〜を設立する」は set up。受け身の文。set は set-set-set と活用する。
(2)過去の受け身の文は〈was[were]＋過去分詞〉で表す。build(建てる)は build-built-built と活用する。
(3)「〜する方法」は〈a way of＋動詞の -ing 形〉。
(4)素材が変化するので，be made from 〜が適切。
(5)「何百万もの〜」millions of 〜
(6)「〜に興味がある」be interested in 〜

3　(1)もとの文の主語を〈by＋行為者〉の形に。
(2)否定文は be 動詞のあとに not。短縮形を使う。
(3)まず Mr. Ito painted the pictures. と肯定文にし，これを受け身にしてから疑問文にするとよい。

4　(1)過去の受け身の文。it は that song を指す。
(2)受け身の文，sing を過去分詞 sung にかえる。
(3)健とミラー先生の 2 番目の発言参照。

5　(1)主語が複数，〈are＋過去分詞＋場所〉の形。
(2)「〜に知られている」be known to 〜

6　(1)「〜でおおわれている」be covered with 〜
(2)〈疑問詞＋be 動詞＋主語＋過去分詞 ?〉の形。

p.136〜137　第**8**回　Our Project 5 / Reading 2

1　🎧 LISTENING　(1) 10 か月　(2)心配　(3)歌う

2　(1) shoot down　(2) at war　(3) afraid of
(4) after another　(5) running short
(6) the dead

3　(1) It'll be cold tomorrow.
(2) He was swimming in the pool at seven yesterday.
(3) When I'm free, I often go to the movies.

46

4 (1)① **Even children** ④ **This time**

(2) **Turkish planes flew to rescue the Japanese in Iran** (3) **When**

(4)国境の外でおたがいを助け合うことで，より よい世界を作ることができます。

5 (1) **I am going to write about**

(2) **They came to Iran to teach Japanese.**

6 (1) **We are lucky to study in the U.S.**

(2) **She is known as a kind teacher.**

▶ 解説 ◀

1 🎧 **LISTENING** (1)(2)ベッキーは第3文目で「10 か月前にわかば中学に来たとき，〜少し心配でし た」と述べている。

(3)ベッキーは第6文目で「私はあなたたちと歌 うことを本当に楽しみました」と述べている。

♪ 音声内容

Hello, everyone. I'm Becky. When I came to Wakaba Junior High School ten months ago, I couldn't speak Japanese, so I was a little worried. But everyone in this class was very kind. One of my best memories at this school is the chorus contest. Our class didn't win, but I really enjoyed singing with you. I have to go back to the U.K. next Sunday, but I'll never forget you. Thank you.

2 (1)「〜を撃ち落とす」shoot down

(2)「戦争中で」at war

(3)「〜を恐れる」be afraid of 〜

(4)「次々と」one after another

(5)「不足する」run short. 現在進行形の文。run の -ing 形は n を重ねて running。

(6)dead は形容詞。〈the＋形容詞〉で「〜な人々」。

3 (1)it will の短縮形は it'll，be 動詞の原形は be。

(2)🔺ミス注意! swim は m を重ねて ing をつける。

(3)〈when＋主語＋動詞 〜〉を文の前半に置く。

4 (1)① child の複数形は children。

(2)fly(飛んでいく)を過去形の flew にする。「〜 を救うために」は副詞的用法の不定詞で表す。

(3)「〜するとき」は〈when＋主語＋動詞 〜〉。

(4)〈by＋動詞の -ing 形〉「〜することによって」

5 (1)「〜する予定だ」〈be going to＋動詞の原形〉。

6 (1)「〜して幸運だ」は〈be lucky to＋動詞の原形〉 を使って表す。

(2)「〜として知られている」be known <u>as</u> 〜

---

p.138〜139 | 第 **9** 回 PROGRAM 7 〜 Power-Up 4

1 🎧**LISTENING** ア

2 (1) **get[come] home** (2) **According to**

(3) **by day** (4) **between, and**

(5) **piece of** (6) **due to[because of]**

3 (1) **Yuka has just taken a bath.**

(2) **Have they heard the news yet?**
　　— Yes, they have.

(3) **We have been to Korea twice.**

4 (1)私は以前，美術史についての本を読んだこ とがあります。 (2)② **was** ⑤ **influenced**

(3) **In those days** (4) **Have you ever heard of**

5 (1) **Tom has never met Mr. Green.**

(2) **Have you finished reading the novel yet?**

(3) **How many times has she climbed**

6 (1) **I've already done[finished] my homework.**

(2) **Have you ever visited Hiroshima?**

(3) **The train hasn't left the station yet.**

▶ 解説 ◀

1 🎧**LISTENING** 「マキはどのクラスに所属してい ますか」という質問。あおば神社はすでに行った が，みさきタワーには，まだ行っていないクラス がマキのクラス。

♪ 音声内容

Maki is now on a school trip. She is now enjoying watching animals at Wakaba Zoo. She has already visited Aoba Shrine, but she has not visited Misaki Tower yet.
Question: Which class is Maki in?

2 (1)「帰宅する」get[come] home

(2)「〜によると」according to 〜

(3)「日々，日ごとに」day by day

(4)「〜と…の間の[に]」between 〜 and …

(5)「1枚の〜」a piece of 〜

(6)「〜のせいで」due to 〜，または because of 〜 でも表すことができる。

3 (1)「ちょうど〜したところです」は〈have[has] just＋過去分詞〉。「入浴する」は take a bath。 take は take-took-taken と活用する。

(2)疑問文は have を主語の前に出す。yet は文の 終わりに置く。答えるときも have[has]を使う。

(3)「〜に行ったことがある」は，have[has] been to 〜。「2回」は twice。

4 (1) I've は I have の短縮形。before「以前」があるので「〜したことがある」の意味。read は過去分詞であることに注意。

(2)②〈There is[are]＋単数名詞[複数名詞] ....〉「〜がある[いる]」の文。be動詞のあとの名詞が単数で，〜ago があるので，be動詞は was。

⑤前に be動詞があり直後に by があるので，〈be動詞＋過去分詞〉（受け身）の形にする。

(3)「当時，そのころ」in those days

(4) ミス注意！〈Have[Has]＋主語＋ever＋過去分詞 〜?〉で「これまでに〜したことがありますか」。hear は hear-heard-heard と活用する。

5 (1)「一度も〜したことがない」は〈have[has] never＋過去分詞〉。meet を met にかえる。

(2)「もう〜しましたか」は〈Have[Has]＋主語＋過去分詞 〜 yet?〉の語順。「〜し終わる」は〈finish ＋動詞の -ing形〉。finish を finished にかえる。

(3)「何回〜したことがありますか」は〈How many times have[has]＋主語＋過去分詞 〜?〉の語順。climb を climbed にかえる。

6 (1)「すでに〜してしまった」は〈have[has] already＋過去分詞〉の形。do の過去分詞は done。

(2)〈Have[Has]＋主語＋ever＋過去分詞 〜?〉の形。

(3)「まだ〜していません」は〈have[has] not＋過去分詞 〜 yet〉の形。

---

p.140〜141　第10回 PROGRAM 8

1 🎧LISTENING (1)ア (2)ア (3)イ

2 (1) looking for (2) half, hour
(3) get well[better] (4) passed away
(5) every year (6) long time

3 (1) The boys haven't eaten lunch yet.
(2) How many times has Jack been to Turkey?
(3) It has been raining since last night.

4 (1)① learned ② moved
(2)③ So was I ⑥ Me neither (3) Take, look
(4)私は，リサイクルされた折り鶴がこの粘土に使われていることを，一度も聞いたことがありません。 (5) Three days

5 (1)How long have you known each other?
(2) My brother has just finished writing the email.
(3) What have they been talking about all

---

1 🎧LISTENING (1)「ケビンはどのくらいの間，デュークを飼っていますか」。ケビン(＝B)は最初の発言で「私は彼を5年間飼っています」と述べている。

(2)「メグはイヌとネコではどちらが好きですか」。メグ(＝A)は2番目の発言で「でも私はネコのほうが好きです」と述べている。

(3)「朝，だれがデュークを散歩させますか」。ケビンは2番目の発言で「〜それで姉[妹]が彼を散歩させます」と述べている。

♪音声内容
A : Do you have any pets, Kevin?
B : Yes. I have a dog. His name is Duke. I've had him for five years. Do you like dogs, Meg?
A : Yes. But I like cats better. I've had a cat since I was ten. Do you walk Duke every morning?
B : No. I can't get up early, so my sister walks him. I walk him in the evening.
Questions :
(1) How long has Kevin had Duke?
(2) Which does Meg like better, dogs or cats?
(3) Who walks Duke in the morning?

2 (1)「〜をさがす」look for 〜。現在完了進行形の文なので，本問では looking に。

(2)「30分」half an hour。語順に注意。

(3)「(体調が)よくなる」get well[better]

(4)「亡くなる」pass away

(6)「長い間」for a long time

3 (1)「まだ〜していません」は〈have[has] not ＋過去分詞〜 yet〉。eat は eat-ate-eaten と活用する。

(2)「何回〜したことがありますか」〈How many times have[has]＋主語＋過去分詞 〜?〉

(3)〈have[has] been＋動詞の -ing形〉「ずっと〜しています」の形にする。

4 (1)① we've は we have の短縮形なので，〈have ＋過去分詞〉（現在完了）にする。

②直前が be動詞で直後が by なので，〈be動詞＋過去分詞〉（受け身）にする。

(2)③ ミス注意！「私も感動しました」の意味。「Aもそうです」は〈So＋(助)動詞＋A(主語).〉で表す。前の文の動詞が be動詞の過去形なので，〈So＋

48

be 動詞の過去形＋A(主語).〉の形にする。

⑥ ミス注意！ 「私も聞いたことがありません」の意味。「私も〜しません」Me neither.

⑷ that は直前の真央の発言内容を指す。

⑸「真央とダニエルはいつ広島に来ましたか」。真央の最初の発言の第2文参照。

5 ⑴「いつから」を「どのくらい長く」と考え,〈How long have[has]＋主語＋過去分詞 〜?〉に。long を補う。

⑵「〜し終える」は〈finish＋動詞の -ing 形〉。just「ちょうど」を補い,過去分詞の前に置く。

⑶ been を補い,現在完了進行形〈have[has] been ＋動詞の -ing 形〉の文にする。

p.142〜144 第11回 Steps 5 〜 Reading 3

1 🎧LISTENING エ

2 ⑴ In fact ⑵ ask for ⑶ make, mind
⑷ In spite ⑸ Thousands of
⑹ goes against

3 ⑴ Summer vacation is long, so we can enjoy a lot of things.
⑵ Were you touched[moved] by his speech?
⑶ If you are[you're] tired, you should go to bed early. [You should go to bed early if you are[you're] tired.]

4 ⑴ had to ⑵② One day ⑤ in tears
⑶ an old piece of
⑷ been looking for you since the war ended
⑸「センポ」と自己紹介していた

5 ⑴ How can I get to the fire station?
⑵ I think that winter is better than fall.
⑶ I have many books to read by next month.

6 ⑴ How have, been
⑵ There are many beautiful places to visit
⑶ such as
⑷ may be surprised
⑸(10歳のときに)野口英世の伝記を読んで以来,私の夢はずっと彼のような医師になることです。
⑹ for ⑺ ウ

▶ 解説 ◀

1 🎧LISTENING 「ユウコは来月どうやって青森に行きますか」。ユウコ(＝B)は最初の発言で「私たちは電車でそこ(＝青森)に行きます」と述べている。

🎵 音声内容

A: Hi, Yuko. I went to Aomori by plane last week. It was great.
B: Really? I'm also going there with my friends next month. We'll go there by train.
A: Train? It's too far. If you go by plane, you can save a lot of time.
B: I know, but we like looking out of the windows of the train.
A: I see. Have a great trip.
Question: How will Yuko go to Aomori next month?

2 ⑴「実際は」in fact
⑶「決心する」make up one's mind
⑷「〜にもかかわらず」in spite of 〜
⑸「何千もの〜,数千もの〜」thousands of 〜

3 ⑵「〜に感動させられる」と考え,touch「感動させる」を受け身にし be touched by 〜 で表す。
⑶「もし A ならば,B」は〈If A, B.〉または〈B if A.〉。「〜すべき」は should 〜。

4 ⑶ ミス注意！「1枚の紙」a piece of paper の piece の前に old を置く。old は母音で始まるので,a ではなく an を使う。
⑷語群に been, looking があるので,現在完了進行形〈have[has] been＋動詞の -ing 形〉の形にする。
⑸2つ前の文を参照。

5 ⑵「〜と思う」は think (that)〜。「…よりよい」は〈比較級＋than …〉。good の比較級は better。
⑶「読むための本」と考え,books を to read であとから説明する。「〜までに」by 〜

6 ⑴「元気?」How have you been?
⑷「〜かもしれない」may 〜。「驚く」be surprised
⑸ then の内容は直前の文を参照。to be 〜が補語の文。
⑹ be famous for 〜「〜で有名だ」。buy 〜 for …「…に〜を買う」
⑺ウが最後の2文の内容に合う。アヤカは野口英世記念館に一人で行った → イは本文に合わない。

6 5 4
D C B A